Anne Gräfe

Langeweile aushalten

Kaleidogramme Band 203

Anne Gräfe

Langeweile aushalten

Kontingenzerfahrung in der Gegenwartskunst

Kulturverlag Kadmos Berlin

Finanziert mit Mitteln der Hochschule für Gestaltung Offenbach am Main und der Agenda zukunft.niedersachsen.

Bibliografische Information der Deutschen Nationalbibliothek

Die Deutsche Nationalbibliothek verzeichnet diese Publikation in der Deutschen Nationalbibliografie; detaillierte bibliografische Daten sind im Internet über <http://dnb.d-nb.de> abrufbar

Internet: www.kulturverlag-kadmos.de
Umschlaggestaltung: Wolfram Burckhardt
Gestaltung und Satz: readymade, Berlin
Druck: MCP
Printed in EU
ISBN 978-3-86599-542-1

Inhalt

1.
Einleitung

1.1 Langeweile in der Gegenwartskunst

Nur durch eine Hintertür und nur allein war das Betreten der Ausstellung *Neuerburgstraße 21* von Gregor Schneider in Köln möglich.[1] Was nach Durchschreiten eines dunklen Raumes am Anfang der Ausstellung in der Halle Kalk folgen würde, war für die einzelnen Besuchenden zunächst gänzlich ungewiss. Zugleich waren die Erwartungen in Bezug auf das Kommende hoch. Dass die Ausstellung nur allein begangen werden durfte und, so die einzige Anweisung, die installierten Notausgänge ausschließlich im Ernstfall zu benutzen seien, steigerte die Erwartungshaltung auf das Kommende. Die Besucher:innen durchliefen im Folgenden diverse, jedoch einander identische, kahle Rohbau-Badezimmer. Unterbrochen wurden diese völlig unpersönlichen Bäder durch dunkle, mit Filz ausgekleidete Zwischenräume, derer zig zu durchqueren waren, bis man irgendwann auf einen Platz vor der Halle Kalk gelangte – es sei denn, man wählte vorab den Notausgang. Tat man dies nicht und blieb in der Installation, wusste die Besucherin für lange Zeit nicht, ob sie sich vielleicht in einem begehbaren Loop befand. Wenn dem so wäre, so die beunruhigende Überlegung, wäre der Eintönigkeit nur mit dem, eigentlich dem Ernstfall vorbehaltenen, Notausgang beizukommen. Die heraufziehende Stimmung bestand bald aus einer Mischung aus Ungewissheit, angespannter Unruhe und Langeweile. Dabei geschah die gesamte Zeit der Begehung nicht viel mehr, als dass man eine Tür nach der anderen in ein nächstes langweiliges Rohbau-Badezimmer öffnete.

1 Die Installation Neuerburgstraße 21 in der Halle Kalk von 2014 ist online auf der Seite des Künstlers sowohl in 21 fotografischen Standbildern zu sehen, als auch als Video nachzuvollziehen, online unter: https://www.gregor-schneider.de/places/2014koeln/video/20140619_koeln_exhibition_tour.html, beide zuletzt abgerufen am 22.12.2018. Eine ausführliche Besprechung der Arbeit im Kontext der hier vertretenen These unternehme ich in Kapitel 4.

Warum sollte es interessant sein, freiwillig durch eine Reihe kahler, baugleicher Rohbau-Badezimmer zu laufen, in denen doch ganz eindeutig nichts passiert? Warum sollten Besucher:innen sich dieser Erfahrung, zumal freiwillig, aussetzen? Warum die Langeweile aushalten, die solche schier endlosen Wiederholungen des Immergleichen mit sich bringen? Warum sollte irgendwer in diesen Badezimmern verweilen, wo fast nichts passiert und sich nur die große Langeweile auftut? Geschieht vielleicht doch mehr als nichts?

Zumindest die Reaktionen der Besuchenden lassen auf ein »mehr als nichts« schließen, waren diese doch durchaus unterschiedlich: Während manche klaustrophobisch oder panisch reagierten, wurden andere genervt oder misstrauisch, einige hatten das Gefühl sich zu verlieren, und wieder andere suchten in diesen unfertigen, gleich aussehenden Badezimmern einen Sinn und Zweck und fanden ihn in der Deklaration als Kunst.[2] Es zeigte sich, dass diese an Reizen und Unterschieden arme, in sich repetitive und hiernach langweilige Installation höchst unterschiedliche Assoziationen und sehr differenzierte Erfahrungen hervorrufen konnte. Gerade durch die vermittelte Langeweile war die Erfahrung radikaler Kontingenz möglich. Kontingent ist, was nicht notwendig ist.[3] Im Aushalten der Langeweile eröffnete sich diese Kontingenz als Möglichkeit: dass die hier gemachte Erfahrung ganz grundsätzlich anders sein könnte als intuitiv und unmittelbar angenommen. Radikal ist diese Erfahrung, weil die aufkommende Stimmung der Langeweile in sich gegenwendig sein kann, indem sie sich als ästhetische Kraft gegen die eigene vermeintliche

2 Siehe hierzu verschiedene Rezeptionen, u. a. Stefanie Stadel, Räume in Räumen, in: kultur.west. Magazin für Kunst und Gesellschaft in NRW, 1.7.2014, online unter: https://www.kulturwest.de/inhalt/raeume-in-raeumen/; sowie Christina Enkeler, Das Spiegelbild in Bad Nummer 17, in: Podcast Fazit. Deutschlandfunk Kultur vom 19.06.2014, abzurufen unter: https://www.deutschlandfunkkultur.de/kunstprojekt-das-spiegelbild-in-bad-nummer-100.html, zuletzt abgerufen am 26.10.2023.

3 Unter dem Begriff der Kontingenz (lat. Contingentia, das, was passiert, Zufall) lässt sich die spezifische Unbestimmbarkeit fassen, dass sich etwas bewahrheitet oder eben nicht, oder dass es ganz grundsätzlich anders sein könnte, als es ist. Vgl. Elena Esposito, Kontingenzerfahrung und Kontingenzbewusstsein in systemtheoretischer Perspektive, in: dies., Politik und Kontingenz, Heidelberg 2012, S. 39–48. Sie bezieht sich auf Luhmanns Satz »Alles könnte anders sein – und fast nichts kann ich ändern.« (Niklas Luhmann, Legitimation durch Verfahren, Frankfurt am Main 1969, S. 44.) Dem zugrunde liegt natürlich wiederum Hans Blumenbergs Konzept der Kontingenz der Moderne, nachzulesen u. a. in Hans Blumenberg, Säkularisierung und Selbstbehauptung. Frankfurt am Main 1974, insbs. S. 59: die Neuzeit, anders als die vorangehenden Zeitalter, sei vollständig »von dem Grundgedanken« geprägt, »daß nicht sein muß, was ist«.

Notwendigkeit stellt. Dieser Befund führt zu den Fragen, die das vorliegende Buch zu beantworten sucht: Wie lässt sich Langeweile ästhetisch fassen – und warum ist dies überhaupt von Interesse?

1.2 Die transformative Kraft der ästhetischen Langeweile

1.2.1 Schwelle zu großen Taten

»Langeweile« verursacht in erster Linie pejorative, also negative, Assoziationen. Entsprechend fungiert Langweiligkeit als vernichtendes Urteil. So beschreibt der Philosoph Ernst Bloch 1959 den reduzierten und reizarmen Bauhausstil: »Stahlmöbel, Betonkuben-, Flachdach-Wesen [stehen] geschichtslos da, hochmodern langweilig.«[4] Aus Blochs Perspektive war der Vorwurf der Langweiligkeit noch ein abwertendes Urteil. Und auch in unserer Gegenwart wird langweilig genannt, was nicht erregt, was »dull« ist, was mit dem Kunstjournalisten und Kritiker Kolja Reichert »keine Fragen auf«-wirft und »uninteressant«, »schal«, »blass« und »leer« ist.[5] Der kurze Ausblick auf die vielgestaltige Rezeption von *Neuerburgstraße 21* lässt jedoch vermuten, dass Langeweile mehr zu bieten hat als diese populäre pejorative Lesart. Verschiedene Theoretiker:innen und Kunstkritiker:innen des letzten Jahrhunderts, unter ihnen prominent u.a. Walter Benjamin und Susan Sontag, machten das Oszillieren zwischen Langeweile und Interesse zu einem zentralen Konzept.

Für Walter Benjamin birgt der Zustand der Langeweile in deren verschiedenen Formen des Profanen, des Alltäglichen, des Wartens und des Vergangenen bereits 1929 das Potential, eine Bewusstseinserweiterung, eine »profane Erleuchtung«[6], herbeizuführen. »Die Langeweile ist die

4 Ernst Bloch, Das Prinzip Hoffnung, Frankfurt am Main, S. 860.

5 Siehe dazu verschiedene Besprechungen und Kunstkritiken, die wiederum ihrerseits die Langeweile als neoliberales Surplus der Gegenwart diagnostizieren. Siehe u.a. der Literaturkritiker Christian Lorentzen, On Political and Cultural Boredom, in: Christian Lorentzen's Diary vom 27.05.2022, abzurufen unter: https://christianlorentzen.substack.com/p/on-political-and-cultural-boredom, sowie Kolja Reichert, Kunst vom Kuckuck. Was an Banksys Schredder-Bild so langweilig ist, in der FAZ vom 10.03.2019, abzurufen unter: https://www.faz.net/aktuell/feuilleton/was-an-banksys-schredder-bild-so-langweilig-ist-16080346.html. Beide Links zuletzt abgerufen am 26.10.2023.

6 Walter Benjamin [1929], Der Sürrealismus. Die letzte Momentaufnahme der europäischen Intelligenz, in: Rolf Tiedemann und Hermann Schweppenhäuser (Hrsg.), Walter Benjamin. Gesammelte Schriften, Bd. II,1, Frankfurt am Main 1977, S. 295–310, S. 297.

Schwelle zu großen Taten«[7], die dem Lauf der Gegenwart etwas entgegenzusetzen und die Geschichte gegen den Strich zu bürsten wisse. Benjamin erscheint die Langeweile als »Außenseite des unbewußten Geschehens«[8]. Im *Konvolut D* des unvollendeten *Passagen-Werks* heißt es dazu:

> Langeweile ist ein warmes graues Tuch, das innen mit dem glühendsten, farbigsten Seidenfutter ausgeschlagen ist. In dieses Tuch wickeln wir uns, wenn wir träumen. Dann sind wir in den Arabesken seines Futters zuhause. Aber der Schläfer sieht grau und gelangweilt darunter aus. Und wenn er dann erwacht und erzählen will, was er träumte, so teilt er meist nur diese Langeweile mit. Denn wer vermöchte mit einem Griff das Futter der Zeit nach außen zu kehren?[9]

In ein dialektisches Bild verpackt, wird die Langeweile zu einer transformativen Kraft. Anhand des wärmenden, mithin auch schützenden, zugleich aber fragilen Tuchs beschreibt er zwei Seiten des Phänomens: die äußere graue und die innere farbige Seite. Paradox ist, dass beide zwar zueinander gehören, jedoch nicht gleichzeitig wahrgenommen werden können. Die graue Außenseite des Tuchs scheint mit den geläufigen pejorativen Konnotationen der Langeweile zusammenzufallen. Zugleich haftet der Langeweile auch etwas Positives, etwas Glühendes und Farbiges, an. Benjamin beschreibt hier eine andere Zeitlichkeit, die nicht »mit einem Griff«[10] zu beschreiben und nur qua Langeweile zu erfahren, nicht jedoch zugleich zu be- und ergreifen, möglich sei. An anderer Stelle schreibt er: »Die Langeweile ist der Traumvogel, der das Ei der Erfahrung ausbrütet.«[11] Was genau geschieht in diesem Zustand, dass er derartige Hoffnungen weckt? Kann auch ästhetisch vermittelte Langeweile einen solch transformativen Charakter haben?

Mit Benjamins Beschreibung der Langeweile als einer »Schwelle zu großen Taten« lässt sich der Zustand der Langeweile als Übergang verstehen, als ein Dazwischen.[12] Gelten gewöhnlich die Formen der

7 Walter Benjamin, Konvolut D 2,7: Die Langeweile, ewige Wiederkehr, in: Rolf Tiedemann, Hermann Schweppenhäuser (Hrsg.), Gesammelte Schriften, Band V: Walter Benjamin. Das Passagen-Werk, Frankfurt am Main 1983, S. 161.

8 Walter Benjamin, Konvolut D2a, 2: Die Langeweile, ewige Wiederkehr, in: Das Passagen-Werk, S. 161.

9 Walter Benjamin, Konvolut D2a, 1: Die Langeweile, ewige Wiederkehr, in: Das Passagen-Werk, S. 161.

10 Ebd.

11 Walter Benjamin [1936], Der Erzähler. Betrachtungen zum Werk Nikolai Lesskows, in: Rolf Tiedemann, Hermann Schweppenhäuser (Hrsg.), GS., Band. II.2, Frankfurt am Main 1991, S. 438–465, S. 446.

12 Vgl. Walter Benjamin, Konvolut M, Pariser Passagen I, in: Das Passagen-Werk, S. 1024.

Langeweile innerhalb des Gegensatzes von aktiv und passiv als Figuren des Inaktiven, versteht Benjamin die Langeweile mehr als Passage zwischen diesen Begriffen. Das Urteil ›langweilig‹ bezieht sich allgemein auf Formen der Langatmigkeit, Langsamkeit und Stillstellung, also auf eine lange Weile. Zu fragen ist, ob das wirklich bedeutet, dass, wo Langeweile herrscht, Stillstand und Passivität bestehen. Und auch wenn eine Unterbrechung des Bekannten und Verständlichen stattfindet, wenn also die Zeit zwischen den mit Sinn erfüllten Momenten vermeintlich leer oder frei bleibt und nichts geschieht, scheint das sinnsuchende Publikum zu diesem (Vor)Urteil der Langeweile zu kommen. Aber ist die Stimmung Langeweile wirklich Garant dafür, dass nichts geschieht? Mit Benjamin wäre darüber hinaus zu fragen, ob die Schwellenfigur dabei den Akt des Überschreitens notwendig voraussetzt. Das Überschreiten scheint möglich, ist aber noch nicht ausgeführt und womöglich nicht intendiert. Im Gegenteil sind dem Übergang, sind der Schwelle sowohl Elemente des Davor-Befindlichen als auch des Nachfolgenden zu eigen. Benjamin schreibt:

> [D]ie Schwelle ist ganz scharf von der Grenze zu unterscheiden. Schwelle ist eine Zone. Wandel, Übergang, Fluten liegen im Worte ›schwellen‹ und diese Bedeutung hat die Etymologie nicht zu übersehen.[13]

Ermöglichen zum einen die Zonen der Schwellenerfahrungen den unverstellten Blick auf dort sichtbar gemachte und voneinander getrennte Pole? Und können zum anderen vielleicht beide Bereiche durch die Schwellenerfahrungen einem neuen Urteil unterzogen werden? Darüber hinaus kommt das Urteil ›langweilig‹ aber auch zum Tragen, wenn die Wiederholung des Bekannten als Form der Wiederholung in den künstlerischen Arbeiten nachgeahmt, paraphrasiert und betrachtet wird, beispielsweise über den Rückgriff auf Alltagsgegenstände und -erfahrungen, auf die Stimmung der Unlust und auf repetitive Wieder-Holungen des Als-bekannt-Abgelegten. Wird dadurch die Grundbefindlichkeit der Langeweile, die allen Menschen bekannt ist, als ästhetischer Vermittlungscode genutzt? Oder muss nicht mit Wolf Lepenies betont werden, »wieweit bereits heute ästhetische Formen und Spielregeln die Langeweile okkupieren« und dabei zugleich glauben, »sich ihr damit bereits entzogen zu haben«?[14]

13 Walter Benjamin, Konvolut O: Prostitution, Spiel, in: Das Passagen-Werk, S. 618.
14 Wolf Lepenies, Melancholie und Gesellschaft, Frankfurt am Main 1998, S. 155.

1.2.2 Die Ungewissheit der Langeweile

Schon 1887 erklärt Friedrich Nietzsche in *Die fröhliche Wissenschaft*, dass für »den Denker und für alle empfindsamen Geister […] Langeweile jene unangenehme »Windstille« der Seele [ist], welche der glücklichen Fahrt und den lustigen Winden vorangeht«[15]. Nietzsche erkennt in der Langeweile also einen Zustand der Flaute, der Windstille. Er umschreibt diesen besonderen Zustand mit den Metaphern der Seefahrt, welche, weit mehr noch als jede andere voranschreitende Tätigkeit, stets auch eine Unternehmung der Entdecker:innen neuer Kontinente, Kulturen und Ufern ist. Der Augenblick der Windstille bedeutete für diese vergangenen Abenteurer eben das, was die Langeweile dem modernen Glücksjäger abverlangt – das Ertragen und Erleiden einer langen Weile der Stille des Windes, des Ausbleibens des Antriebs der »lustigen Winde« zur weiteren »glücklichen Fahrt«. Zugleich ist es, in der Metaphorik des Beispiels bleibend, ungewiss, von welcher Dauer, Länge und Dimension diese Windstille ist, und auch, ob überhaupt »lustige Winde« aufziehen oder nur eine kleine Brise, die man fälschlicherweise schon als Wind missversteht. Ebenso fraglich bleibt, ob eine »glückliche Fahrt« folgt oder eventuell doch keine Entdeckung. Langeweile bedeutet hiermit weit mehr als nur eine lange Weile, eine lange Dauer, denn man »muß sie ertragen, muß ihre Wirkung bei sich *abwarten*«[16]. Langeweile ist somit bei Nietzsche das körperliche und geistige Ertragen und Abwarten, aber auch der Ertrag dieses Abwartens einer langen Weile, deren Endpunkt weder absehbar noch bestimmbar ist. Schon bei Nietzsche ist die Langeweile damit zwar ein Zustand, der dem Neuen vorangehen kann, der aber auch das Ungewisse dieses Neuen nicht bestimmt oder im Voraus bearbeiten kann und dem man sich aussetzen, den Zustand ertragen und abwarten muss, den man nur bedingt künstlich erzeugen kann. Es bleibt nichts weiter übrig, als die Segel in der Windstille hängen zu lassen und zu warten – in aller gelassenen Langeweile.

Eben jene Gelassenheit ist es, die ein weiterer Autor der Langeweile, Martin Heidegger, im Sinn hat: Er schreibt, dass wir sowohl »im Warten […] reine Gegenwart [sind]«[17], als auch »im Warten […] das, worauf

15 Friedrich Nietzsche, Werke in drei Bänden. München 1954, Band 2, S. 67.

16 Ebd.

17 Martin Heidegger, Abendgespräch in einem Kriegsgefangenenlager in Rußland zwischen einem Jüngeren und einem Älteren, in: ders., Gesamtausgabe Band 77 Feldweg-Gespräche, 1–157, hier S. 227.

wir warten, offen [lassen]«[18] und erklärt dies als »Gelassenheit zu den Dingen«[19]. Eben diese Gelassenheit beschreibt er in einer technikskeptischen Perspektive als eine »Haltung«, »ein gleichzeitiges Ja und Nein«[20], welche mit dem verborgenen, dunklen Sinn gelassen umgeht und als »Offenheit für das Geheimnis« beschrieben wird[21]. Zugleich erörtert er, dass diese Gelassenheit durch ein – durch den Menschen zuzulassendes – Nicht-Wollen bestimmt wird und hierin wiederum einen Einblick in das Wesen des Denkens ermögliche.[22] Dieser Zustand des ungewissen Wartens auf etwas gegenstands- und vorstellungsloses Offenes war als Zustand der Langeweile wiederum bereits in seinen Vorlesungen im Jahr 1929 zu den *Grundbegriffen der Metaphysik* gegenwärtig. Heidegger unterscheidet den Zustand des gegenstandslosen Wartens auf etwas Unbenennbares und Offenes als ›tiefe Langeweile‹ von der populären, kurzgedachten, umgangssprachlichen profanen Langeweile. Zugleich gehören diese voneinander unterschiedenen Formen der Langeweile zueinander, beinhaltet die tiefe Langeweile die profane Form und verweist die profane Langeweile bereits auf die Möglichkeit der tiefen Langeweile: weil der Mensch vor der tiefen Langeweile zurückschrecke, wolle er sich so schnell auch der profanen Langeweile entledigen.[23]

Heidegger erklärt die ›Langeweile‹, und später die ›Gelassenheit‹, zu der Grundstimmung, welche es zu wecken gelte, bzw. die es wachzuhalten gelte, wie er in seinen späteren Arbeiten korrigierend erklärt, wenn er auffordert: »helfen wir mit beim [...] Wachbleiben für die Gelassenheit«[24]. Die Langeweile ist also bereits vorhanden, als Grundstimmung existent, wir sind jedoch aufgerufen aufzupassen, dass sie nicht einschläft.[25] Das »Einschlafen der Langeweile« wäre demnach aber kein Nicht-Langweilen im Aktivsein. Langeweile und Gelassenheit liegen, »falls man hier von einem Liegen sprechen darf, außerhalb der Unterscheidung von Aktivität und Passivität«, weil sie »*nicht* [Her-

18 Heidegger, Gelassenheit, S. 34.
19 Martin Heidegger, Gelassenheit, S. 25.
20 Ebd.
21 Martin Heidegger, Gelassenheit, S. 25–27.
22 Martin Heidegger, Gelassenheit, S. 29–73.
23 Zur weiteren Unterscheidung der Formen der Langeweile bei Martin Heidegger, siehe auch Kapitel 2.4. zu Hiroshi Sugimoto. Bzw. direkt Martin Heidegger, Erster Teil, in: Grundbegriffe der Metaphysik, Frankfurt am Main 2010, S. 89–249.
24 Heidegger, Gelassenheit, S. 34.
25 Peter Osborne, Anywhere or Not at All: Philosophy of Contemporary Art, London 2013, S. 181.

vorhebung im Original] in den Bereich des Willens gehört«[26]. Auch[27] für Walter Benjamin erscheint die Langeweile als Schlüsselmoment des Erwachens aus dem Zustand der Zerfahrenheit der modernen, technisierten Massengesellschaft. Auch bei ihm geht es mit der Langeweile um eine Form der »Wachheit«, die es zu erreichen gelte und die ebenso wie bei Heidegger außerhalb eines binären passiv-aktiv-Schemas einzuordnen ist. Benjamin definiert den Zustand der Langeweile als etwas, was uns passiert, »wenn wir nicht wissen, worauf wir warten.«[28] Es ist das Ungewisse und Unbestimmte, der nicht fokussierte Zustand des Wartens, der geradezu notwendig ist, um Langeweile zu erzeugen. Benjamin sucht im Unbewussten[29] die Langeweile, als jene »Schwelle zu großen Taten«.[30] Im Surrealismus ging es, nach Benjamin, um diese Schwellenerfahrung und damit um die empirische Erfassung der Welt als einer »materialistischen, anthropologischen Inspiration«[31], die er in den revolutionären Energien des Alten[32] in den Dingen sowie in ihrer dinglichen Verkörperung des Elends verortet. Benjamin findet im ›livre à porte battante‹, einem ›Buch, wo die Tür klappt‹[33], wie André Breton seinen Roman *Nadja* selbst benennt, die Synthese zwischen Kunstroman

26 Heidegger, Gelassenheit, S. 35.

27 Es ist erstaunlich wie fast zeitgleich zwei einander so uneinige Denker wie Benjamin und Heidegger dem Zustand der Langeweile, wenngleich aus unterschiedlicher Annäherung heraus, einen eindeutig utopischen und in gewisser Hinsicht revolutionären Ansatz zuschreiben.

28 Walter Benjamin, »Konvolut D: Die Langeweile, ewige Wiederkehr«, in: ders., Das Passagen-Werk, S. 161.

29 Benjamin arbeitet sich wiederum an Sigmund Freuds Arbeiten zum Unbewussten ab, insbesondere an der in Freuds *Jenseits des Lustprinzips* formulierten These, »das Bewußtsein entstehe an Stelle der Erinnerungsspur« und daran, dass »Reizschutz« die eigentliche wesentliche Funktion des Bewusstseins sei. Das Bewusstsein sei demnach dazu da, das Innere vor den Reizwirkungen der Außenwelt zu schützen, so »daß die Energien der Außenwelt nun mit einem Bruchteil ihrer Intensität« ins Innere vordringen können, um erst dort wirklich verarbeitet zu werden. Erst hier im Inneren, geht es nach Freud darum, »Richtung und Art der äußeren Reize zu erfahren, und dazu muß es genügen, der Außenwelt kleine Proben zu entnehmen, sie in geringen Quantitäten zu verkosten«. Man könnte jetzt also an diesem Punkt annehmen, es bedürfte einfach eines größeren und noch intensiveren Reizes, um dass sich die Erfahrung in Erinnerung und Gedächtnis übertrage, ganz so wie es die Spektakelerwartungen versprechen. Aber Freud macht deutlich, »daß Bewußtwerden und Hinterlassung einer Gedächtnisspur für dasselbe System miteinander unverträglich sind«, demnach also gerade das Unbewusste für die Möglichkeit der erinnernden Erfahrung zuständig sein müsse. Siehe Sigmund Freud, Jenseits des Lustprinzips, Kapitel 4.

30 Benjamin, Konvolut D: Die Langeweile, ewige Wiederkehr, S. 161

31 Walter Benjamin, »Der Sürrealismus«, S. 297.

32 A.a.O.

33 Zitat: Walter Benjamin, a.a.O.

und Schlüsselroman – Kunst des Surrealismus und Schlüssel zu einer Bewegung, zu seiner Theorie. Die tradierten Wahrnehmungsmuster sollen aufgebrochen, die Aura zertrümmert werden, zugleich ermögliche *Nadja* es dem Leser, die individuellen Erfahrungen in eine Kollektiverfahrung (der Leserschaft) übergehen zu lassen. Das ›livre à porte battante‹ kennzeichnet das alles-ist-möglich einer halb geöffneten, halb verschlossenen Tür. Benjamin fasst diesen Augenblick unter die Begriffe des ›Chock‹ sowie der ›profanen Erleuchtung‹. In jenen gilt es nach Benjamin, »die Kräfte des Rausches für die Revolution zu gewinnen«.[34] Auch für Benjamin besitzt die Langeweile also transformativen Charakter, jedoch einen weltlicheren und stärker aktivierenden als bei Heidegger.

In den 1960er Jahren wird die Langeweile in einem sehr ähnlichen Sinne erneut zu einem bestimmenden Thema der Kunstkritik. Auch hier wird der Langeweile eine bewusstseinserweiternde, transformative Kraft zugeschrieben. Eine Kraft, die mit Susan Sontag sowie anderen zeitgenössischen Kunstkritiker:innen wie Barbara Rose in *ABC Art* oder Harald Rosenberg in *Virtuosos of Boredom*[35] die Aufmerksamkeit von einer Kunst der bürgerlichen Hochkultur hin zu einer anti-bürgerlichen, gesellschaftlich emanzipierenden Kunst verschiebt. Sontag erkennt einen Zusammenhang zwischen Langeweile und Interesse in der Kunst ihrer Zeit. In dem 2012 veröffentlichten Nachlass der Tage- und Notizbücher Sontags findet sich eine mit November 1965 datierte Notiz, in der sie auf einen Zusammenhang zwischen Langeweile und Interesse in der zeitgenössischen Kunst verweist:

> People say »it's boring«— as if that were a final standard of appeal, and no work of art had the right to bore us. But most of the interesting art of our time is boring. Jasper Johns is boring. Beckett is boring, Robbe-Grillet is boring. Etc. Etc. Maybe art has to be boring, now. (Which obviously doesn't mean that boring art is necessarily good—obviously).[36]

Ihr Ansatzpunkt ist die Reaktion und Rezeption der Betrachtenden, die eine künstlerische Arbeit als langweilig beurteilen. Sie bemerkt, dass das Urteil, etwas sei langweilig, fälschlicherweise behaupte, dass es einen endgültigen Maßstab für Anziehungskraft gäbe, als ob kein

34 Walter Benjamin, »Der Sürrealismus«, S. 307.

35 Vgl. Barbara Rose, ABC Art, in: *Art in America* (53/1965), S. 62 und Harold Rosenberg, Virtuosos of Boredom, in: *Vogue* (147/1966).

36 Susan Sontag, 11/20/65, in: dies., As Consciousness is Harnessed to Flesh. Diaries 1964–1989, New York 2012, S. 131.

Kunstwerk das Recht besäße zu langweilen (um gut zu sein). Dabei sei aus ihrer Perspektive gerade die ›interessante‹ Kunst ihrer Gegenwart ›langweilig‹ (ohne dass unbedingt alle langweilige Kunst dadurch sofort gute und interessante Kunst sei). Auf diese Weise bringt sie in Bezug auf zeitgenössische künstlerische Arbeiten die landläufigen Antonyme ›langweilig‹ und ›interessant‹ in einen direkten Zusammenhang.

Damit aber verschiebt Sontag auch grundlegend die Kategorien in der Beurteilung von Kunst. Denn sie verzeichnet, dass bislang die Kunstkritik Langeweile als Kriterium guter Kunst ausgeschlossen habe. Zwar könne das Urteil, etwas sei langweilig, weiterhin als Begründung für das Urteil ›uninteressant‹ über ein Kunstwerk gelten – diese Begründung könne aber von nun an auch für ›interessante‹ Kunst in Anschlag gebracht werden. Damit löst Sontag das Urteil über ein Kunstwerk kurzerhand von der Funktion eines Kunstwerks, oberflächlich Interesse zu wecken und damit auch der Unterhaltung und Zerstreuung zu dienen, wie es vermeintlich bisherige ›Hochkultur‹ vielleicht auch verlangte.

1.2.3 Langeweile als Wert-Urteil

Langeweile, welche als Urteil bis dato Ausschlusskriterium war und als Unterscheidungsmerkmal von guter/interessanter und schlechter Kunst galt, fällt nun also aus dem Raster vermeintlich valider kunstkritischer Unterscheidungskategorien. Bedeutet das, dass das Verdikt ›langweilig‹ gar, wie bisher nur Begriffe wie ›interessant‹ oder ›gut‹, zur positiven Beurteilung von Kunst herangezogen werden kann? Demnach versteckte sich in diesem Urteil eine Perspektive, die schlechthin auf den ›Wert‹ von Kunst abzielt. »[T]he entire issue rests on the judgement of quality in works of art«, wie Frances Colpitt 1985 rückblickend für die Minimal Art der 1960er in *The Issue of Boredom* feststellt.[37] Der Philosoph Alva Noë beschäftigt sich 2015 ebenfalls mit der Frage, nach der Langeweile in der Kunstbetrachtung und kommt zu dem Schluss: »Art's boredom, like philosophy's, is a valuable boredom. This boredom itself is an aspect of art's work«[38].

37 Frances Colpitt, The Issue of Boredom: Is it Interesting?, in: *The Journal of Aesthetics and Art Criticism* (43/1985), S. 359–365, S. 359.

38 Alva Noë, Is it Bad if Art is Boring?, in: NPR: Cosmos & Culture. Comments on Science and Society, 11. December 2015, online unter: https://www.npr.org/sections/13.7/2015/12/11/459323426/is-it-bad-if-art-is-boring, zuletzt abgerufen am 26.10.2023. Ich danke Jochen Schuff für den Hinweis auf Noë, den ich hier nur

Wie aber ließe sich dieser Wert des ›Langweiligen‹ messen? Denn bisher gestaltete sich das Verfahren zur Bemessung des Werts ja als Vergleich – es wurde gefragt, wie ›neu‹, ›anders‹ und damit ›interessant‹ ein Werk, relativ zu bereits Vorhandenem, ist. Sontag löst dieses Problem, indem sie den Zustand der Langeweile als Funktion der Aufmerksamkeit, als Sensibilisierung hin zu einer neuen Erfahrungsweise, einer ›New Sensibility‹, beschreibt: »The commonest complaint about the films of Antonioni or the narratives of Beckett or Burroughs is that they are hard to look at or to read, that they are ›boring‹.«[39] ›Langweilig‹ werde das genannt, was unverständlich und herausfordernd erscheint und vermeintlich nur wenig zu bieten habe. ›Langweilig‹ ist somit ein Vorurteil, um sich dem erwarteten unangenehmen Zustand – dem Nicht-Verstehen, der Herausforderung des Ungewohnten – nicht aussetzen zu müssen. Sontag spricht sich jedoch für das Aushalten dieses als Langeweile deklarierten Zustands aus, da in dieser Stimmung gerade eine Erfahrung des Nicht-Verstehens, die Herausforderung und Reorganisation eigener Wahrnehmungsgewohnheiten und damit auch eine andere Perspektive auf die Welt ermöglicht werden würde.

Weiterhin wird deutlich, dass in der pejorativen Beurteilung als ›langweilig‹ häufig bereits zwei gegensätzliche Bestimmungen vorkommen, die auf den Übertritt zum ›Interessanten‹ hindeuten: Etwas erscheint zum einen als langweilig und zum anderen als anstrengend und überfordernd, oftmals aufgrund seiner Andersartigkeit – so wie Benjamins Tuch, das außen grau und innen farbig und voller Arabesken ist. Diese Verbindung von ›Langeweile‹ und ›Überforderung‹ wiederum zeigt auf, dass gerade das vermeintlich an Reizen Arme besondere Aufmerksamkeit einzufordern scheint. Auch die Kunstkritikerin Barbara Rose spricht der Langeweile in zeitgenössischen künstlerischen Arbeiten dieses doppelte Potential zu: eine Stimmung der Langeweile aufkommen zu lassen, und zugleich die Bereitschaft der Zuschauenden zur Auseinandersetzung zu testen.[40] Ob in John Cages Musikstück *4'33* von 1952, in dem vier Minuten und 33 Sekunden lang kein Ton

unzureichend einarbeite und im weiteren Verlauf meiner Beschäftigung mit Kunst und Langeweile ausbauen muss. Siehe dazu, Alva Noë, Strange Tools. Art an Human Nature, New York 2015 und hier insbesondere Kapitel 9 zur Langeweile.

39 Susan Sontag, One Culture and the New Sensibility, in: dies., Against Interpretation, New York 1961, S. 209.

40 Rose, ABC Art, S. 62. Das paraphrasierte Zitat lautet im Original: »to test the spectators commitment«.

zu hören ist, sondern Stille thematisiert wird; in Becketts dramaturgischen Verhandlungen des Wartens in *Waiting for Godot* von 1953, *Endgame* von 1956 oder *Happy Days* von 1960; oder in den Gemälden und Experimentalfilmen von Andy Warhol, beispielsweise *Empire* von 1964 – die Verhandlung des Nicht-Geschehens vollzieht sich in all diesen künstlerischen Arbeiten als lange Dauer, als Langeweile. Setzt man sich diesem Moment der langen Weile aus, transformiert sich die Überforderung mit dem Nicht-Geschehen in Anspannung und Erwartungshaltung, als gespannte Erwartungshaltung, in Interesse. Und diese Langeweile-Erfahrung betraf und betrifft alle: sowohl damalige Betrachter:innen, die etwas zu erleben erwartet hatten, wie auch das abgeklärt auftretende Kunstpublikum unserer Gegenwart.[41]

1.3 Langeweile als Disruptionserfahrung

1.3.1 Kunst als gesellschaftliche Antithesis zur Gesellschaft

Spricht man über das Verhältnis von Publikumserwartung und Kunstwerk, zumal vor der Folie eines Wandels in der Zeit, berührt man immer wieder auch die Frage nach dem gesellschaftlichen Stand der Kunst. Mit welchen Erwartungen ist die Kunst seitens der Ausstellenden, der Betrachtenden, der Schaffenden selbst und der Gesellschaft im Ganzen konfrontiert? Soll Kunst unterhalten, kritisieren, die Welt erklären, das Subjekt sich selbst verstehen lassen? Wird Kunst als kollektives, kommunikatives und identitätsstiftendes Moment verstanden? Oder ist Kunst gar nur eine abgehobene Spielwiese und Distinktionsmerkmal der Reichen?

Nicht zuletzt mit Theodor W. Adorno stellt die Kunst eine »gesellschaftliche Antithesis zur Gesellschaft« dar[42]: Und das bedeutet, dass sich die Kunst sowohl aus der Gesellschaft zu ergeben, ihr dabei aber auch zu widersprechen habe. Jenes Moment der Kunst der Moderne, das dem Verständnis und der Erwartungshaltung zu- und gerade nicht widerspricht, ist es, welches Adorno kritisiert. Denn mit dem traditionellen

41 Siehe hierzu Alva Noë, Why Is Art so Boring?, in: ders., Strange Tools – Art and Human Nature, S. 113–119.

42 Theodor W. Adorno, Gesammelte Schriften, Band 7: Ästhetische Theorie; herausgegeben von Rolf Tiedemann unter Mitwirkung von Gretel Adorno, Susan Buck-Morss und Klaus Schultz, Frankfurt am Main 2003, S. 19.

> Ideal der Geschlossenheit des Kunstwerks vermischt sich Ungleichnamiges: die unabdingbare Nötigung zur Kohärenz, die stets zerbrechliche Utopie der Versöhnung im Bilde, und die Sehnsucht des objektiv geschwächten Subjekts nach heteronomer Ordnung.[43]

Mit Adorno ist das Subjekt der Gegenwart auch eines des technischen Fortschritts. Eines Fortschritts, der jedoch nicht die erhoffte Befreiung, als Sehnsucht nach technisch vermittelter heteronomer Ordnung, sondern Zwang zu Arbeit und Arbeitsteilung, Eingespannt-Sein in ein Immer-Gleiches erbrachte – und bis in die heutige Gegenwart bringt, allerdings aktualisiert um die Digitalisierung der Lebenswelt. In dieser Gegenwart gesellschaftlicher Modernisierung, die den technischen Fortschritt inkorporiert, zeigt sich insbesondere im Bereich der Unterhaltung und Zerstreuung eine Freizeitgestaltung, deren Begriff auf ihr Gegenteil, auf unfreie Zeit, also Unfreiheit, verweist.[44] Hier kommt die Langeweile als ästhetische Langeweile ins Spiel: Sie »ist der Reflex auf das objektive Grau«[45], kommentiert Adorno. Die Kunst dieser Gegenwart ergibt sich aus dieser gesellschaftlichen Situation und widerspricht ihr zugleich. So werden Langeweile, technischer Fortschritt, Massenproduktion und Massenkonsum zum Ausgangsmoment und Gegenstand der Neoavantgarde sowie der geradezu mechanischen und, man könnte mit Beat Wyss behaupten, ausdruckslosen Pop-Art.[46] Zugleich als »Reflex« und »objektive Verzweiflung« steht die Langeweile somit weniger für Unterbeschäftigung denn für eine radikale kognitive Überbeschäftigung mit der eigenen Gegenwart. So ist der zunächst langweilig wirkenden Ausdruckslosigkeit künstlerischer Arbeiten also nicht zu trauen. Ihr Ausdruck mag gerade darin bestehen, qua vermeintlicher Ausdruckslosigkeit neue Ausdrucksformen auszuloten. Denn es

> gehört zur Langeweile das berechtigte oder neurotische Gefühl der Ohnmacht: Langeweile ist objektive Verzweiflung. Zugleich aber auch

43 Adorno, Ästhetische Theorie, S. 239.

44 Zur Erörterung der unfreien Zeit siehe das Kapitel 3.3 des vorliegenden Buches.

45 Theodor W. Adorno, Freizeit, in: ders., Gesammelte Schriften, Band 10.2: Kulturkritik und Gesellschaft; herausgegeben von Rolf Tiedemann unter Mitwirkung von Gretel Adorno, Susan Buck-Morss und Klaus Schultz, Frankfurt am Main 2003, S. 645–656, hier S. 649.

46 Beat Wyss, Pop zwischen Regionalismus und Globalität, in: Walter Grasskamp, Michaela Krützen, Stephan Schmitt, Was ist Pop? Zehn Versuche, Frankfurt am Main 2004, S. 21–43.

> der Ausdruck von Deformationen, welche die gesellschaftliche Gesamterfassung den Menschen widerfahren läßt.[47]

Somit setzt sich die Langeweile ihrerseits aus verschiedenen, je auch unterschiedlich pejorativ wahrgenommenen Versionen zusammen. Zum einen ist sie »objektive Verzweiflung« gegenüber den Vorgängen der gegenwärtigen Vergangenheit, der zu entfliehen das Versprechen der Kulturindustrie beinhaltet, so dass das Subjekt angehalten ist, die eigene Freizeit effizient, produktiv und immer auch kreativ zu gestalten. Zum anderen erwächst gerade aus diesem Versprechen der Langeweileflucht ein weiteres Verständnis der Langeweile, welche Adorno hier als »Deformation« beschreibt: dass die Fülle an Möglichkeiten an Ablenkungen, Vergnügungen, Zerstreuungen zugleich in Langeweile mündet und somit wiederum in der fortgesetzten Suche nach Genuss. Und da das momentan Genossene jeweils langweilig wird und noch immer etwas fehle, beinhaltet die Suche selbst eine sich selbst erschöpfende Leere, die es zu füllen gelte. Der Versuch, der Langeweile durch Zerstreuung zu entfliehen, verursacht demnach nur erneut Langeweile. Eine Beobachtung, die neben Adorno auch andere Theoretiker:innen vor der Folie der jeweils gegenwärtigen, sich weiter entwickelnden (spät) kapitalistischen Gesellschaft teilen, wie im weiteren Verlauf des Buchs ausgeführt werden wird.

Der Appell dieser Kritiker:innen des Spätkapitalismus, dem ich im vorliegenden Buch folgen werde, lautet dann, die Langeweile auszuhalten, ihr nicht zu entfliehen, und damit eine ›richtige‹, also eine bessere Version von Langeweile zu erzeugen, aus der heraus andere Wahrnehmungsweisen erprobt und erlernt werden können. Langeweile, wie sie hier verhandelt werden soll, ist untrennbar verbunden mit dem mechanisiert-kapitalistischen Prinzip, wie es Ernst Bloch 1974 in *Das Prinzip Hoffnung* beschrieben hat.[48] Zu fragen sein wird, wie sich der Kapitalismus und mit diesem die von ihm durchdrungene Gegenwart verändert und ob und inwiefern die Wirkung der ästhetischen Langeweileformen sich mit den Transformationen der (historischen) Zeit weiterentwickelt haben und weiterhin weiterentwickeln. Denn die zeitgenössische Gegenwart des Kapitalismus ist nun nicht mehr nur mechanisiert, sondern auch digitalisiert. Und es ist darüber hinaus

47 Adorno, Kulturkritik und Gesellschaft, S. 648.
48 Bloch, Das Prinzip Hoffnung, S. 80.

nicht mehr nur die Logik des Kapitals, die unsere Gegenwart bestimmt, sondern die des finanzialisierten Kapitalismus.[49]

1.3.2 Erfahrung der Neuzeit

Den Versuch zu unternehmen zu verstehen, dass und wie sich die jeweilige Gegenwart als geschichtliche Zeiten in die Kunst einschreibt, ist mithin eine weitere Aufgabe dieses Buches. Betrachtet man die hier angedeutete Diskussion der 1960er Jahre um Langeweile in der Kunst, zeigt sich, dass in der pejorativen Beurteilung ›langweiliger‹ Kunst stets unbeantwortete Fragen nach Sinn und Erwartungserfüllung mitschwingen, woraus sich das meliorative Vorurteil, Kunst als Appell und Hoffnung zu verstehen, ergibt. Wenn die, in Sontags Gegenwart, etabliert konservative, mithin dadurch anachronistische, Kunstkritik unter anderem die Dramen des auch von Sontag besprochenen Beckett als langweilig empfand, zeigt das in erster Linie, dass dieser für eine konservative Kunstkritik unverständlich und nicht nachvollziehbar war, weil Becketts Werke die Leitkategorien, wie Unterhaltung, Verständnis durch Einfühlung und Kontinuität des Erfahrungshorizonts, dieser Kunstkritik selbst infrage stellten. Dass der Singular des Begriffs der ›geschichtlichen Zeit‹ irreführend sein kann, zeigte bereits Koselleck, wenn er Herder zitiert, es gebe »im Universum zu einer Zeit unzählbar viele Zeiten«, die sich an je unterschiedlichen Handlungseinheiten bemessen.[50] Mit Koselleck lässt sich sagen, dass, »im Maße als die eigene Zeit als eine immer neue Zeit, als ›Neuzeit‹ erfahren wurde,

49 Im Finanzkapitalismus besitzen die Finanzmärkte, also die Aktienmärkte, die Investmentfonds, Finanzanalysten, Ratingagenturen und Transfermechanismen, einen erheblichen Einfluss auf die Realökonomie. Der Begriff der Finanzialisierung übersetzt sich aus dem Englischen (*financialisation)* und beschreibt den Prozess der ›künstlichen‹ Gewinnung von finanziellem Reichtum, durch die Eigenlogik des Finanzmarktes, mithin ohne mit realwirtschaftlichen Produktionsprozessen verbunden zu sein. Diese Eigenlogik besteht in einer sich selbst intensivierenden Dynamik, die sich aus der Logik der Selbstinvestition speist, um so den eigenen gegenwärtigen wie zukünftigen Wert zu steigern und weitere Investoren anzuziehen. Diese Eigenlogik vollzieht sich dabei als ›Ökonomisierung‹ des politischen Lebens, die als Aushöhlung der zeitgenössischen liberalen Demokratie verstanden werden kann. Ich verwende diesen Begriff hier und im Weiteren unter Rückgriff auf Wendy Brown, Die schleichende Revolution. Wie der Neoliberalismus die Demokratie zerstört, Berlin 2018.

50 Johann Gottfried Herder, Metakritik zur Kritik der reinen Vernunft (1799), Berlin (-Ost) 1955, S. 68. Zitiert nach, Reinhard Koselleck, Vergangene Zukunft, Frankfurt am Main 1989, S. 10.

die Herausforderungen der Zukunft immer größer« wurde.[51] Diese Herausforderungen der Zukunft bestanden und bestehen, so die hier vollzogene Gegenwartsdiagnose, insbesondere aus dem Umgang mit dem immer stärkeren Auseinandertreten von Erfahrungsraum und Erwartungshorizont, also der disruptiven Erfahrung, dass das, was einmal erfahren und als Erfahrung abgelegt wurde, sich kaum mehr auf die Erwartungen beziehen lässt. Das bedeutet auch, dass die Erlebnisse der Gegenwart kaum Abgleich mit den Erfahrungen der Vergangenheit mehr ermöglichen und demnach die zu stellenden Erwartungen an die Zukunft nichts mit der vergangenen Zukunft der vormalig gemachten Erfahrung zu tun haben könnten. Und doch besteht zwischen Vergangenheit, Gegenwart und Zukunft eine verschränkte Beziehung, deren Verhältnisse die ästhetische Erfahrung der Langeweile in der Kunst zu erfahren und hiernach zu verstehen ermöglicht.

1.3.3 Der Versuch des Verstehens

Theodor W. Adorno stellt sich 1961 dem *Versuch das Endspiel zu verstehen* – so der Titel seines Essays. Dieser Versuch ist zugleich Teil seiner Ästhetischen Theorie, die Kunst als »gesellschaftliche Antithesis zur Gesellschaft« zu verstehen, diese also als ein in sich gegenwendiges Werk zu erfassen.[52] Den Versuch des Verstehens zu unternehmen bedeutet hier, gerade nicht auf Erfahrungen zurückgreifen zu können, sich nicht einzufühlen, sondern sich der Brucherfahrung der Gegenwart auszusetzen. Adornos Ansatzpunkt sind Becketts Figuren, die eine eigene, sich selbst bewusste Tragik besitzen und die in langatmigen, langgezogenen dystopischen Ewigkeiten einer unverständlichen Welt agieren. Die Unverständlichkeit rührt aus den Vorgängen der Gegenwart und Vergangenheit. Vorgängen, »welche eigentlich auch die Überlebenden nicht überleben können«[53]. Das Außen der Beckett'schen Figuren dieser unverständlichen Welt, die doch die seiner Gegenwart war, kann aus deren Perspektive nur tot sein und nicht Veränderung – nur mehr Vegetation erscheint hier noch möglich. Hieraus stellt sich eine Ohnmacht ein, die Adorno in die Nähe zur Langeweile rückt, wenn er an

51 Koselleck, Vergangene Zukunft, S. 12.
52 Adorno, Ästhetische Theorie, S. 19.
53 Theodor W. Adorno, Versuch das Endspiel zu verstehen, in: ders., Noten zur Literatur, Frankfurt 1981.

anderer Stelle schreibt, »Langeweile ist objektive Verzweiflung.«[54] Die Einbettung in den vorherbestimmbaren Tagesablauf des Vegetierens, als Leben in rigoroser Arbeitsteilung und Entfremdung, überführt das Subjekt der Gegenwart und die Figuren in Becketts Dramen in einen Zustand, welcher mit Adorno als »objektives Grau«[55] definiert wird. Eine Langeweile, die Beckett als Grau sichtbar und als Langeweile und Verzweiflung auch erfahrbar macht. Die Möglichkeit, sowohl anderen Wahrnehmungsweisen als auch der sich daraus ergebenden neuen Perspektive auf das Unverständliche Raum zu geben, besteht im ästhetisch vermittelten Erfahren dieser Langeweile – kurz: Langeweile auszuhalten. Adorno sekundiert mithin Sontags Argument einer neuen Erlebnisweise, einer neuen Sensibilität gegen die hedonistische Bequemlichkeit, wenn er den Versuch unternimmt, Becketts *Endgame* zu verstehen: »Es verstehen kann nichts anderes heißen, als seine Unverständlichkeit verstehen, konkret den Sinnzusammenhang dessen nachkonstruieren, dass es keinen hat.«[56] Dass eigentlich – fast – nichts passiert, bedeutet also nicht, dass nichts passiert, sondern schärft die Wahrnehmung einerseits für das, was dann doch – nur fast nicht – geschieht, als auch andererseits für das, was wirklich alles nicht passiert. Das Fast-Nichts scheint über die Dauer und Langsamkeit der Beschäftigung mit dem Fast-Nichts überhaupt erst als solches erfahrbar.

Adornos *Versuch das Endspiel zu verstehen* löst, also ganz im Sinne Sontags, eine Form der Kunstkritik ab, die bloß vorgefertigte Kriterien für gute, schlechte oder interessante Kunst abarbeitet und sofort Antworten auf die Sinnfrage qua im Voraus gelieferten Subtexts anbietet. Denn wenn Kunst als Ab- und Ausdruck, mithin als Antithesis zur Gesellschaft zu verstehen ist, kann das Werk in einem ersten, kunstkritischen Schritt zunächst nur in seiner unmittelbaren Wahrnehmungserfahrung, seiner Sensibilität und Unmittelbarkeit, ernstgenommen werden, um daraus dann weitere Schlüsse herzuleiten. Das heißt, ganz ähnlich wie Adorno bei Beckett vorgeht. Für diese Form des Kunstverstehens spricht sich auch Sontag in ihrem Essay *Against Interpretation* aus. Für sie liegt in der Unmittelbarkeit der Erfahrung, und das bedeutet abseits etablierter Interpretationsschemata, die Möglichkeit ästhetischer Erfahrung – erst hiernach kann sich der Versuch

54 Adorno, Kulturkritik und Gesellschaft, S. 648.
55 Ebd.
56 A.a.O., S. 283.

des Verstehens entfalten. In ihrem Verweis auf die Entwicklung neuer Aufmerksamkeitsmodi, »modes of attention«, zeigt sich, dass es darum geht, eine neue Sensibilität für etwas auszubilden, das zwischen dem Unsichtbaren und Sichtbaren, zwischen Unverständnis und Verständnis oszilliert. Sie verortet in der Langeweile jenen Schwellenmoment, der die Wahrnehmung derart transformiert, dass das Unsichtbare sich in Sichtbarkeit entfalten kann. Sontag führt das folgendermaßen aus:

> We should not expect art to entertain or divert any more. At least, not high art. Boredom is a function of attention. We are learning new modes of attention—say, favoring the ear more than the eye—but so long as we work within the old attention-frame we find X boring ... e.g. listening for sense rather than sound (being too message-oriented). Possibly after repetition of the same single phrase or level of language or image for a long while—in a given written text or piece of music or film, if we become bored, we should ask if we are operating in the right frame of attention. Or—maybe we are operating in one right frame, where we should be operating in two simultaneously, thus halving the load on each (as sense and sound).[57]

Kunst, wenn sie interessant und überhaupt Kunst sein will, kann und soll folglich nicht mehr unterhalten, soll nicht mehr gefallen, soll, so schreibt es Sontag an anderer Stelle mit Pierre Boulez, explizit kein Vergnügen mehr bereiten. Kunst soll nun ernsthaft, herausfordernd und antihedonistisch, also anstrengend sein.[58]

1.3.4 Eine neue Erfahrungsweise

Doch bleibt Sontag nicht bei einer phänomenologischen Betrachtung stehen. Sind die neuen Aufmerksamkeitsmodi der ›New Sensibility‹ erlernt – beispielsweise jene, die durch Kunst wahrgenommene Langeweile als Bruch mit den konventionellen Wahrnehmungsweisen und Erwartungen lehren kann –, könne und solle Kunst auch wieder Vergnügen bereiten.[59] Dementsprechend versteht Sontag Kunst als Form der ästhetischen Erziehung, als »a form of discipline of the feelings and a programming of sensations«.[60]

57 Sontag, As Consciousness is Harnessed to Flesh. Diaries 1964–1980, S. 131.
58 Vgl. Sontag, Against Interpretation, S. 303.
59 Vgl. Sontag, One Culture and the New Sensibility, S. 209.
60 A.a.O., S. 210.

Dieser Bruch mit der traditionellen Unterhaltungserwartung geht einher mit Irritation, Überforderung und Unbehagen. Ein Unbehagen, welches aus dem Unvermögen qua Unvernehmen entspringt, gleich einer Bewegung des aus dem Fehl-Vernehmen erwachsenden Neu-Vernehmens der Wahrnehmung.[61] Denn »if one does not perceive how a work repeats itself«, ist das Kunstwerk, fast wörtlich, »not perceptible and therefore, at the same time, not intelligible.«[62] In der Wiederholung von Praktiken, Techniken und kommunizierten Inhalten lag also bisher der Zugang zum Verständnis eines Kunstwerks – und somit zum Vergnügen, welches es bereiten konnte. Damit aber dieses Vergnügen nicht nur bereits verständliche und dadurch vorhersehbare und kontrollierbare Zerstreuung bedeutet, muss das Kunstwerk dem Vorherigen erst widersprechen (und darin, wie später zu zeigen ist, manches Mal gerade entsprechen). Als Antwort auf den stetigen Wandel der Gegenwart, der als solcher selbst nicht mehr sinnlich zu erfassen ist, konnte die Kunst als Ausdruck dieser Gegenwart nicht zum Hort der Geborgenheit und Harmonie verkommen, sondern musste sich immer wieder diesem Wandel aussetzen, ihn aushalten, aufnehmen und eben wieder-geben. Und darin, in der Irritation und in dem unheimlichen Unverständnis, kann die Gegenwartskunst als schmerzlich frustrierend wahrgenommen werden, denn »[h]aving one's sensorium challenged or stretched hurts.«[63] Letztlich ist das Vorurteil, Kunst sei langweilig, demnach oftmals das Vorurteil eines frustrierten Publikums, welches nichts mehr versteht.

Daher müsse Kunst, so Sontag, wie eine Schocktherapie funktionieren »for both confounding and unclosing our senses.«[64] Doch geht es bei diesem Schock, bei dieser Verwirrung der Sinne, nicht mehr um ein lautes Spektakel, das doch nur das bereits Verständliche wiederholt. Besteht also die Schocktherapie im Aushalten, Zulassen und Wahrnehmen der Langeweile? Wie Benjamin begreift auch Sontag den Schockzustand als transformative Kraft, die aus der Langeweile erwächst. Und ebenso wie im ›livre à porte battante‹, im ›nouveau roman‹ oder in Sontags *New Sensibility* aktualisiert sich diese schockierende Langeweile, wiederholt sich einerseits und muss sich dabei

61 Diese sprachliche Verknotung verdanke ich meinem Studium und Denken bei und mit Anselm Haverkamp.
62 Sontag, Against Interpretation, S. 31.
63 Sontag, One Culture, S. 209.
64 A.a.O., S. 208.

andererseits aktualisieren, sonst würde sie sich ›nur‹ wiederholen, wäre damit ein-eindeutig verständlich – und dadurch gerade nicht mehr: langweilig.

1.3.5 Boring Art is Interesting Art

Heißt das nun, dass langweilige Kunst jetzt interessante Kunst sei?[65] Die weitgehende Sinnentleerung eines Kunstwerks führte bei einem Sinnstiftung erwartenden Publikum zu einer Disruption in der Wahrnehmung. Schließlich passiert da nicht nur nichts, dieses Nichts hat vordergründig auch keinen Sinn. Dieser Schocktherapie könnte sich dann auf zwei Weisen entzogen werden: Durch Zerstreuung und eine Ablehnung als langweilig und sinnlos, oder aber die Langeweile wird ausgehalten. Eröffnet ist erst mit der zweiten Option eine Möglichkeit, die Modi der Wahrnehmung zu erweitern.

»[B]oring art is interesting art«[66] scheint also häufiger als gemeinhin vermutet zuzutreffen. Der Kunstkritik der 1960er Jahre zufolge ist Langeweile also oftmals das Urteil eines Sinnesapparates, der in seiner jeweiligen Gegenwart (noch) unprogrammiert, (noch) nicht ausgebildet, für die neuen »modes of attention« (noch) nicht geschärft ist. Wie gesagt, dass etwas langweilt, meint oft mehr, als dass es schlichtweg nicht interessiert. Vielleicht kann es das Interesse nicht halten, sodass dieses zu anderen Dingen wandert, vielleicht entspricht es nicht den mitgebrachten Erwartungen. ›Langweilig‹ ist somit kein Antonym zu ›interessant‹, sondern steht mit diesem in einer spezifischen Verwandtschaftsbeziehung. Denn besonders interessant erscheint, dass Langeweile aus der Diskrepanz zwischen subjektiver Wahrnehmungsgewohnheit und gegenständlicher Präsentation entsteht. In Henry Geldzahlers Besprechung von Warhols Film *Sleep* wird der Prozess der Entwicklung, Ausbildung beziehungsweise, mit Sontag gesprochen, die ›Programmierung‹ des Sinnesapparates durch vermeintlich langweilige Kunst deutlich: »As less and less happens on the screen, we become satisfied with almost

65 Schon Frances Colpitt fragte sich 1985 im Untertitel des Aufsatzes »The Issue of Boredom: Is it Interesting?« Er räsoniert darin, dass in den späten 1960er-Jahren gerade einmal »a few artists escaped being called boring at least once or twice« und listet neben den bereits bei Sontag Genannten auch Cage, Burroughs, Godard, Antonioni, Cunningham, Rainer, Warhol, Stella, Judd, Morris, Mangold und Le Witt als »Beschuldigte«. Siehe: Colpitt, Issue of Boredom, S. 359.

66 A.a.O., S. 365.

nothing and find the slightest shift in the body of the sleeper or the least movement of the camera interesting enough.«[67] Zu fragen ist, ob Sontags These noch heute zutrifft. Ist das gegenwärtige Kunstpublikum »satisfied with almost nothing«, weil so wenig passiert? Fungiert die Kunst als Entzugsklinik der Kultur- und Unterhaltungsindustrie?[68] Bedarf es noch immer nur einer Unterbrechung der Wahrnehmungsgewohnheiten, um zum Urteil ›langweilig‹ zu kommen und dann neue Wahrnehmungskategorien zu programmieren, »say, favoring the ear more than the eye«?

Simon Denny erinnert in *Texte zur Kunst* daran, dass »der Begriff des Bruchs, der Disruption, vor allem mit der historischen Avantgarde assoziiert« wird.[69] Insofern könnte das Urteil der Langeweile, verstanden als Bruch mit gewohnten Wahrnehmungskategorien, Kunst als jeweils aktuelle Avantgarde einordnen und damit vorauseilend legitimieren. Allerdings ist gerade »diese avantgardistischste aller Operationen – nämlich die des Bruchs – […] inzwischen als radikale Geschäftsstrategie anerkannt«[70]. Und daher scheint – anders als zum Zeitpunkt der historischen Avantgarden und ihrer modernen historischen Nachfolger, zu denen bis zu einem bestimmten Grad mittlerweile auch Sontags Zeitgenossen zu zählen sind – die Frage der Gegenwartskunst zu lauten, »was im zeitgenössischen Kunstdiskurs echte Radikalität sein könnte«[71], wie sich die disruptive Langeweile als ästhetische Brucherfahrung in der Gegenwart aktualisiert hat. Denn wo Andy Warhol uns qua Langeweile noch beim Verstreichen von Zeit zusehen lässt, sodass wir diese wahrnehmen können, oder dort wo Roman Opałka noch die Zeit als Unendlichkeit in den Prozess des handwerklichen Ziffernmalens überführt, ist die Langeweile der Gegenwartskunst eine andere, muss eine andere sein! Es stellt sich also die Frage, welches Potential in der gegenwärtigen ästhetischen Erfahrung der Langeweile liegt.

67 Henry Geldzahler, Some Notes on Sleep, in: P. Adams Sitney (Hg.), Film Cultural Reader, New York 1970, S. 300f.

68 Dazu: ROLLERGIRLS, »Satisfied with Less«, Vinyl, Darmstadt, November 2013, oder auch hier zu hören: https://rollergirls.bandcamp.com/album/satisfied-with-less. Ich danke Steffen Andrae für den inspirierenden Hinweis.

69 Simon Denny, Disrupt, in: *TEXTE ZUR KUNST* (100/2015), S. 123.

70 Ebd.

71 Ebd.

1.4 Herangehensweise

1.4.1 Methodik

Die Stimmung der Langeweile in der Gegenwartskunst herauszuarbeiten ist dabei kein einfaches Unterfangen. Denn das Einfangen der Langeweile gelingt nicht im Verweisen. Die Optionen zu benennen, die die ästhetische Langeweile bietet, bedeutet zuallererst: sie anerkennen und auszuhalten. Dem trägt der flanierende Charakter dieses Buches Rechnung: Die konkrete Moderation einzelner ausgewählter künstlerischer Arbeiten in die vier verschiedenen Formen der Langeweile (als lange Weile; als Zwischenzeit im Zwischenraum; als Wiederholung und als Zuviel) ermöglicht es, die jeweilige hierin gemachte Langeweile-Erfahrung zu diskutieren. Grundlegendes Ziel des Buches ist es somit, angelehnt an die sozialwissenschaftliche Methode der dichten Beschreibung, die Hypothese zu überprüfen, inwiefern die Stimmung der Langeweile im Rezeptionsprozess von künstlerischen Arbeiten als »Motor der Kritik« fungiert, und zwar, indem eine Kontingenzerfahrung ermöglicht wird: dass also das Nichtnotwendige als möglicherweise andersverlaufend aus- und hierin vorgestellt wird. Das Argument ist, dass sich das besonders in der ästhetischen Erfahrung der je verschiedenen Formen der Langeweile vernehmen lässt. Zugleich erscheint es wichtig, die Darstellungsformen der Langeweile als sich aktualisierende Ausprägungen zu verstehen, zu beschreiben sowie neue Varianten zu identifizieren. Mit dem Zeitalter der nunmehr digitalen Reproduzierbarkeit entwickelt sich neben den Formen der Langeweile als lange Weile, also als leere und freie Zeit des Wartens, sowie der Langeweile als Zwischenzeit im Zwischenraum und der Langeweile als Wiederholung eine weitere spezifische Erfahrung der Langeweile: das Zuviel als Überfluss, Indifferenz und Überdruss – sowie der dazugehörigen erschöpfenden Apathie.[72] Hier wird jene Leere erfahrbar, die den zeitge-

72 Neu ist allerdings auch diese Kategorie nicht. Immanuel Kant, Anthropologie in pragmatischer Hinsicht, in: ders., Schriften zur Anthropologie, Geschichtsphilosophie, Politik und Pädagogik 2, Werkausgabe Band XII, Frankfurt am Main 1977, S. 443, schrieb: »So ist die Anekelung seiner eigenen Existenz, aus der Leerheit des Gemüts an Empfindungen, zu denen es unaufhörlich strebt, der langen Weile, wobei man doch zugleich ein Gewicht der Trägheit fühlt, d. i. des Überdrusses an aller Beschäftigung, die Arbeit heißen und jenen Ekel vertreiben könnte, weil sie mit Beschwerden verbunden ist, ein höchst widriges Gefühl, dessen Ursache keine andere ist, als die natürliche Neigung zur Gemächlichkeit (einer Ruhe, vor der keine Ermüdung vorhergeht).«

nössischen (spätkapitalistischen) Erfahrungen der Fülle des Überflusses zunächst konträr gegenüberzustehen scheint. Doch wie ich im Weiteren aufzeigen werde, entfaltet sich in einer durch Praktiken der Langeweile in der Gegenwartskunst ästhetisch produzierten Dialektik gerade diese gegenwartsspezifische Erfahrung des Zuviels als erweiterte – und das bedeutet auch aktualisierte und transformierte – Erfahrung der Langeweile. Darüber hinaus stellen sich mit dem Aufscheinen und Zulassen von Langeweile Fragen nach dem ästhetisch-epistemischen sowie politischen Ort der Kunst: Ermöglicht die Langeweile einen Schwellenraum der ästhetischen Erfahrung? Und welche Implikationen ergeben sich aus der Übung des Aushaltens einer in der Langeweile möglicherweise verborgen liegenden radikalen Kontingenz der Gegenwart?

1.4.2 Argumentation

Um dem in dieser Arbeit zu erörterndem ästhetischem Diskurs der Langeweile gerecht zu werden, sollen die hier ausgewählten Kunstwerke nicht nur zitiert werden, um zur Argumentation verwendete Theorien zu belegen. Die Argumentation verfolgt das Ziel, ästhetische Theorie und künstlerische Praxis wechselseitig aufeinander zu beziehen.[73] Dem zugrunde liegt ein nachmetaphysisches und das bedeutet auch weiterhin antiobjektivistisches Verständnis von Kunst und ihrer Erfahrung. Dabei geht die Erfahrung stets in Form der Reflexion, also performativ zwischen Gegenstand und Betrachtendem vor. Es geht mir hier darum, dass das Denken durch die ästhetische Erfahrung umgestaltet werden kann. Zwar ist es nicht betrachter:innenunabhängig programmierbar, wohl aber als und im Ereignis der Langeweile erfahrbar.

Das bedeutet, dass ich aufzeigen möchte, dass im Aushalten einer ausgestellten Langeweile in der Gegenwartskunst ästhetisch mehr erfahren werden kann als bloße Kritik und objektivistische Erklärung. Wenn man mit Christoph Menke davon ausgeht, dass »das Ästhetische eine Figur der Subjektivität, genauer: der Freiheit ist«, dann entspricht diese ästhetische Freiheit trotz allem »weder *schon* noch *bloß* der sich

73 Und so versteht sich das Folgende in »diesem Sinne und mit Bezug auf die Gefahren des Rückzugs der philosophischen Ästhetik in einen ebenso kunstfremden wie belanglosen Akademismus einerseits und Regression der Kunstpraxis auf ästhetische Begriffslosigkeit anderseits [...] durchaus als Explikation und Wiedereröffnung des ästhetischen Diskurses als Streit.«, Siehe: Juliane Rebentisch, Ästhetik der Installation, Frankfurt am Main 2003, S. 19.

gegenwärtig formierenden nachdisziplinären Subjektivität.«[74] Denn das Ästhetische und die Subjektform der Gegenwart sind zwar sich aufeinander beziehende, jedoch deswegen noch nicht einander bestimmende Kategorien:

> Denn zum einen geht die nachdisziplinäre Subjektform über die Freiheitsidee der ästhetischen Moderne hinaus; sie ist nicht deren späte soziale Verwirklichung (sondern ein Resultat ihrer Krise). Doch zum anderen geht auch die Freiheitsidee der ästhetischen Moderne über die nachdisziplinäre Subjektform hinaus; sie ist nicht deren ästhetische Blaupause (sondern ein Motor ihrer Kritik).[75]

Wenn sich also Subjektpositionen und -formen innerhalb der Gesellschaft verschoben haben und stets weiterbewegen, verändert sich deswegen zum einen noch nicht vollständig das Subjekt oder die Gesellschaft. Merklich verschieben sie jedoch ihre Positionen zu-, in- und gegeneinander. Zum anderen ist die ästhetische Freiheit eben nicht die »ästhetische Blaupause« veränderter Subjektformen, sondern »Motor ihrer Kritik.«[76] Um diesen am Laufen zu halten, muss die Freiheitsidee sukzessive und immer wieder aufs Neue inzidiert werden. Über die im Verlauf dieser Arbeit ausgestellten Formen der ästhetischen Langeweile soll daher deren Erfahrung aus den künstlerischen Arbeiten heraus erörtert werden, um im Zusammenspiel mit den Gegenwartsdiagnosen die Frage beantworten zu können, welche neuen Formen ästhetischer Langeweile sich in und aus dieser jeweiligen Gegenwart herauslesen und welche andere Perspektive sich daraus sowohl für die Ästhetik als auch die Gesellschaft formulieren lassen.

1.4.3 Reflexion

Die verschiedenen Formen der ästhetischen Langeweile können in der Gegenwartskunst als verschiedene Formen affizierender Wirkmacht zum Tragen kommen. Im vorliegenden Buch wird es unter Einbeziehung einer Auswahl von zwölf künstlerischen Arbeiten der Gegenwart darum gehen, ob das, was Langeweile in der jeweiligen Gegenwartskunst

74 Christoph Menke, Der andere Geschmack. Weder Autonomie noch Massenkonsum, in: ders., Juliane Rebentisch (Hrsg.), Kreation und Depression, Berlin 2011, S. 226–239, S. 226.

75 Ebd.

76 Ebd.

auszustellen vermag, die Konfrontation mit anderen Zeitlichkeiten ausdrückt und was das für die jeweilige Gegenwart und die Stellung der Kunst in dieser bedeutet.

Zunächst ist die Auswahl zu begründen: Was verbindet die hier betrachteten künstlerischen Arbeiten untereinander, und in welcher Verbindung stehen sie, einzeln und als Gruppe, zu ihrem Kontext der spätkapitalistischen Gesellschaft? Welche Begriffe der Gegenwart und der Gegenwartskunst werden überhaupt angelegt?

Hierbei stellte sich stets die Frage nach dem Begriff der Gegenwart. Entstanden sind die hier ausgewählten Arbeiten in den ersten beiden Jahrzehnten des 21. Jahrhunderts. Hinter der Auswahl steht die Annahme, dass an ihnen das jeweilige zeitgenössische Auseinanderdriften von Erwartungsraum und Erfahrungshorizont, mithin die Transformation der Gegenwart ablesbar ist. Einer Gegenwart, in der zum einen die starken politischen Auswirkungen der Veränderungen der 1990er Jahre und zum anderen die hoch dynamischen ökonomischen und medialen Entwicklungen der 2020er Jahre zusammenkommen. Einer Gegenwart, die sich technisch stark von der Epoche vor 2000 unterscheidet und gleichzeitig (noch) nicht von einer auf sie folgenden Epoche abzugrenzen ist.

Allerdings bedeutet die in diesem Buch vorgenommene Konzentration auf die Gegenwart nicht, dass die seit 2000 entstandene Kunst – und in dieser die Strategien der Langeweile – keine Gemeinsamkeiten mehr mit der Kunst vorheriger Jahrzehnte, ob nun der hier besprochenen 1960er oder der folgenden 1970er oder 1980er Jahre, aufweist. Im Gegenteil sind hier zahlreiche Übergänge, Ähnlichkeiten und Verbindungslinien erkennbar. Doch die fundamentalen Veränderungen, die sich seit den 2000er Jahren sowohl gesellschaftlich, wirtschaftlich als auch politisch, kulturell und nicht zuletzt durch neue Entwicklungen des Medialen wie Digitalen ergeben haben, rechtfertigen es, den Begriff der Gegenwartskunst mit dem Jahr 2000 einzugrenzen.

Neben ihrer gegenwartspezifischen Einbettung ist den ausgewählten künstlerischen Arbeiten eine – jeweils unterschiedliche – Form der ästhetischen Eigenzeiterfahrung gemeinsam: Sie vermitteln eine spezifische Zeitwahrnehmung, die eine ästhetische Erfahrung von Langeweile ermöglicht. In den folgenden Kapiteln untersuche ich die Langeweile als Formen der langen Weile einer bannenden Leere, als leere und freie Zeit eines Dazwischen sowie in verschiedenen Formen der Wiederholung. Darüber hinaus zeigt sich in den Diskussionen zu diesen Formen eine immer schon angedeutete Potentialität, die eine weitere aktuelle Langeweile-Formation eines erschöpfenden Zuviels aus Überfluss, Indifferenz und Überdruss darstellt.

1.4.4 Gliederung

Im Einzelnen kann die ästhetische Zeitlichkeitserfahrung zunächst grob unterteilt werden in drei zu differenzierende ästhetische Varianten der Langeweile: jene der langen Zeit in Kapitel 2, der Zwischen-Zeit in Kapitel 3 und der sich wiederholenden Zeit in Kapitel 4. Neben dem evidenten Zeit-Bezug verhandeln dabei alle drei Formen jeweils auch einen Raum-Bezug. Dass die drei Praktiken Schnittmengen aufweisen und darüber hinaus eine weitere, den vorgestellten dabei scheinbar widersprechende Praktik des Zuviel beinhalten, zeigt das sich anschließende Kapitel 5. Es geht mir im Folgenden auch darum, mit und aus den künstlerischen Arbeiten die jeweiligen theoretischen Ansprüche, also das inhärente Wissen der Künste, herauszuarbeiten. Zugleich bedeutet das, auf diverse interdisziplinäre Verweisungszusammenhänge zu rekurrieren, mithin Theorien aus Philosophie, Ästhetik, Politischer Theorie und Sozialwissenschaften miteinander ins Gespräch zu bringen.

Im zweiten Kapitel wird die Langeweile als zeitliche lange Weile, als Dauer und bannende Leere der Zeit besprochen. So wird zum einen jene lange Weile in der Gegenwartskunst verhandelt, welche durch Dehnung des Raums und Verlangsamung der Zeit stattfindet (Sharon Lockhart). Zum anderen zeigt sich eine lange Weile, die sich sowohl über eine lange Weile von Echtzeitmomenten als auch über das profan Dargestellte selbst einstellen kann (Albert Serra). Darüber hinaus zeigt sich jene lange Weile, die sich nur in der Produktionszeit abspielt und als verräumlichte Zeit dargestellt wird (Hiroshi Sugimoto). Sharon Lockharts *Lunch Break* zeigt durch eine lange Kamerafahrt eine Mittagspause in einer Schiffswerft. Diese recht eintönige Kamerafahrt wird darüber hinaus digital derart verlängert, dass sich in der Betrachtung der Arbeit eine Art raum-zeitliche Dehnung der langen Weile stattfindet. Albert Serras Film *El cant dels ocells* ermöglicht, durch die Echtzeit-Darstellung relativ uninteressanter langwieriger Prozesse des Alltäglichen rund um das Narrativ der Geburt Jesu, eine Erfahrung von inkongruenten Zeitlichkeiten. Auch Hiroshi Sugimoto richtet in seinen Fotoserien für eine lange Weile seine Kamera auf eine bestimmte Aufnahmesituation. Doch er verkürzt damit die aufgenommene Zeit und zeigt, in Form diverser weißer Quadrate, eine zeitliche Verdichtung dieser langen Weile. Die These in diesem Kapitel ist, dass in unserer Gegenwart, die sich selbst Schnelllebigkeit und Verwandelbarkeit bescheinigt, sich in der langgewordenen Zeit mehr als vordergründig behauptet versteckt. Es soll aufgezeigt werden, dass im Erscheinen der Langeweile die Erfahrung einer ästhetischen Zeitlichkeit einsetzt, die sowohl das subjektive Wahrnehmen von Zeit verändert, als auch intellektuell kritisch bereichernd wirken kann, wie ich im Abschluss des zweiten Kapitels ausführen werde.

Im dritten Kapitel wird mit dem Topos des Dazwischen eine als langweilig wahrgenommene Unterbrechung der Zeit diskutiert. Ausgestellt wird dabei sowohl das Unproduktive der Zeit als leerer Zeit (mit Bruce Nauman) als auch das aus dieser unproduktiven Zeit Befreiende der freien Zeit (mit Manon de Boer) sowie die in dieser befreienden Zwischenzeit liegende Intensität (mit der Edition Wandelweiser und der *ambient music* von und nach Brian Eno). Die Unterbrechung der Zeit scheint dabei jeweils Langeweile als Stimmung zu verhandeln, die sich aufgrund des Bruchs mit der Erwartungshaltung nach Produktivität und Sinn einstellt. Das Dazwischen legt dabei den Schwerpunkt auf Ort und Raum der Langeweile, ohne dabei den Zeit-Bezug aus den Augen zu verlieren. In dieser vermeintlichen Langeweile eines Dazwischen scheint sich die Möglichkeit einer spezifischen ästhetischen Erfahrung von Gegenwartskunst zu verorten. Die Videoarbeit *Mapping the Studio I (Fat Chance John Cage)* von Bruce Nauman verhandelt dann eben jene vermeintlich unproduktive Zeit der nächtlichen Produktionspause im Künstleratelier, die ich als ›leere Zeit‹ des Dazwischen behandeln will. Diese unterscheidet sich von der ›freien Zeit‹ des Dazwischen, wie ich mit der Arbeit *An Experiment in Leisure* von Manon de Boer aufzeigen werde, insofern, als dass sich die Leere noch als untätige Tätigkeit zeigt, die Freiheit der ›freien Zeit‹ hingegen gerade frei ist von den aktiv-passiv-Dichotomien der ›leeren Zeit‹, mithin eine Intensität birgt. In der Musik der Edition Wandelweiser ebenso wie in Brian Enos *ambient music* verorte ich gerade jene Intensität als eine fluide Verbindung von Raum und Zeit, die als weitere Wendung des Dazwischen der Langeweile, als Zwischenzeit, wirkt.

Im vierten Kapitel werde ich mich der Langeweile als Wiederholung widmen und aufzeigen, inwiefern selbstähnliche Wiederholung (mit Zoe Leonard), strukturelle Wiederholung (mit Heiner Goebbels) und identische Wiederholung (mit Gregor Schneider) auf eine Langeweileerfahrung verweisen, der es nicht um eine weitere Iteration im Regime des immer Neuen, sondern gerade um eine Distanznahme geht, so dass die Wahrnehmungsebene jeweils verschoben wird und es so zu einer besonderen ästhetischen Kontingenzerfahrung kommen kann. Ich habe die Wiederholung dazu in drei, von Lorenz Engell entlehnte, Kategorien unterteilt.[77] Mit Zoe Leonards Arbeit *You see I am here after all* beschreibe ich die ›selbstähnliche Wiederholung‹: Leonard zeigt tausende Motiv-Postkarten der Niagarafälle, die dasselbe Motiv, jedoch nicht gänzlich alle die gleiche Perspektive wiederholen. Mit Heiner Goebbels Arbeit *Die Provinz des Menschen* lässt sich die ›strukturelle Wiederholung‹ verstehen, wenn Goebbels in diversen nebeneinander präsentierten Videos seinen Schauspieler über viele Jahre die immer gleiche Handlung ausführen lässt, die sich strukturell ähnelt, jedoch an verschiedenen Orten und über viele Jahre nie die gleiche ist. Anhand Gregor Schneiders *Neuerburgstraße 21* wiederum wird die ›identische Wiederholung‹ besprochen. Dass Schneider in dieser Arbeit einander identische Rohbau-Badezimmer ausstellt, ist eingänglich bereits beschrieben worden. Zoe Leonard, Heiner Goebbels und Gregor Schneider arbeiten mit differenzierenden Erfahrungen von Wiederholung und der Wiederkehr des Immergleichen, die auf den verunsichernden Bruch der Vorhersehbarkeitserfahrung in der vermeintlichen Vorhersehbarkeit setzen. In diesem Kapitel möchte ich herausarbeiten, inwiefern der Bruch als Modifikation und Anpassungsleistung zu verstehen ist. Dies alles sind Spielarten der Wiederholung, die ihrerseits auf der Ebene der Wahrnehmung in die je anderen Unterkategorien der Wiederholung hineinragen.

Im fünften Kapitel leitet die gegenwartsspezifische Perspektive des Zuviels meine Untersuchungen. Hier möchte ich aufzeigen, inwiefern die vorgestellten Formen ihrerseits auch in Versionen des Zuviels anzutreffen sind. So kombiniere ich mit den Arbeiten zur bannenden langen Weile aus Kapitel 2 die Version der Langeweile als Überdruss, welche ich paradigmatisch mit *Fatigue Empire* von Cosima von Bonin erörtere. Die Kategorie der Indifferenz ist eine weitere Spielart der Unterkategorie der Langeweile des Zuviels. Die Arbeiten zum Dazwischen aus Kapitel 3 stehen hier in einer Verbindung zu eben jener Indifferenz, die ich mit

77 Lorenz Engell, Die Langeweile und der Krieg. Fernsehen und das Ende der Spaßgesellschaft, in: Alexander Karschnia u.a. (Hrsg.), Zum Zeitvertreib. Strategien – Institutionen – Lektüren – Bilder, Bielefeld 2005, S. 19–32, S. 23.

Anne Imhofs Arbeiten *Angst II* und *Faust* diskutieren möchte. Dass all diese Bezüge der Langeweile ebenfalls miteinander zusammenhängen und einander nicht explizit aber strukturell wiederholen, zeigt sich als Überforderung des Zuviels als Überfluss. Inwiefern dieser sowohl langweilig als auch interessant sein kann, wird mit Camille Henrots Arbeit *Grosse Fatigue* beleuchtet werden. In diesem Kapitel zeigt sich, auf welche Weise das Zuviel der Gegenwart auf Überforderung, Ermüdung und erschöpfende Apathie hinausläuft und ebenfalls im Urteil der Langeweile mündet. Daher werde ich in diesem Kapitel aufzeigen, inwiefern auch die vorher besprochenen Praktiken der Langeweile auf diese vierte Praktik des Zuviels verweisen und worin ihre kritische Aktualität für die Gegenwart besteht.

In Kapitel 6 werden abschließend die vorangegangenen Besprechungen zusammengeführt. Über den Begriff der ›dialektischen Langeweile‹ werde ich ausfindig machen, was Sontag als ›neue Erlebnisweise‹ einforderte, und der Frage nachgehen, weshalb die ernstgenommene – und das bedeutet gerade auch die ausgehaltene – ästhetische Erfahrung der Langeweile in der Gegenwartskunst eine kühle Distanznahme zur Welt verunmöglicht. Eine vorläufige Arbeitsthese lautet: Langeweile lässt nicht kalt.

2.
Langeweile als lange Weile der Zeit

2.1 Einleitung – Die Dehnung der Zeit

Wird die Zeit lang, ist schnell von Langeweile die Rede. Die subjektive Wahrnehmung der Dauer vergehender Zeit weist in einer Stimmung von Langeweile gefühlte Abweichungen gegenüber dem messbaren Zeitverlauf auf. Dass Zeit lang wird, also als lang wahrgenommen wird, ergibt sich durch ihre Relation zum objektiv messbaren Zeitverlauf. Ausgemacht ist, dass Langeweile erst innerhalb eines Zeitbezugs zwischen subjektiv wahrgenommener und objektiv messbarer Zeit entsteht. Doch um sowohl die Abweichungen als auch die Wahrnehmungen von Zeit darzustellen, wird zusätzlich der Raumbezug relevant. Denn erst unter Zuhilfenahme des Raums kann die Erfahrung der Zeit als gedehnt oder verdichtet dargestellt und verortet werden. Ohne Raum ist Zeit schlicht nicht vorstellbar, wie Giorgio Agamben für die Differenz von Erleben und Darstellung von Zeit ausführt:

> Wenn man sich die Zeit als eine gerade Linie und ihr Ende als einen Punkt vorstellt, so erhält man etwas vollkommen Darstellbares, aber absolut Undenkbares. Wenn wir umgekehrt über eine reale Zeiterfahrung nachdenken, erhalten wir etwas Denkbares, aber strikt Nicht-Darstellbares.[1]

Die räumlichen Parameter in der Zeitdarstellung und Zeitvorstellung sind insbesondere im Zuge von Industrialisierung, von Technikbegeisterung und von zunehmenden Wachstumsutopien wichtig geworden. Sie entluden sich im beginnenden letzten Jahrhundert in chronotopischer Zukunftsfixierung, welche zunächst nicht die Langsamkeit, sondern die

1 Giorgio Agamben, Vierter Tag Apóstolos, in: ders., Die Zeit, die bleibt. Ein Kommentar zum Römerbrief, Frankfurt am Main 2006, S. 72–100, S. 78. An eben jenem Kapiteltitel-gebenden vierten Tag entsteht die Zeit, indem Gott die Sterne und Himmelskörper schuf, wodurch Rhythmus und Relation entstanden. Zugleich wurde damit auch die Grenze zwischen Denkbarem und Unvorstellbarem gezogen – im Prinzip eine Begründung für den Glauben.

Geschwindigkeit adressierte. So stilisierte der Futurist Filippo Tommaso Marinetti Anfang des 20. Jahrhunderts im *Manifest des Futurismus* den Rennwagenfahrer zur Ikone der »ewige[n], allgegenwärtige[n] Geschwindigkeit« einer stets zukünftigen Epoche.[2] Seitdem ist es die Geschwindigkeit, deren innenliegende Beschleunigungsmöglichkeiten das Leben in einer jeweiligen Gegenwart charakterisieren und strukturieren. Und es war und ist die Geschwindigkeit, die andere Wahrnehmungsmodi in der Kunst erst hat entstehen lassen, wenn sie sich der Fotografie und des Films als strukturierender sowie fragmentierender Zeitwahrnehmungswerkzeuge bedient. Von Beginn an wurden technische Möglichkeiten zur Veränderung der Wahrnehmung von Zeit und Raum nicht nur begeistert diskutiert, sondern ambivalent bewertet. So sieht Benjamin in der Erfindung der Kamera neben den damit einhergehenden Zerstreuungsoptionen der bloßen Unterhaltung ebenfalls technische Möglichkeiten einer erweiterten Konzentration auf das Detail gegeben: durch Großaufnahme, Zoom und Standbild, aber auch durch Verlangsamung. Die technische Reproduzierbarkeit

> kann, beispielsweise, in der Photographie Ansichten des Originals hervorheben, die nur der verstellbaren und ihren Blickpunkt willkürlich wählenden Linse, nicht aber dem menschlichen Auge zugänglich sind, oder mit Hilfe gewisser Verfahren wie der Vergrößerung oder der Zeitlupe Bilder festhalten, die sich der natürlichen Optik schlechtweg entziehen.[3]

Die technische Entwicklung geht Hand in Hand mit Möglichkeiten der Beschleunigung, der Zerstreuung und des konzentrierten Wahrnehmens, wenn durch Vergrößerung und Zeitlupe oder durch Dehnung und Verdichtung Ansichten des Originals hervorgehoben werden, die der Wahrnehmung sonst verborgen geblieben wären. Ansichten, die durch das Zeitalter der technischen und mittlerweile digitalen Reproduzierbarkeit wahrnehmbar, hervorgehoben und dadurch der Sichtbarkeit ausgesetzt werden.

Künstlerisch wird die Dehnung von Zeit bereits in den 1950er Jahren als Strategie der Avantgarde genutzt, um mit gängigen Wahr-

2 Filippo Tommaso Marinetti, Gründung und Manifest des Futurismus, in: Wolfgang Asholt, Walter Fähnders, Manifeste und Proklamationen der europäischen Avantgarde (1909–1938), Stuttgart/Weimar 1995, S. 3–7, S. 5.

3 Walter Benjamin, Das Kunstwerk im Zeitalter seiner technischen Reproduzierbarkeit. 1. Fassung, in: Rolf Tiedemann und Hermann Schweppenhäuser (Hrsg.), Walter Benjamin. Gesammelte Schriften, Band VII, Ausgabe I, Frankfurt am Main 1991, S. 431–469, S. 439.

nehmungsgewohnheiten zu brechen und eine zunehmende Ökonomisierung aller Lebensbereiche zu kommentieren. Aus heutiger Sicht, da ›Digital Detox‹, ›Entschleunigung‹ und ›Kritik‹ eines stetig beschleunigten Alltags in aller Munde ist, hat Zeitdehnung als künstlerische Praktik ihren vormals kritischen Stachel längst eingebüßt. Vielmehr ist sie in viele Lebensbereiche der Gegenwart als Alert gegenüber Beschleunigungstendenzen eingewandert. Heute wird ihr in den wachsenden ›Slow‹-Bewegungen ein gesteigerter Wert zugesprochen: Ausgehend von der Slow-Food-Bewegung der 1980er Jahre, die noch deutlich als Gegenbewegung zum Fast Food erkenntlich ist, sind seither Slow Gardening, Slow Cities, Slow Sciences, Slow Medicine, Slow Money, Slow Fashion oder Slow Sex und Slow Media immer häufiger zu vernehmende Begriffe. Allesamt umreißen soziokulturelle Praktiken, die antreten, um eine als zu schnelllebig wahrgenommene Welt durch Entschleunigung erträglicher zu machen. Zugleich sind sie natürlich, wie Slow Fashion, Slow Retail, Slow Travel und nicht zuletzt das immer stärker wachsende Slow-Food-Gewerbe bezeugen, Teil jenes der kritisierten Beschleunigung zu Grunde liegenden, zeitgenössischen Kapitalismus.

Die Frage, ob sich ästhetische Strategien der Zeitdehnung in der Gegenwartskunst in der durch Slow-Bewegungen propagierten Entschleunigung erschöpfen oder ob sie gänzlich Anderes auf hier zu erkundende Weisen erfahrbar machen, liegt deshalb nahe. Insbesondere ist dabei zu berücksichtigen, welche Rolle die Erfahrung von Raum und Zeit abseits marktökonomischer Argumente spielt. Diesen Fragen werden die folgenden Besprechungen der künstlerischen Arbeiten Lockharts, Serras und Sugimotos nachgehen. Die in der Dehnung von Zeit vorhandenen, differenten Zeitwahrnehmungen behandeln sie auf je unterschiedliche Weise.

So findet in Lockharts Arbeit *Lunch Break* die lange Weile der Langeweile durch Verlangsamung der Zeit und Dehnung des Raums statt (Abschnitt 2.2). In Serras *El cant dels ocells* stellt sich Langeweile wiederum über eine lange Weile der langen Dauer von aus- und dargestellten Echtzeitmomenten ein (Abschnitt 2.3). An Sugimotos fotografischen Arbeiten zeigt sich eine gänzlich andere, in die Produktionszeit verlagerte lange Weile, die auf eine Verbindung von Zeit und Raum als verräumlichte Zeit hinweist (Abschnitt 2.4). Die in diesen Arbeiten je vollziehbaren ästhetischen Erfahrungen der Langeweile verweisen auf ein Spezifikum in der Wahrnehmung der Gegenwart. Denn, so werde ich zeigen, auch die Langeweile-Zeit der Gegenwart kann als Raum-Zeit gedehnt werden (Abschnitt 2.5).

2.2. Lange Weile als verlangsamte Raum-Zeit – *Sharon Lockhart*

Der Videofilm *Lunch Break* von Sharon Lockhart (2008) zeigt, radikal auf 83 Minuten verlangsamt, eine einzige, ursprünglich 10-minütige und ungeschnittene 35mm Filmaufnahme einer Kamerafahrt durch den Hauptgang und Verbindungskorridor der Bath Iron Works in Maine, Massachusetts.[4] 83 Videominuten, die zunächst entsetzlich langweilig wirken, da gradlinig den Gang entlang, einem unerreichbaren Fluchtpunkt entgegen und in quälender Langsamkeit, nur eine Bewegung gezeigt wird. Die Plansequenz, auch als Long Take bekannt, wurde in der titelgebenden Mittagspause der Schiffswerft gedreht. Einer Mittagspause, in der vermeintlich nichts passiert, in der sich in der langgezogenen Darstellung kaum etwas ändert. An insgesamt 42 Arbeitern, die essen, lesen, reden, dasitzen und oft einfach nichts tun, fährt die Kamera vorbei. Schon die Originalaufnahme der Mittagspause verfügt über keinen erkennbar markierten Beginn, kein narratives Ende. Durch digitale Dehnung des Materials dauert es dann aber allein sechs Minuten, bis der erste Arbeiter vorbeizieht, sieben weitere, bis das Bild bei den nächsten Personen angelangt, und so weiter. Innerhalb dieser Zeit schweift jedes Detail der Atmosphäre des klaustrophobischen Korridors in extremer Zeitlupe an den Zuschauer:innen vorbei.

Ursprünglich umfasst das aufgenommene Material eine physische Filmlänge von knapp 274 Metern. Das entspricht 14.400 einzelnen Kadern einer 10-minütigen 35mm-Filmrolle. Jedes einzelne dieser fotografischen Einzelbilder wurde digitalisiert und achtmal nacheinander auf die Timeline einer Schnittsoftware kopiert. Das neunte Videobild sowie dessen sieben Nachfolger entsprechen daher acht vollständig identischen Kopien des digitalisierten, zweiten Filmkaders und so weiter. Zwischen achtem und neuntem Videobild, das heißt circa dreimal je

4 Sharon Lockhart, Lunch Break, USA 2008, 35mm Tonfilm als HD-Videoscan, 83 Min., Blum & Poe, Gladstone Gallery, neugerriemschneider. Kamera: Richard Rutkowski; Musik: Becky Allen; Schnitt: James Benning.

Sekunde Abspielzeit, generierte Lockhart eine digitale Überblendung, ein künstlich gerendertes, leicht unscharfes Übergangs- oder Zwischenbild.

Charakteristisch für die technische Beschaffenheit von Lockharts Videofilm, für dessen Produktionsästhetik, sind die verschwimmenden Übergängen zwischen den bereits digitalisierten und vervielfältigten Fotografien (Kader 1–8, 9–16, 17–24 usw.), also den digitalisierten und stillstehenden Einzelfotografien der Filmkamera, sowie dem digitalen Video (Überblendungen zwischen Kader 8 und 9, 16 und 17, usw.) also den dreimal je Sekunde eingeflochtenen, ›lebendigen‹ Bewegtbildern sui generis. Das so vernehmbare, ein wenig verschwommene Zittern der Vorwärtsbewegung macht die subtilen Übergänge des industriellen Zeitalters in unsere digitale Epoche sichtbar. In der künstlichen Langsamkeit drückt sich auch eine Achtsamkeit gegenüber dem Gegenstand sowie den abgebildeten Menschen aus. Gerade in der ästhetischen Erfahrung des Fortschreitens einer technisch verlangsamten, dargestellten Zeit wird der zeitgenössischen Wahrnehmung technisch erzeugter Beschleunigungen eine andere Zeitlichkeit entgegengesetzt.[5] Der trockene, weil starr und bis auf die Fahrt in Blickrichtung unbeweglich wirkende Blick der Kamera fängt alles auf gleicher Schärfeebene ein. Die Einrichtung der Schiffswerft bestimmt die Atmosphäre des Filmmaterials: Kabelwände, olivgrüne Gerätekästen, schier endlos aufeinanderfolgende, graue Schließkästen und Plastikkühltaschen, Röhren und Schläuche, Butterbrotdosen, essende, laufende und verweilende Arbeiter (und eine Arbeiterin), alles im eintönig-gleichförmig fluoreszierenden Licht des Werftgangs. Die Langsamkeit der Aufnahme verleiht der Szenerie trotz allem ein Pathos, das zugleich feierlich und bedrückend wirkt. Hinzu kommt die Untermalung durch eine intensive Klangatmosphäre: eine Komposition, in der auf 83 Minuten industrielle Originaltöne der Schiffswerft sowie das Stimmengewirr der Arbeiter verwoben sind. Indem der Originalsound in Aufzeichnungsgeschwindigkeit abgespielt wird, das Auge aber eine extrem verlangsamte Aufnahme der Realität erblickt, wird die Lang-

5 Hier aktualisiert sich Gegenwartskunst in ihrer besten Form, wenn u.a. an Michael Snows Wavelength von 1967 angeknüpft wird, aber auch an die früheren Arbeiten von Bill Viola, Gus Van Sant sowie James Benning, der gemeinsam mit Amy Bell für den Sound in Lockharts Arbeit verantwortlich zeichnet. Siehe u.a. Tom Holert, Sharon Lockhart: Lunch Break, in: *Camera Austria International* (105/2009), S. 73–74 und Catherine S. Fowler, The Artist Long Take as Passage in Sharon Lockhart's Installation Lunch Break (2008), in: John Gibbs, Douglas Pye (Hrsg.), The Long Take. Palgrave Close Readings in Film and Television, London 2017, S. 193–206.

gezogenheit der Aufnahme umso deutlicher hervorgehoben. Durch die gewählte Szenerie einer in den USA nicht mehr selbstverständlichen Mittagspause auf einer Werft, obendrein einer für Kriegsschiffe der Navy, nimmt Lockharts Arbeit eine Art Re-Humanisierung vor. Die Arbeiter werden nicht als funktionierende Rädchen im Getriebe, sondern als pausierende, nicht-arbeitende, oftmals ins Gespräch vertiefte, soziale Individuen portraitiert. Sie werden bei den genuin menschlichen Beschäftigungen des Pausierens und Erholens, in sozialer Interaktion gezeigt. Die langsame Fahrt, scheinbar beiläufig auch an Gewerkschaftsaufklebern auf den Spinden vorbeigleitend, verstärkt diesen Eindruck der Re-Humanisierung. Die distanzierte Haltung des Long Takes ermöglicht eine sich langsam annähernde Betrachtung der Individuen abseits ihrer Funktionen auf der Werft, denn die unpersönlich-monotone Kamera drängt sich nicht auf, erzwingt keine Nähe.

Hier zeigt sich, dass die ästhetische Dauer und Dehnung der Zeit fundamentale Wahrnehmungsunterschiede zu evozieren imstande ist. Denn die in der Arbeit auftauchenden und verschwindenden Personen werden zwar ausgestellt und somit der Betrachtung ausgesetzt, sie können durch die gedehnte Zeit jedoch gleichermaßen als Arbeitende, als Individuen oder auch als Mitmenschen einer gemeinsamen Gegenwart wahrgenommen werden. Dadurch, dass das Kunstwerk Langsamkeit und das Nicht-Arbeiten in der Pause sowohl als eigenes Sujet als auch in der gewählten Form als künstlerische Arbeit ausstellt, wird die entfremdete und zugleich langweilige und eintönige industrielle Arbeitswelt der Schwerindustrie mit all ihren Realitäten einer fordistischen Produktionsweise und der dazugehörigen Taktung in Arbeits- und Freizeit ausgestellt. Gezeigt wird so aber auch, dass die fordistische Zeitteilung fortbesteht und nur vermeintlich aus der Lebensrealität schwindet. Sie zeigt sich im offensichtlich Dargestellten, der Mittagspause als Unterschied zur Arbeitszeit, aber auch auf der subtilen Mikroebene der video-filmisch erzeugten Kontrastierungen zwischen Wiederholung und Weiterentwicklung der Einzelbilder. Wahrnehmbar wird sie gleichfalls in der Disjunktion zwischen Verlangsamung der Bildspur und Echtzeit der Aufnahmen des Soundtracks. So wird darüber hinaus eine Aussage über Zeit als Arbeitszeit gegenüber Pausenzeit und Lebenszeit gemacht.[6]

6 So formuliert es in einer Besprechung von Lockharts Arbeit Rainer Bellenbaum, Exit to Enter, in: *Texte zur Kunst* (73/2009), S. 230–234, S. 234. Bellenbaums Versuch, Lunch Break hermeneutisch als dezidiert ›politisch‹ zu interpretieren, verfehlt jedoch ebenso

Ein quasi mathematischer Zeitfluss der Sekunden wiederum zeigt sich im Vektor der Kamera durch den endlos erscheinenden Gang auf einer Art Zeitstrahl, an dem entlang sich die vermeintliche Unterteilung von Arbeit und Freizeit vermischt, erzitternd ein ineinander Überfließen andeutet.

Die äußerst verlangsamten Aufnahmen führen zu einer gesteigerten Aufmerksamkeit gegenüber gewöhnlichsten Details, etwa jene erwähnten Gewerkschaftssticker, die einer Echtzeitbetrachtung verborgen bleiben würden. In und durch diese verlangsamte Wahrnehmung kann die Reflektion über die bereits beschriebenen Zusammenhänge ansetzen. Über die lange Weile wird ein Reflexionsraum ermöglicht, innerhalb dessen die Zusammenhänge, welche ihrerseits wiederum erst durch die Langsamkeit wahrnehmbar werden, durchdacht werden können. Unterbricht man die Zeit des Zuschauens vor dem Ende des Films, unterbricht man auch den durch die verlangsamte Kamerafahrt angedeuteten Bewusstseinsstrom, in dem einerseits alles im Fluss abläuft, also nacheinander geschieht, dabei jedoch gleichzeitig diverse Zusammenhänge bewusst, reflektiert und interpretiert werden.

Erst in der Verlangsamung kann andererseits dem vermeintlich Banalen eine besondere Aufmerksamkeit zukommen. Jedes zu erblickende Gerät, jede Farbschattierung der Wände und Arbeitsuniformen, jede Bewegung der Arbeiter ermöglicht potenziell eine Versenkung in die Objekte, Details und Gegenstände, die in das Bildfeld hinein- und wieder herausgleiten. Die Beschäftigung mit den Gegenständen und Arbeitern, aber auch mit der gesamten Umgebung verbindet sich in der Verlangsamung und ermöglicht erst die Vorstellung einer zusammenhängenden Situation. Mit einem Mal kann dann das verlangsamte Bild, das in Echtzeit noch als fast dokumentarischer Verweisungszusammenhang funktionierte, ob der Fülle darüber hinausweisender Anknüpfungspunkte sogar zu schnell vergehen, so dass ein wirklicher Stillstand, ein Anhalten notwendig wäre, um einzelne Details noch genauer betrachten und die Gedanken dazu ausreichend vertiefen zu können. Die Verlangsamung der Lebenszeit im Videofilm in eine fragmentierte, weil in Zeitabschnitten wahrnehmbare, Darstellung bleibt dabei nur

den künstlerischen Gehalt der Arbeit wie Tom Holerts gegensätzliche Interpretation der Arbeit als gänzlich ›unpolitisch‹ da informationslos (Holert, Sharon Lockhart: Lunch Break, siehe Fußnote 2). Lunch Break ist vielmehr, wie noch zu zeigen sein wird, eine politische Arbeit auch ohne Gewerkschaftsanleihen oder anderweitig eindeutige Narrative.

eine reproduzierte Version dieser bereits vergangenen Lebenszeit, die Teil des stetig sowohl vergehenden als auch werdenden Zeitflusses ist. Zugleich stellt sich trotz der digital ermöglichten Verlangsamung der Aufnahme eine Unschärfe in der Betrachtung ein, denn in den auf 83 Minuten digital gedehnten HD-Videobildern dieser einen 35mm-Rolle der Originalaufnahme ist ein eindeutiger Stillstand nie länger als eine Drittelsekunde erfahrbar, eine wirklich schärfere Betrachtung also nicht ermöglicht. Im Gegenteil entsteht durch die gedehnte Verlangsamung eine Verschleierung der Bewegungen, eine gewisse Unschärfe des eigentlich scharfgestellt Gezeigten. So kann die Verlangsamung also nicht nur helfen, natürliche Bewegungen genauer zu erkennen, sondern auch in der bekannten Bewegung unbekannte, neue zu zeigen. Benjamin zitiert in seiner Beschreibung der Zeitlupe Rudolf Arnheim aus *Film als Kunst* von 1932:[7]

> Unter der Großaufnahme dehnt sich der Raum, unter der Zeitlupe die Bewegung. Und so wenig es bei der Vergrößerung sich um eine bloße Verdeutlichung dessen handelt, was man ›ohnehin‹ undeutlich sieht, sondern vielmehr völlig neue Strukturbildungen der Materie zum Vorschein kommen, so wenig bringt die Zeitlupe nur bekannte Bewegungsmotive zum Vorschein, sondern sie entdeckt in diesen bekannten ganz unbekannte, »die gar nicht als Verlangsamungen schneller Bewegungen sondern als eigentümlich gleitende, schwebende, überirdische wirken.«[8]

Er benennt mit Arnheim eine Veränderung der Wahrnehmung aufgrund der Veränderung von dargestellter Zeit oder dargestelltem Raum über das hinaus, »was man ›ohnehin‹ sieht«. Es wird also etwas sichtbar, was zuvor nicht gesehen noch sichtbar gemacht werden konnte, so, als sei etwas hinzugefügt worden. In physikalischen Termini formuliert geht mit der Weitung des Raums eine Ausdehnung der Zeit einher. Dadurch, dass in *Lunch Break* digital zusätzliche Bilder generiert und nachträglich in den Ablauf eingeflochten wurden, dehnt Lockhart nicht nur die wahrgenommene Zeit. Sie expandiert auch den dazugehörigen Raum, so dass durch die längere, da verlangsamte Möglichkeit der Betrachtung mehr, durch die spezifische Bildvervielfachung und -interpolation der Dehnung hingegen unschärfer und somit weniger gesehen werden kann.

7 Rudolf Arnheim, Film as Art, Berlin 1932, S. 138.
8 Benjamin, Das Kunstwerk im Zeitalter seiner technischen Reproduzierbarkeit, S. 461.

In Lockharts *Lunch Break* arbeitet die Ästhetik im Sinne einer *aisthesis* mit der voranschreitenden Entwicklung der Technik Hand in Hand an einer neuen, ästhetischen Erfahrungssituation. Diese hat höchste Relevanz für hier verhandelte Fragen zu den Potentialen der Langeweile in der Gegenwartskunst: Die künstlerische Strategie der Verlangsamung ermöglicht eine ästhetische Erfahrung – eine Erfahrung von Langeweile, die eine besondere Aufmerksamkeit bewirkt, weil sie sich den Sehgewohnheiten und -erwartungen der Gegenwart widersetzt. Weder eine dezidierte, dabei immer auch manipulative Lenkung des Blicks durch schnelle Blickwechsel und Kameraschwenks noch geschnittene Schuss-Gegenschuss-Szenerien oder narrativ eindeutige Geschichten sind es, die Lockhart zeigt. Sie nutzt neueste technische Verfahren, um anders zu erzählen, Simultanitäten aufzuzeigen und Zeit zu gewinnen. Dies jedoch nicht durch die immer schon kulturindustriell vereinnahmten, visuellen Anreize und Effekte eines lustbringenden, technisch manipulierten Blickregimes, sondern in der ästhetischen Version einer Art der Langzeitbeobachtung, die ihrerseits technisch bearbeitet ist, die aber durch die erzeugte Langeweile gerade nicht lustbringend, sondern quälend langwierig anzusehen, mithin langweilig sein kann.

Dass die rasante, technische Entwicklung der Unterhaltungsmedien unter den Vorzeichen der Kulturindustrie zu erleben und zu kommentieren ist, wurde bereits vor einem knappen Jahrhundert in Siegfried Kracauers Besprechungen des Kinos deutlich. Hautnah beobachtete er die aufkommende Technisierung in Form von blitzschnellen fotografischen Momentaufnahmen, in bewegten Unterhaltungsfilmen des Kinos oder auch in der Dauerbeschallung durch Radio und Lautsprecheranlagen. Schon für ihn konnten all diese Verfahren die Zeitwahrnehmung des Subjekts raffen, dehnen oder anderweitig verfremden. Er beurteilte das ambivalent, da sowohl eine problematische, »vulgäre« als auch eine produktive Langeweile so produziert werden konnte. Kracauer verortete Möglichkeiten der Kritik nicht in einer distanzierten Perspektive auf diese Phänomene, sondern im Aushalten. Im Essay *Langeweile* unterscheidet er zwischen vulgärer Langeweile, welche »weder tödlich ist, noch zu neuem Leben erweckt, sondern nur eine Unbefriedigung ausdrückt« und einer »radikalen«, darin besonders »richtigen« und deswegen »legitimen Langeweile«, zu der es Geduld bedürfe, deren Preis dann »Beglückungen, die nahezu unirdisch sind« und bei Kracauer als »das stets Vermißte: die große Passion« benannt werden, die jenen eben nur vulgär Gelangweilten dabei helfen könnte, »sie mit ihrem Kopf wieder« zu vereinen, den sie in der rastlosen Zeit der technischen Neuerungen sich zu »zerstäuben« wissen.[9] Kracauer erkennt, auch im Rahmen seiner luziden Kritik der politischen Entwicklungen in den 1930er Jahren, im Kino die Möglichkeit, »die Unordnung der Gesellschaft den Tausenden von Augen und Ohren [zu] vermitteln.«[10] Für ihn besteht in der im Film möglichen Zerstreuung, welche unter anderem dazu dient, ›vulgäre‹ Langeweile zu vertreiben, ein dialektischer Übergang hin zur Spiegelung und Wahrnehmung der fragmentierten Strukturen der Gegenwart. Die Populärkultur und insbesondere das Kino sind für Kracauer nicht dazu da, nur die fragmentierte, zerstückelte und massenkulturell bestimmte Gegenwart der sozialen Realität (etwa der Angestellten) formal abzubilden, deren vulgäre Langeweile zu zerstreuen und sofort erneut zu erzeugen. »Moralische Bedeutung« bekommt die Darstellung und der Konsum der Zerstreuung bei ihm erst dadurch, dass ermöglicht wird, »jene Spannung hervorzurufen und wachzuhalten, die dem notwendigen Umschlag vorangehen muß [...], das alles platze unversehens eines Tages entzwei.«[11] Kracauer konstatiert einerseits die Notwendigkeit einer richtigen Langeweile, welche eine Wahrnehmung und Klarsicht auf die Verhältnisse ermöglichen würde, so dass ein Umschlag als aktive Veränderung der Verhältnisse daraus erwachsen könne. Andererseits erkennt er im Ablenken und Abgelenktwerden seiner Gegenwart eine ›vulgäre Langeweile‹, welche gleichermaßen Langeweile-zerstäubend und gleich darauf wiedererweckend wirkt. Zwar sieht er in der ›richtigen Langeweile‹ die Chance einer Erweckung. Doch die Ablenkung von der und durch die ›vulgäre Langeweile‹ ermöglicht es gerade nicht, sich einer wiederum legitimen und ›richtigen‹ Langeweile auszusetzen, da diese überhaupt erst ausgehalten werden müsse und von Nöten ist, um die vermisste Passion zu wecken. Dennoch erkennt er im Film die Möglichkeit, »radikal auf eine Zerstreuung ab[zu]zielen, die den Zerfall entblößt, nicht ihn verhüllt.«[12] Diese Kontrastierung zwischen richtiger und falscher Langeweile, welche, wie später zu zeigen sein wird, auch bei so unterschiedlichen Denkern wie Benjamin und Heidegger

9 Siegfried Kracauer, Langeweile, in: ders., Das Ornament der Masse, Frankfurt am Main 2014, S. 321–325, S. 322.

10 Siegfried Kracauer, Kult der Zerstreuung, in: ders., Das Ornament der Masse, S. 311–321, S. 315.

11 Ebd.

12 A.a.O., S. 317.

wiederzufinden ist, hilft beim Verständnis der ästhetischen Langeweile. Diese müsse, so Kracauer, ausgehalten werden, so »daß man sozusagen noch über sein Dasein verfügt«[13].

In der videofilmischen Darstellung einer Mittagspause von Werftarbeiter:innen in Lockharts *Lunch Break* lassen sich bereits, je nach Ausrichtung des Interesses, wichtige Aspekte der Langeweile interpretieren und begreifen. Auch die Langeweile, die mittels technisch-verlängerter Darstellung aufkommt, kann dann in der und durch diese Interpretation schnell durch interessante Kommentare und Interpretationen verändert, gar verdeckt werden. Doch im Aushalten der durch technische Manipulationen erzeugten Verlängerung der dargestellten Mittagspause kommen die Zuschauenden nicht umhin, sich einer langen Weile auszusetzen, in der ebenfalls die möglichen Interpretationen, Kommentare und Zusammenhänge aufscheinen. Darüber hinaus wird im Aushalten dieser langen Weile eine Veränderung der eigenen Zeitwahrnehmung deutlich. Die Differenz zwischen Eigenzeit der ästhetischen Erfahrung und Eigenzeit des filmischen Materials wird zusammengeführt. Das ermöglicht eine Zeiterfahrung, die der dargestellten Zeit im Film zugleich ent- als auch widerspricht. Denn die Zeit der Betrachtung in Relation zu der im Film dargestellten Zeit wird zu einem wesentlichen Merkmal des Kunstwerks. Die Zuschauer:innen benötigen für die Betrachtung des Films eine weitaus längere Zeitspanne, als die Mittagspause gedauert hat. Sie erfahren den Zeitabschnitt als deutlich länger, da die Zeit der aufgenommenen Pause verlängert beziehungsweise in eine noch längere Weile gedehnt wurde. Dass nun also eine Pause deutlich länger erfahren wird, als sie eigentlich war, kann auf die Zuschauenden zugleich als verlängerte Pausendarstellung und als ihnen zugesprochene Pause, die sie gar nicht benötigt oder erwartet haben, wirken. Es handelte sich dadurch um eine gänzlich andere Pausenerfahrung, die so auch den gewohnten Fluss des professionellen Festivalbesuchs, der Filmkunstbetrachtung, letztlich eben die Erwartungshaltung, unterbricht, diese selbst zum Pausieren bringt. Nicht zuletzt, indem die Zuschauenden im Zuschauen pausieren. Jörg Heiser beobachtete das 2009 während der Berlinale-Vorführung des Films:

13 Kracauer, Langeweile, S. 324.

> Lunch Break is as much about the break from production by the workers as it is about the ›break‹ from doing the kind of ›production-consumption‹ that cineastes enter in when they analyze the plot and smartly fill in its elliptic gaps.[14]

Zugleich kann in der Betrachtung von *Lunch Break* die (eigentliche) Zeit des verlangsamten Bildes mit der Echtzeit desselben in Beziehung gesetzt werden: Das dargestellte und verlangsamte Bild verleiht dem Bild der Echtzeiterfahrung in der ästhetischen Langeweile-Erfahrung eine Bedeutung, die über die reine Langeweile der Verlangsamung einer Pausensituation hinausweist. Denn die Pause – die titelgebende *Lunch Break* – wird in Zeitlupe als solche zur verlängerten Erfahrung einer an sich kurzen Unterbrechung der vergleichsweise langen Arbeitszeit. Jedes markierende Utensil, welches die Zeit in Pausenzeit und Arbeitszeit unterteilt, etwa Kabeltrommeln oder Brotdosen, wird nun als Requisit der jeweils dargestellten Zeit zugeordnet, mithin anders erfahrbar. So wird in der Kamerafahrt sowie in der kontemplativen Betrachtung der Mittagspause auch das gezeigt, was im Film einer Pause eigentlich ungezeigt ist, die Arbeitszeit. Gerade ihre Abwesenheit an einem Ort der arbeitsintensiven Betriebsamkeit führt unweigerlich zu einer Erinnerung an das Abwesende, beispielsweise an die körperlich intensive Arbeit der Werftangestellten. Die reale Zeitdarstellung des Films hat somit wenig mit der möglichen, ästhetischen Erfahrungszeit der Betrachtung zu tun, zeigt aber, dass das Fehlende in seiner Abwesenheit oftmals präsenter wahrgenommen wird als in seiner alltäglichen, darin vermeintlich banalen und langweiligen Anwesenheit. Ähnliches gilt für die Zeit der Betrachtung: Denn wenn mit Kracauer Langeweile und Zerstreuung filmisch ausgestellt und erfahrbar gemacht werden sollen, wird hier nichts anderes ermöglicht, als sich *nicht* den Kopf und die Zeit zerstreuen zu lassen, sondern Zerstreuung und Langeweile als solche zu erfahren. Das was aus- und dargestellt wird, ist somit keinesfalls identisch mit der ästhetischen Erfahrung. Im Unterhaltungsfilm ist sich das Publikum der auch im Kino verstreichenden ablaufenden Lebenszeit als Zeit oftmals nicht bewusst. Dieses nicht bewusste Vergehen der Zeit will Kracauer bewusst machen. Doch eine solche Bewusstmachung kann nicht vollständig im intellektuellen Verstehen statthaben.

14 Jörg Heiser, Trading Places. Witnessing a screening of Sharon Lockhart's new film – the second time around, in: *FRIEZE* (17.2.2009), online unter: https://frieze.com/article/trading-places-0, zuletzt abgerufen am 19.03.2018.

Denn das spontane Erfassen des komplexen Zusammenhangs birgt die Gefahr, zu früh abzubrechen und sich dadurch nicht der ästhetischen Eigenzeiterfahrung auszusetzen, sondern nur, sich im Sinne der vulgären Langeweile zu zerstreuen.

Dieser regelrecht interaktive Aspekt an *Lunch Break* ist interessant für die Erfahrung der ästhetischen Langeweile. Die verlangsamte Zeitdarstellung erscheint verführerisch, da alles gerade in dieser Langsamkeit durch die jeweils singuläre Betrachtung erfassbar, erfahrbar und identifizierbar wird. Zeit und Augenblick werden beherrschbar, weil alles technisch verlangsamt und somit jede Sekunde in mehrere Sekunden verlängert und gedehnt werden kann. Doch gerade im Moment der wahrgenommenen langen Weile der auch als Videoinstallation ausgestellten Arbeit kann der Betrachterin deutlich werden, dass die eigene Zeit, die Gegenwartszeit der Betrachtung, weiterhin vergeht und nicht als lange Weile der Langeweile beherrscht werden kann. Die lange Weile stellt dann die Zeit der Betrachterin in Frage. Das Bedürfnis, die Zeit wirklich in einer langen Weile zu erfahren und nicht nur als vermittelte, kann so geschaffen werden.

Lunch Break macht die Langeweile demnach erfahrbar, indem sie die technischen Möglichkeiten nutzt, Zeit aufzuzeichnen, den Blick zu lenken, zu fokussieren und dabei auch zu verunklären. Die Zuschauenden können eine genaue Beobachtung der Szenerie vornehmen. Wie bei einem in Zeitlupe gedehnten Augenblick lässt sich alles ganz genau betrachten. Zugleich widerspricht eine derart verlangsamte Kamerafahrt jedweden Überwachungstendenzen, deren Charakteristika sich in Echtzeit-Übertragungen und gehetzten Bildern ausdrücken. Doch es zeigt sich wiederum in der um ein Vielfaches verlangsamten Aufnahme eine technische Spielart eben jener Totalüberwachungen, die sonst kaum sichtbare Bewegungen und Details zu zeigen vermögen. Darüber hinaus provoziert Lockhart die Erwartungshaltung an das Medium Film – es soll unterhalten, informieren, sowohl Zeit raffen als auch ablenken –, indem sie die Zeit in eine lange Weile dehnt und allen Erwartungshaltungen weder ent- noch direkt widerspricht. Kracauer bescheinigt dem Film die Möglichkeit, vorher Ungesehenes sichtbar und erfahrbar zu machen, indem die »Filme wirklich zeigen, was sie zeigen.«[15] Jenes ›wirklich zeigen‹ ist dabei der springende Punkt, ähnlich dem schil-

15 Siegfried Kracauer, Eine Kunst die anders ist, in: ders., Theorie des Films, Frankfurt am Main 1985, S. 389–393, S. 389.

lernden Begriff der Langeweile, der zwischen der vulgären Version und jener legitimen zur großen Passion verhelfenden Version hin- und herzuschwingen scheint. Nach Kracauer ist das »Kino materialistisch gesinnt; es bewegt sich von ›unten‹ nach ›oben‹.«[16] Im Film sollen die physischen Gegebenheiten der Realität ausgekundschaftet werden, so dass sich von dort zu einem Problem hinaufgearbeitet werden kann. So macht *Lunch Break* »sichtbar, was wir zuvor nicht gesehen haben oder vielleicht nicht einmal sehen konnten.«[17] Es ist das Zusammenspiel aus der technischen Verlangsamung als solcher und dem Aushalten der langen Weile der 83 Minuten, welche »die psycho-physischen Entsprechungen zu entdecken«[18] verhilft. *Lunch Break* fungiert sowohl als Zeugenschaft einer nicht-mehr ganzheitlich-gesellschaftlichen aber doch-noch existierenden, fordistischen Realität und zeigt, was sie zeigt, aber »als Abbild des unbeherrschten Durcheinanders unserer Welt«[19] und als Medium der ästhetischen Wahrnehmung der Zeit, in dem die Zerstreuung, »die den Zerfall entblößt«[20], wahrnehmbar wird.

Darüber hinaus ist auch die Kontextualisierung der Arbeit als Installation, Ausstellung oder Darstellung im jeweiligen Raum oft genug bereits Teil der ästhetischen Erfahrung. So wurde Lockharts Arbeit in gänzlich unterschiedlichen Konstellationen und Settings in deutlicher Verbindung von Zeiterfahrung und Rauminszenierung ausgestellt: Zum einen als Installation des Gesamtprojekts 2008 in der Wiener Secession, zusammen mit dem Film *Exit*, bei dem in fünf Einstellungen die Arbeiter:innen beim Verlassen der Werft gezeigt werden, und mit Fotoserien der im Film benutzten Brotzeitdosen, sowie Aufnahmen von den Arbeitern und ihren selbstgeschaffenen Verkaufsständen. Als ein solches Gesamtprojekt ausgestellt, werden unterschiedliche Zeitlichkeiten abseits der Arbeitszeit thematisiert: eine hochgradig verlangsamte Pause, das Ende einer Schicht (in Erinnerung an den Film *La Sortie de l'Usine Lumière à Lyon* der Brüder Lumière von 1895 und somit in Überlagerung mit dieser vergangenen Zeit), sowie die fixierte Zeitlichkeit der fotografierten Porträtserien, in denen noch am ehesten etwas

16 Siegfried Kracauer, Von unten nach oben, in: ders., Theorie des Films, Frankfurt am Main 1985, S. 399–400, S. 400.

17 Siegfried Kracauer, Physische Realität als Domäne des Films, in: ders., Theorie des Films, Frankfurt am Main 1985, S. 387–389, S. 389.

18 Ebd.

19 Kracauer, Kult der Zerstreuung, S. 316.

20 A.a.O., S. 317.

passiert, wenn die zeitliche Abfolge von Veränderung in den zueinander gruppierten Bildern dargestellt wird.

2009 wurde *Lunch Break* außerdem auf der Berlinale gezeigt, während die Fotoserien in der Galerie neugerriemschneider in Berlin ausgestellt wurden. Im Kinosaal sitzend, sah sich das Publikum sowohl mit dem 83 Minuten dauernden Film konfrontiert als auch mit der eigenen Erwartungshaltung an einen Film auf einem Filmfestival. Ein irritierendes Erlebnis auch für Freunde experimenteller Filmformate: »You may feel that urge to use your time more ›productively‹ (and aren't culture professionals, often self-employed and used to working super-flexible hours, anxious to lose time on an almost existential level?)«[21] Der temporale wie räumliche Unterschied zur Projektion im Kunstraum wird hier erst anhand der Erfahrung der Kinobesucher:innen deutlich, denn diese können nicht jederzeit kommen, gehen und wiederkommen, sondern sind auf einen bestimmten Augenblick der Betrachtung festgeschrieben.

2011 wiederum wurde *Lunch Break* am Ende eines Treppenaufgangs im vierten Stock des San Francisco Museum of Modern Art ausgestellt, wobei die Besucher:innen sich in diesem Gang in derselben Bewegung auf den Film zu, vorbei an anderen Zuschauer:innen, befanden, wie die Filmkamera ihrerseits sich stetig auf das Ende eines Gangs zu bewegte, vorbei an den Arbeitern der Werft. Jede dieser Ausstellungskonstellationen spielt im je eigenen räumlichen Setting mit der kontingenten, ästhetischen Erfahrung der Zeit als spezifisch-ästhetischer Eigenzeit. Um aber diese Erfahrung jeweils machen zu können, bedarf es in allen Settings einer Beschäftigung mit der Dauer des Films, und entsprechenden Vertiefungen.

Mitnichten lässt sich ein bereits vorbestimmter und nur noch zu entbergender Weg zu dieser möglichen ästhetischen Erfahrung ableiten. Es gibt keinen natürlichen und an sich bereits ästhetischen Aufmerksamkeitstypus, den es mechanisch zu wecken gälte, um ein ästhetisches Verstehen ein- und das Alltagsverstehen auszusetzen. Im Gegenteil ist gerade im spezifisch ästhetischen Spannungsverhältnis eines jeden Kunstwerks selbst angelegt, dass dieser Verstehenszusammenhang, wie Juliane Rebentisch formuliert, »verstellt ist«, und »daß die selbstreflexiv-performative Tätigkeit des ästhetisch erfahrenden

21 Heiser, Trading Places.

Subjekts keineswegs vollständig unter dessen Kontrolle steht.«[22] Für die mögliche Langeweile-Erfahrung bedeutet das, dass sich keine Synchronisierung der ästhetischen Erfahrung mit dem zeitlichen Verlauf des Filmmaterials ergibt. Erst qua Zumutung der hochgradig verlangsamten Aufnahme kann eine gesteigerte Aufmerksamkeit erzeugt werden, die wiederum eine eigene schöpferische Leistung der Betrachterin bezüglich des Verstehenszusammenhangs ermöglicht, je nach Kontextwissen und Kontexteinbettung.

So kann die langwierige Erfahrung der verlangsamten Aufnahme also einerseits dazu führen, dass jedes Detail in seinem Wert innerhalb des Verstehenszusammenhangs amplifiziert wird und man gar nicht lange genug immer neue Details entdecken, betrachten und analysieren kann, so dass die zunächst gedehnte Zeit jäh zu kurz erscheint. Andererseits kann in der langen Weile der Betrachtung ebenjener gedehnten Aus- und Darstellung die Aufmerksamkeit für Details beeinträchtigt werden, sie kann sich gar verlieren. In einem solchen Fall kann nicht mehr von kontrolliertem Zugang zu den dargestellten Objekten und Subjekten gesprochen werden, wohl aber von einer ästhetischen Erfahrung als selbstreflexiv-performativer Tätigkeit. Diese Tätigkeit entsteht in der Auseinandersetzung der Betrachtenden mit dem Kunstwerk selbst.

Auch das Genre des Slow-Cinemas beinhaltet zahllose Szenen, in denen das vermeintlich Narrative, das nicht Notwendige und wenig Spannende dogmatisch gezeigt wird.[23] Lakonisch beschreibt Jacques Rancière das an Béla Tarrs Filmen:

> In a ›normal‹ film, when somebody needs to go somewhere, we see him or her leaving the first place, then arriving at the second one. In a film by Béla Tarr, we see them walking until they get to their destination.[24]

22 Siehe Rebentisch, Ästhetik der Installation, S. 204f.

23 Michel Ciment etablierte 2003 für Filme von Béla Tarr, Tsai Ming-liang und Abbas Kiarostami die Kategorie des Slow Cinema. Seitdem werden viele weitere Regisseur:innen dazugezählt, u.a.: Philippe Garrel, Chantal Akerman, Theo Angelopoulos, Alexander Sokurow, Hou Hsiao-hsien, Sharunas Bartas, Pedro Costa, Jia Zhang-ke, Apichatpong Weerasethakul, Lisandro Alonso, Carlos Reygadas, Gus Van Sant und, im Folgenden wichtig, Albert Serra. Vgl. Michel Ciment, ›The State of Cinema‹, address speech at the 46th San Francisco International Film Festival, online unter http://web.archive.org/ web/20040325130014/ http://www.sfiff.org/fest03/special/state.html, zuletzt abgerufen am 24.8.2018. Siehe auch folgende Publikationen zum Thema: Tiago de Luca, Nuno Barradas Jorge (Hrsg.), Slow Cinema, Edinburgh 2016 oder auch Ira Jaffe, Slow Movies, New York 2014.

24 Jacques Rancière, Béla Tarr: The Poetics and the Politics of Fiction, in: Tiago de Luca, Nuno Baradas Jorge (Hrsg.), Slow Cinema, Edinburgh 2016, S. 245–260, S. 248.

Bei Echtzeitdarstellungen stimmt die in der jeweiligen Filmsequenz dargestellte Zeitdauer mit der Darstellungsdauer überein. Das führt dazu, dass mehr von dem, was üblicherweise im Film ausgespart bleibt, gezeigt wird, insgesamt aber eben weniger, im Sinne weniger umfassender Erzählungen sichtbar ist. Matthew Flanagan hält folgerichtig fest:

> [S]low cinema is predominantly achieved by a process of direct reduction, a sustained emptying out of deeply entrenched dramatic elements [...]. [This] reduction often risks boredom on the part of the spectator, dissolving traditional components of storytelling to either the most rudimentary basis of central conflict or a series of de-centred digressive events.[25]

Neben einer verlangsamten Kamerafahrt wie in Lockharts *Lunch Break* besitzen also auch ungeschnittene und nicht verfremdete Alltagsszenen, wie sie insbesondere in den Werken des Slow Cinema ihr Publikum finden, das Potential der ästhetischen Erfahrung von Langeweile. Dies werde ich im folgenden Abschnitt anhand des Films *El cant dels ocells* von Albert Serra darlegen.

2.3 Lange Weile der (Echt-)Zeit – *Albert Serra*

In Albert Serras Kinofilm *El cant dels ocells* (Der Gesang der Vögel, 2008)[26] werden drei ältere Männer auf ihrem langwierigen und dabei allzu oft langweilig wirkenden Weg zu einer Familie (der Heiligen) begleitet. Die Reise der drei Weisen zu Maria, Joseph und dem neugeborenen Christkind wird als langatmiges Suchen und Irren dargestellt. Im Erfahren und Aushalten dieses Suchens und Irrens, das hierbei noch nicht einmal im Ansatz der Realzeit der Reise entspricht, wird der Weg der drei Männer äußerst langweilig präsentiert. Denn auch hier geschieht fast nichts. Die drei Männer irren nachvollziehbar wahllos durch beeindruckende Landschaften. Sie werden begleitet auf ihrer Suche nach dem Weg und dem leitenden Stern, im Zweifeln, später im Finden und, darüber hinaus, im Zurückgehen. Auch wenn im Auffinden der Heiligen Familie ein Höhepunkt des Films vermutet werden

25 Matthew Flanagan, 16:9 in English: Towards an Aesthetic of Slow in Contemporary Cinema, in: *16:9* (6,29 /2008), Arhus, S. 38–43, S. 39.

26 *El cant dels ocells*, HD Video Print auf 35mm Film, Albert Serra, 98 Minuten, Andergraun Films 2008.

könnte – das wäre eine populäre Erwartung, ein bereits erlerntes Sehen, stellt dieser Film die Reise aus, ohne dass eine narrative Klimax erkennbar wird. Vielmehr ist hier das Auffinden der Familie sogar eine Anti-Klimax der Banalität, ein Tiefpunkt des Spektakulären.

Anders als in Lockharts *Lunch Break* wirken die Kameraeinstellungen in Serras *El cant dels ocells* nicht trocken oder unbeteiligt, obwohl auch hier, abgesehen von wenigen, sehr reduzierten Kamerafahrten, eine starre Perspektive in Form von Long Takes eingenommen wird und dominiert. Doch diese langen, ungeschnittenen Sequenzen scheinen auf puristische Weise Kracauers Idee einer materialistischen Gesinnung des Films zu entsprechen: Denn Filme »stellen die Realität dar, wie sie sich in der Zeit entfaltet« und zwar, indem sie in der je eigenen langen Weile zeigen, was (fast nicht) passiert.[27] Die lange Dauer der einzelnen Sequenzen bewirkt, dass die Zuschauenden das Gesehene weniger als dokumentarisch denn als ästhetisch erfahren. Der dokumentarische Verweiszusammenhang, der bei *Lunch Break* durch Verlangsamung aufgebrochen wird, dient auch bei Serras Film als Ausgangsfolie für eine ikonenhafte Bibelerzählung, die durch schier endlose Takes von Geschehnissen fragmentiert wird, um so in Echtzeit die Bedeutungslosigkeit hinter dem Bedeutsamen zu offenbaren. Anders als bei *Lunch Break* erscheint der Betrachterin hier jedoch keine nahezu überirdische Verschleierung der Bewegung qua digitaler Verlangsamung. Stattdessen werden viele langsame und schwerfällige Bewegungen schlicht und vollständig als viele langsame und schwerfällige Bewegungen gezeigt. Neben dem abwesenden Spannungsbogen ist es also auch die Bewegung der Menschen durch das Bildfeld, welche die enorme Langsamkeit des Kinoerlebnisses zunächst langweilig erscheinen lässt. Hinter dieser Langeweile verbirgt sich jedoch mehr: Gerade in der Ruhe der Bilder zeigt sich, dass mehr zu erzählen möglich ist, als das vordergründig Gezeigte. Gerade dabei wird, mit Kracauer, erst sichtbar, was die Bilder wirklich zeigen.[28] Serra provoziert diese Erfahrung, indem er seine Schauspieler in allen Szenen durch oft absurde Regieanweisungen auf deren je eigene Weisen improvisieren lässt.[29] So sieht man den drei

27 Siegfried Kracauer, Die Darstellung der physischen Realität, in: ders., Theorie des Films, Frankfurt am Main 1985, S. 72.

28 Vgl. Dazu die Diskussion zu Kracauers physischer Realität im vorherigen Abschnitt zu Lunchbreak.

29 Serra beschreibt sein Vorgehen in einem Interview als »the right percentage of freedom inside mixed with the right percentage of necessity or structure.« Vgl. Darren Hughes, Al-

Männern beispielsweise über elf Minuten dabei zu, wie sie sich durch eine Wüste schleppen. Während die Kamera dabei sieben Minuten lang alles aus einer gleichbleibenden Perspektive aufnimmt, werden die drei kleiner und kleiner, verschwinden hinter einer Düne und erscheinen auf der dahinterliegenden, nur, um erneut zu verschwinden und beim nächsten Auftauchen im Bild wieder auf dem Weg zum Ausgangspunkt zu sein. Flanagan schreibt dazu:

> [T]he uncompromising length of the shot steadily begins to transform its very essence. The Magi's gradual progress and physical exertion is eventually overwhelmed by extended temporality, and the concreteness of duration itself becomes an all-encompassing event.[30]

Doch selbst ohne wie Flanagan eine wie auch immer geartete Essenz zu beschwören, ermöglicht die lange Dauer dieser Szene, eingebettet in den insgesamt kaum Spannung aufbauenden Film, sowohl die Betrachtung als auch die Erfahrung des unbegrenzten Umherschweifens, abseits von einer um Information bemühten Erwartungshaltung konzentrierter Aufmerksamkeit. Lutz Köpnick schildert das für das filmische Stilmittel der Plansequenz, das ja schon von Lockhart in *Lunch Break* eingesetzt wird:

> [Long takes] subject us to glacial movements of time not in order to overwhelm our perceptual systems but to invite the viewer to unregimented stretches of drift, of letting go and dissolving the hardened boundaries of instrumental subjectivity.[31]

Der Film ist trotz seiner langwierigen Darstellung der (Irr-)Wege dreier alter Männer gerade keine Dokumentation real stattfindender Prozesse, auch wenn dieses Ausstellen alltäglicher Zeit eines der typischen Charakteristika von Dokumentarfilmen ist. Das, was hier vermeintlich gezeigt werden soll – die biblische Weihnachtsgeschichte – kann nicht dokumentarisch begleitet, sondern nur nacherzählt und interpretiert werden. *El cant dels ocells* stellt nur vordergründig ein Re-Enactment der wohlbekannten Reise dreier Könige zur Heiligen Familie dar. Zwar zeigt der Film in langen Kameraeinstellungen die mühselige und zugleich

bert Serra Interviewed on El Cant dels ocells (Birdsong), in: *Senses of Cinema, Conversations on Film*, Issue 50, April 2009, online unter: https://www.sensesofcinema.com/2009/conversations-on-film/albert-serra-interview/, zuletzt abgerufen am 24.8.2018.

30 Flanagan, Towards an Aesthetic of Slow in Contemporary Cinema, S. 40.

31 Lutz Köpnick, The Long Take. Art Cinema and the Wondrous, Minneapolis 2017, S. 141.

langweilige Suche nach dem Weg zum richtigen Stall. Doch ist aus dieser eigentlich so berühmten Geschichte nur wenig bekannt über die drei Weisen und ihren Weg zu Maria, Joseph und dem Christuskind. Subtil zeigt der Film warum: Mitunter kann eine solche Reise sehr langatmig, langweilig und uninteressant sein.

Serra zeigt gerade mit und durch die Darstellungsweise der Reise, wie viel Unbekanntes in einer eigentlich sehr bekannten Geschichte stecken kann. Das Unbekannte und darin Unvertraute, sonst oft als Transzendentes verrätselt, so dass die Reise in anderen, vielfältigen visuellen Narrationen oftmals ›im Dunkeln‹ und dadurch mystifiziert bleibt, erhält bei Serra eine hochgradig profane Auslegung. Die Protagonisten und die Protagonistin des Films werden in ihren höchstweltlichen Eigenschaften gezeigt: Von den drei Männern sind zwei ausgesprochen korpulent und zwei sehr alt. Keiner der Weisen scheint gewappnet für lange Wanderungen, auf denen sie, nach einem Zeichen am Himmel (dem Stern von Bethlehem) suchend, durch Tag und Nacht irren. Die Geschichte der Reise der drei Könige wird in Serras filmischer Umsetzung der Klimax beraubt, womit auch das Spektakuläre, das der Geschichte inhärent Unvertraute, das vermeintlich Überirdische, fehlt. Auch Maria und Joseph scheinen einander fremd, haben sich wenig zu sagen, reden gar in unterschiedlichen Sprachen aneinander vorbei. Obgleich auf der Flucht, sind sie mit gelangweiltem Nichtstun beschäftigt oder zumindest damit, die Zeit verstreichen zu lassen. Sie wirken über weite Strecken gelangweilt, sich eher im Moment verlierend denn zielgerichtet einer Berufung folgend. Eine Berufung, so legt es uns Serra nahe, die die Weisen erst im Nachhinein, als roten Faden der Geschichte, erhalten. Sie werden erst noch zu jenem Bestandteil der Bibelgeschichte, die Serra mit *El cant dels ocells* nacherzählt.

So wie Kunstwerke, um es mit Martin Seel zu sagen, »zu nichts anderem da« sind, »als in ihrem komplexen Erscheinen wahrgenommen zu werden«,[32] ist Serras *El cant dels ocells* also ambig, erscheint als fast gänzlich profan, ist darin jedoch hochkomplex. Von unten aus – vom Material des Films – entwickelt sich das Gedankengerüst zum transzendenten Denken über Geschichte, Religionsgeschichte, Gegenwart, Vergangenheit und Zukunft. Es sind die Zuschauenden, die

32 Martin Seel, Vor dem Schein kommt das Erscheinen. Bemerkung zu einer Ästhetik der Medien, in: Ethisch-ästhetische Studien, Frankfurt am Main 1996, S. 104–125, S. 105.

diese Transferleistung durch die Erfahrung der verstreichenden langen Weile des Films zu leisten imstande sind.

Im Aushalten der Echtzeit-Dauer des gezeigten Materials eröffnet sich eine Erfahrung von Zeitlichkeit, die die vergehende Zeit des Films als inkongruent zur erfahrenen ästhetischen Zeit kennzeichnet. Denn die zeithistorische Einordnung, in der das Gezeigte sowohl chronologisch eine Zeit vor der weltbekannten Geschichte als auch historisch eine Zeit vor der noch sich als Erzählung entwickelnden Narration darstellt und darüber hinaus als Re-Enactment eine Zeit nach der Geschichte abbildet, deren Geschehen heute weitläufig bekannt ist und inhaltlich wenig Aufregendes zu bieten hat. Gerade während der langen Szenen, in denen vermeintlich nichts geschieht, scheinen komplexe Zusammenhänge auf: Die Zeit, die verstreicht, erzählt etwas über die Protagonisten, die diese Zeit verstreichen lassen, während als Teil dieser größeren, rahmengebenden Erzählung die Geburt Jesu geschieht und erst im Nachhinein zu einem sensationellen Ereignis geformt wird. Serras Film ist also auch Arbeit am Mythos rund um die Geburt Jesu. Er demonstriert, wie Mythen auf einem bestimmten Beschreiben von Welt, einem bestimmten Benennen, Bedeuten und Erklären dieser Welt basieren. Denn nach Hans Blumenberg sind Mythen:

> Geschichten von hochgradiger Beständigkeit ihres narrativen Kerns und ebenso ausgeprägter marginaler Variationsfähigkeit. [...] Mythen sind daher nicht so etwas wie ›heilige Texte‹, an denen jedes Jota unberührbar ist. Geschichten werden erzählt, um etwas zu vertreiben. Im harmlosesten, aber nicht unwichtigsten Falle: die Zeit. Sonst und schwerer wiegend: die Furcht. In ihr steckt sowohl Unwissenheit als auch, elementarer, Unvertrautheit.[33]

Mit *El cant dels ocell*s, und hierin durch die im Film vermittelte, ästhetische Langeweile, begibt sich Serra gemeinsam mit den Protagonist:innen und Zuschauer:innen auf die Suche nach einem Unvertrauten, welches durch die Narration des Mythos vertrieben wurde. Durch die lange Weile der Echtzeit wird das Vertraute des Mythos aufgedeckt und dabei aufgebrochen, so dass das Unvertraute in seiner Profanität ausgestellt und dabei wiederhergestellt werden kann.

So handelt es sich bei der Ankunft der drei Weisen am Ort des doch singulären und unerklärlichen Ereignisses, der Geburt Christi, um

33 Hans Blumenberg, Arbeit am Mythos, Frankfurt am Main 1996, S. 40.

eine unaufgeregte, gar langweilige Szene, die sich nur musikalisch vom Aufbau der übrigen Filmteile unterscheidet. In allen weiteren Szenen unterstreicht der Sound die gezeigte lange Weile, indem zumeist Umgebungsgeräusche zu hören sind, etwa knackende Zweige, Wind- und Wellenrauschen oder auch unverständlich gemurmelte Dialoge, das Stapfen im Sand und einzelne Kommentare. Nur dieses eine Mal, zur Ankunft der drei Männer am Stall, wird untermalende Filmmusik eingesetzt. Doch in *El cant dels ocells* unterstreicht das Herausgehobene dieser Musik jenen Moment, auf den alles zuzulaufen scheint, nicht.[34] Der Augenblick bleibt eine langatmige und langweilig dargestellte Szene, um welche die gesamte Geschichte zirkuliert. Nun ließe sich vermuten, dass die Mühen der Reise damit ein Ende nähmen, doch kommt die filmische Reise mit Serra nicht mit der Ankunft bei der (erst später als heilig bezeichneten) Familie zum Abschluss. Sie setzt sich für die Protagonisten (und Betrachter:innen) beschwerlich fort, und geht zurück. So arbeitet Serra am Mythos der Reise der drei Könige weiter. Die marginale Variationsfähigkeit dieser Geschichte wird, wie Blumenberg beschreibt, durch die ausgedehnte Darstellung der langatmigen Reise sowie durch mühselige und zugleich hochgradig profane Komponenten zwar nicht stark variiert, innerhalb der Möglichkeiten jedoch ausgedehnt. In dieser Dehnung liegt unvermutet der Augenblick ausgestellter Kontingenz. Vom Standpunkt der Gegenwart aus kaum verständlich, erfährt die Zuschauende erst über die auszuhaltende, lange Weile von der Ziellosigkeit und dabei auch von anderen Optionen der Narration. Sie erfährt mithin das Kontingente der gemeinhin als wenig kontingent erzählten, biblischen Weihnachtsgeschichte. Das vermeintlich Einzigartige erlangt in seiner langwierigen Darstellung eine unvermittelte Profanität.

Auch in anderer Form setzt Serra das um. So führt die bekannteunbekannte Reise durch landschaftlich spektakuläre Topografien, etwa Bergmassive, Gewässer, Wüsten und Wälder. Doch wird das Außergewöhnliche der Landschaften eben nivelliert durch jenes desinteressierte Umherirren der Protagonisten, durch deren stetige Unaufgeregtheit. Somit macht *El cant dels ocells* als Arbeit am Mythos die Welt dem Bekanntheitsgrad nach grauer und vertrauter, das jedoch nicht durch

34 Es handelt sich um das dem Film den Titel gebende, katalanische Volks- und Weihnachtslied *El cant dels ocells*, interpretiert durch Pau Casals. Zur historischen Bedeutung des Lieds weiter unten im Text.

plumpe Banalisierung, sondern durch ein Hinzufügen, Herausheben und Ausbalancieren höchstalltäglicher Aspekte. So nimmt der Film die beschriebene Furcht vor dem Unvertrauten. Serra konkretisiert in seiner Version der Reise das Unbekannte, er macht »das Ungriffige greifbar, obwohl noch nicht begreifbar.«[35] Er zeigt, wie sich etwas zugetragen haben könnte, dessen narrativer Kern kollektiv bekannt, der konkrete Verlauf jedoch weitestgehend unbekannt ist. Die drei Könige oder Weisen wirken in Serras Darstellung weder besonders royal noch weise, sondern wie Dummköpfe, die sich über die körperlichen Anstrengungen der Reise beschweren. Sie rollen ihre schweren Körper lieber bergab als zu laufen, sie warten und hoffen darauf, dass sich irgendwo der Stern zeige, mehr als dass sie dessen Position, einer inneren Berufung folgend, zu erkennen scheinen.

Der für diese Arbeit interessante Aspekt besteht darin, dass eine solche Reise genauso stattgefunden haben könnte. Das Suchen und Finden, Irren und Aufgeben könnte sich exakt auf diese Weise ereignet oder auch ganz anders zugetragen haben. Nicht nur die biblische Geschichte ist kontingent, auch die Erzählung dieser Erzählung ist es. Das Überirdische dieser Narration, der Ursprungsmoment des Christentums, wird in seiner ganzen Abstraktion ausbuchstabiert – und dabei zwar »greifbar«, in dieser Absurdität aber zugleich »noch nicht begreifbar.« Diese Kontingenz wird gerade durch die ästhetische Langeweile erfahrbar. Viele Szenen ermöglichen, das Geschehen aus einer Weitwinkelansicht und somit stets aus gewisser Distanz, zu überblicken. Die Kameraeinstellung der Totalen wird dem detaillierten Blick, der das besondere zu erfassen vermag, vorgezogen. Die vermeintliche Echtzeit der Darstellung der Erzählung wird gegenüber einer zeitraffenden und damit um herausgehobene Augenblicke kreisenden Narration bevorzugt. Zugleich ist nur, weil alles sichtbar und egalitär abgebildet erscheint, lange nicht alles im Film erklärt oder erklärbar. Trotz der eineinhalb Stunden Abspieldauer bleibt etwa gänzlich unerörtert, woher die Weisen ihren Antrieb nehmen, wieso sie ihr mühseliges Umherirren betreiben. Unverständlich ist auch, was den kaum sichtbaren Säugling als Messias auszeichnet.

Durch Verwendung dieser mythologischen Geschichte vermittelt Serra eine Meta-Erklärung von Welt. »Der Mythos ist eine Ausdrucksform dafür, daß der Welt und den in ihr waltenden Mächten die reine Willkür

35 Blumenberg, Arbeit am Mythos, S. 49.

nicht überlassen ist.«[36] Die Verwendung der mythologischen Grundstruktur ermöglicht es, dem Publikum aus der Distanz die gegenwärtige Zeit in der Abstraktion zu vermitteln und spezifische Gegenwartsmomente im Rahmen allgemeiner Narrationen zu reflektieren: So verweist der Titel des Films und das namensgleiche, katalanische Volkslied *El cant dels ocells* auf die Vögel, die einer Sage nach die Geburt Christi besingen. Im Film erklingt das titelgebende Lied, übersetzt in etwa ›Der Vögel Gesang‹, im Moment der Ankunft der drei Männer bei der Familie. Anstelle der Vögel vernehmen wir die Melodie des Liedes. Lied und Film sind somit ausgewiesene Mittler und darin Übersetzer zwischen den Zeiten. In jüngerer Vergangenheit wurde das Lied in der Verwendung durch den Cellisten Pau Casals als letztes Lied seiner Exilkonzerte zur Exilhymne der spanischen Bürgerkriegsflüchtlinge, die auf ein Ende des Franco-Regimes und die Wiederherstellung der Demokratie warteten. Dieses Warten, das sich auf etwas bezieht, das nicht auf faktischem Wissen, sondern auf Geglaubtem und Erhofftem gründet, erhält durch Verbindung mit der Weihnachtsgeschichte eine Kraft, die einer faktenbasierten Argumentation fehlt. Es ist aber das Warten, Nichtwissen und Umherirren, das hier durch und über die ästhetische Langeweile ausgestellt und erzählt wird. Durch die Verwendung des biblischen Mythos als Grundlage, etwa für die Narration einer Gemeinschaft, hier dem Anfang des Christentums rund um die Geburt Jesu, ermöglicht die jeweilige Variation eine Identifikation über Jahrhunderte hinweg. Die Kraft des Mythos erhält eine »doppelte, zugleich historische und ahistorische Struktur«[37], wenn Serra die Absurdität des Zeitverlaufs der Reise der drei Könige vor dem Beginn der eigentlichen Erzählung des Christentums in seiner ganzen Profanität darstellt, damit aber auch einen Dialog zwischen den Zeiten, bis hinein in die politische Epoche des spanischen Bürgerkriegs, ermöglicht.

Die Kraft, die sich in, aus und mit der biblischen Weihnachtsgeschichte entfaltet, wird durch *El cant dels ocells* mit dem vermeintlich passiven Aushalten und Warten der in Echtzeit langen Momente des Umherirrens, Nicht-Wissens und der Ungewissheit verbunden. Die Situation der Geflüchteten im Exil, das oftmals langwierige, passive Warten, wird hier in eine als kontingent erzählte Zukunft überführt, die die unbekannten kommenden Ereignisse als stets verbunden mit

36 A.a.O., S. 50.

37 Claude Lévi-Strauss, Strukturale Anthropologie, Frankfurt am Main 1978, S. 230.

dieser wahrgenommenen langen Dauer zusammenbringt. Auch die Darstellung Marias und Josephs im Mittelteil des Films überführt das geläufige und dabei oftmals diminuierende Bild hilfsbedürftiger Flüchtlinge in existenzieller Not. Beide scheinen über weite Strecken mehr mit der Versorgung ihres Lamms beschäftigt zu sein als mit dem zu gebärenden Menschenkind. Aber auch diese Version ist eben das: eine unaufgeregte Alltagsversion des eigentlich höchst spektakulären Plots. Das nachfolgende Bad der drei Besucher im Wasserreservoir der Familie, die sich zuvor noch fragte, ob überhaupt Wasser darin vorhanden sei, wird ebenso wenig kommentiert wie der Umstand, dass in der Folgeszene Joseph zur zügigen Flucht nach Ägypten mahnt aber weder Maria noch die drei Könige es eilig aufzubrechen haben, wohl auch, da sie *ihn*, der hebräisch spricht, nicht verstehen.

Der allgemein bekannte Verlauf dieser lange vergangenen Reise erscheint in der gezeigten Darstellung ihrer Gegenwart, Seel nennt es »die fingierte Gegenwart dieser Vergangenheit« oder schlicht »gegenwärtige Vergangenheit,«[38] weniger zielgerichtet denn kontingent, abhängig von willkürlichen und zufälligen Entscheidungen der Protagonisten und Begebenheiten der Natur, die sie durchqueren. Auf diese Weise erhält die filmisch dargestellte Zeit, sowohl als Ablauf der Dauer einzelner Szenen der Bewegung durch die Landschaft, welche sich mit der Zeit der Betrachtung deckt, als auch als epochale Zeit, eine allgemeinbekannt erzählte Vergangenheit, deren Verlauf auf ein übersinnliches und eindeutiges Ziel hinausläuft, eine verspielte und zufällige Komponente und somit eine Gegenwärtigkeit, die der eigentlichen Bibelgeschichte abgeht. Die langatmige und langweilige Szene der Ankunft im Stall ist zugleich jene, in der erstmalig der Säugling gezeigt wird, auf dessen Geburt zwar im Nachhinein eine ganze Religionsverkündung folgt, dessen filmische Anwesenheit der Szene trotzdem keinen Höhepunkt verschafft. Hier erwartet niemand etwas und auch mit der plötzlichen Anwesenheit des Unerwarteten kommt keine Spannung auf – im Gegenteil baut sich die bannende Spannung des Films mittels Leergelassenheit auf, dass das vergangene Ereignis, als vergegenwärtigte Vergangenheit, als Spektakel erwartet ist – es aber keins ist.

Zugleich wird dem Publikum die leibliche und seelische Anstrengung der langatmigen Szenen nicht erspart und das Ziel dieser mühseligen

38 Martin Seel, Gegenwärtige Vergangenheit, in: ders., Die Künste des Kinos, Frankfurt/Main 2013, S. 137–140.

Reise der drei Könige deckt sich keinesfalls mit dem Schluss des Films. Erst das Ende der ebenfalls anstrengenden Rückreise ist auch das Ende des Filmerlebnisses, bestehend aus Szenen vieler weiterer, langer Weilen. Was für das Aushalten der Dauer von Lockharts *Lunch Break* galt, trifft umso mehr für *El cant dels ocells* zu: »Der Kinofilm [...] setzt die Zuschauer physisch wie ›metaphysisch‹ seiner eigenen audiovisuellen Bewegung aus, die in einem Angriff auf ihr leiblich-seelisches Gleichgewicht münden kann.«[39] Gerade in der ähnlichen Zeiterfahrung der alltäglichen Abläufe im eigenen Leben der Betrachtenden des Films besteht darüber hinaus eine ästhetische Eigenzeiterfahrung. Diese funktioniert entweder im Sinne einer profanen Identifikationsmöglichkeit über die notwendige lange Weile der je ausgewählten Szenerien oder aber als Differenzerfahrung auf Basis der nicht auszuhaltenden Betrachtung der notwendigen langen Weile mäandernder Handlungen der Protagonisten. Handlungen, die bei ausgehaltener Betrachtung gerade nicht eintönig wirken, sondern in ihrer langen Dauer eine Komik entwickeln. Inwiefern diese in der Differenz, oder aber in der Wiedererkennung stattfindet, obliegt dem betrachtenden Subjekt.

Dass die drei Weisen aus dem Morgenland in *El cant dels ocells* in ihrer Langsamkeit durchaus komisch, da tollpatschig und unbeholfen wirkend, durch die Landschaften irren und dabei keine gute Figur machen, kann hier als das Nichterzählte der Mythos-Erzählung verstanden werden. Aus heutiger Perspektive weist das nicht nur Aufgrund der Unbeholfenheit der Charaktere komische Momente auf. Denn dass die drei ungelenken Weisen weder blaublütig noch weise daherkommen und doch wichtig für die Entwicklung der Gesamtgeschichte der königlichen Abstammung des durch Maria geborenen Kindes sind, entfaltet einen intellektuellen Humor, der nie explizit die biblische Geschichte infrage stellt oder sich darüber lustig macht. Allein die Langatmigkeit der Szenen steht einer satirischen Perspektive entgegen. Der körperlichen Überpräsenz der wandernden Männer steht die übersinnliche Geschichte um das Mysterium der unbefleckten und dabei gerade körperlosen Empfängnis gegenüber. So sieht man in der Szene, die Maria und Joseph zeigt, beiden zumeist beim Nichtstun, beim passiven in der Sonne Sitzen zu. Vielleicht schaut man ihnen gar beim Langweilen zu. Jede aktive Handlung dreht sich um ein Lamm, das beide abwechselnd,

39 Martin Seel, Bild und Bewegung, in: ders., Die Künste des Kinos, Frankfurt am Main 2013, S. 61–66, hier S. 65.

als sei es ein Kleinkind, im Arm wiegen. Es wirkt, als solle das Lamm den neugeborenen Heiland symbolisieren, als Lamm Gottes, doch wird diese Deutung ad absurdum und somit jedwede Hermeneutik vor–geführt, wenn mit Ankunft der drei komischen Könige doch ein menschlicher Säugling in Marias Armen zu sehen ist. Ganz so, wie es die allseits bekannte Geschichte vorgibt, genauso und in Anlehnung an diese, wie es unzählige Marien-Kind-Darstellungen zeigen. Diesen oft hintergründigen Humor der Szenen beschreibt der Filmkritiker Jonathan Romney: »The film's humour is arguably all the more tart because it's so exceptionally muted—to the point of enervation.«[40] Der Humor im Film, sonst oft als schnelle Pointe begriffen, entfaltet sich erst in und mit dem Verstehen der Erfahrung der langen Weile. Nach Romney wird der Film so zu einer Komödie: »a comedy, albeit in a somewhat nebulous vein.«[41] Diese vernebelte Weise ist es, was das Absurde und »nicht begreifbare« im Erscheinen des Films selbst beschreibt, ausgelöst durch die vordergründig überaus langweilige Langsamkeit dessen, was in den Szenen an Handlung abläuft. Anders als im klassischen Erzählkino, in welchem die repräsentierte Zeit die repräsentierende Zeit der Darstellungszeit häufig genug weit übersteigt, mithin äußerst gerafft erzählt und dabei die lange Weile vieler Handlungen ausgespart wird, verlängert Serra in seiner filmischen Umsetzung der Reise der drei Könige, deren Geschichte wiederum schnell – oft in einem einzigen Bild – erzählt ist, die repräsentierende Zeit gegenüber der repräsentierten Zeit, indem er die lange Weile einzelner Reisemomente aufzeigt. Aber auch Serra bildet nicht die Echtzeit der gesamten Reise ab. Selbst er spart Langweiliges aus, ohne dabei jedoch an Spannung zu gewinnen. Wie im Fall von *Lunch Break* hat die reale Zeitdarstellung in *El cant dels ocells* wenig mit der möglichen ästhetischen Erfahrungszeit der Betrachtung zu tun: nicht, weil etwas langsamer dargestellt wird, als es eigentlich geschieht, wie in *Lunch Break*, sondern weil die Zeit, die wirklich beim Durchqueren und Umherirren durch die Landschaft verstreicht, noch immer auf eine viel längere, qualvolle Zeit verweist, aus der wir nur – wenn auch sehr lange – Ausschnitte zu sehen bekommen. Wir erfahren die Reise nicht als Re-Enactment ihrer gänzlichen Dauer, sondern in dieser Dauer als langsam gerafft. Das intellektuelle Verstehen des Films, ob

40 Jonathan Romney, In Search of Lost Time, in: *Sight & Sound* (20,2/2010), London, S. 43–44.

41 Ebd.

als Nachvollzug der Reise der drei Könige, als komplexes Zusammenspiel von konkreten und abstrakten Verweiszusammenhängen oder als die Erfahrung von Kontingenz, kann somit erst in der ästhetischen Eigenzeiterfahrung durch Aufscheinen der Langeweile vollzogen werden. Diese ästhetische Eigenzeiterfahrung, die sich in der Erfahrung der langen Weile vollzieht, zeigt sich neben der technischen Dehnung einer kurzen Zeitspanne wie bei Lockhart in der filmischen Darstellung der vermeintlichen Echtzeit der gegenwärtigen Vergangenheit wie bei Serra ebenfalls in der technisch produzierten Reduktion einer langen Zeitspanne auf einen einzigen Augenblick eines fotografischen Bildes, wie ich im folgenden Abschnitt anhand der Langzeitbelichtungen von Hiroshi Sugimoto erörtern werde.

2.4 Lange Weile der Produktionszeit als verräumlichte Zeit – *Hiroshi Sugimoto*

Wenn in Serras *El cant dels ocells* die Erfahrung ästhetischer Zeitlichkeit sich über die lange Weile der Echtzeit einzelner Filmsequenzen als besonders selektierte und nur partielle Kongruenz zwischen repräsentierter und repräsentierender Zeit in das Kunstwerk einschreibt, mithin also die lange Weile einer sich vollziehenden Handlung teils kongruent zur Rezeptionszeit verläuft, ist die inkorporierte lange Weile der Produktionszeit in den Langzeit-Fotografien von Hiroshi Sugimoto nicht derart vordergründig erfahrbar.[42] Nichtsdestotrotz ist auch Sugimotos Produktionsweise mit den langen Weilen der Plansequenzen bei Lockhart oder Serra verwandt. Auch er richtet für eine lange Weile seine Kamera von einem einzigen Standpunkt auf eine sich für eine lange Dauer von eineinhalb Stunden abspielende Szenerie aus. Er öffnet für die Fotoserie *Theatres* den Verschluss seiner Großformatkamera jeweils für die Dauer einer Kinoaufführung. Das bedeutet, die jeweilige Projektionszeit der Filmaufführung gibt die Belichtungszeit eines Fotos vor, auf dem ein gesamter Spielfilm

42 Ähnliches ließe sich auch für andere Fotograf:innen beschreiben, die sich der Technik der Langzeitbelichtung verschrieben haben, exemplarisch seien hier auch die extremen Langzeitbelichtungen Michael Weselys genannt, dessen Bilder stets qua Langzeitbelichtung die Veränderung, Vergänglichkeit und das Vergehen der Zeit (sowie die Zeit als solche) sichtbar werden lassen. Siehe hierzu: Michael Wesely, Time Works, München 2010.

in einer einzigen Aufnahme kondensiert wird. Durch diese zeitliche Verdichtung sind auf jedem Foto der Schwarzweißserie *Theatres* die vom Licht eines ganzen Spielfilms hell erleuchteten Kinoleinwände als helle, weiße Rechtecke zu sehen.

Auf diese Weise nimmt Sugimoto die zu repräsentierende Zeit, also die Dauer der Echtzeit einer Kinoaufführung, vollständig auf. Und doch bezeugen die dadurch entstehenden Schwarz-Weiß-Fotografien auch im Unterschied zum Film anstelle einer dezidierten Ablichtung des Fotografierten ein singuläres Abbild der – den abgebildeten Motiven inhärenten – Zeitlichkeit: Jedes der Bilder der Serie zeigt eine rechteckige, hellweiße Kinoleinwand, jeweils akribisch in der Mitte der Fotos zentriert. Die jeweiligen Aufführungsorte der Filme, alte Kinosäle und Freilichtbühnen, werden wiederum vom projizierten Licht des Films über die Dauer der Belichtungszeit angestrahlt und dadurch als erleuchtete Rahmen in den Bildern sichtbar. Anders als Lockhart und Serra, die die unterschiedlichen Zeitlichkeiten in ihrer Dauer auf Film – also in vielen Einzelbildern – festhalten und ausstellen, speichert Sugimoto verschiedene Zeitlichkeiten in einem einzigen Bild. Alles, was filmisch sonst in einer Vielzahl von Einzelbildern dargestellt und wahrgenommen wird, ist in Sugimotos Fotoserie *Theatres* in je einem einzigen Bild komprimiert. Doch nicht nur die diversen Geschwindigkeiten und Bewegungsabläufe fiktiver Lebenszeiten werden als Vergehen der repräsentierenden Zeit des Spielfilms in einem Bild festgehalten, sondern darüber hinaus auch die konkrete historische Zeit der durch den Film beleuchteten Räumlichkeiten, die abstrakte Zeit der Epoche des Lichtspieltheaters, als auch die konkrete Lebenszeit der ablaufenden eineinhalb oder zwei Stunden der Projektions- und Produktionszeit.

Auf den ersten Blick erscheinen Sugimotos Fotografien als Variationen eines leeren weißen Rechtecks, welches jeweils unterschiedlich gerahmt wird. Die Rahmen bilden die Innenarchitekturen jener Aufführungsorte, welche auch namensgebend für die einzelnen Bilder der Serie sind. Die Leere des Rechtecks beinhaltet zugleich eine nicht sichtbare Fülle, die intellektuell erfasst werden kann, insofern das Wissen um die Produktionsbedingungen, mithin die technische Entstehung der Langzeitbelichtung, existiert: Dann vermittelt sich, dass das, was weiß und leer erscheint, wie die jeweiligen Kinoleinwände jeweils als leuchtendweiße aber leer erscheinende Rechtecke, gerade ein Zuviel an belichtetem, cineastischem Geschehen darstellt. Dieses Zuviel zeigt sich als Informationsüberschuss in Form des weißen Rechtecks, oder wie Sugimoto es ausdrückt, »zu viele Informationen führen ins Nichts.«[43] Der abgespielte Film ist in der Überblendung auf den Fotos als weiße, fast strahlende, Leinwand sowohl durch die Überblendung unsichtbar als auch durch die Fokussierung auf die helle weiße Mitte im Bild als Lichtspiel sichtbar gemacht worden.

Die Helligkeit der Leinwand variiert von Bild zu Bild – je nach Helligkeit, Abspielzeit oder anderen, nicht immer nachvollziehbaren Umständen des darauf gezeigten Films. Sugimoto hat dafür folgende Erklärung: »Different movies give different brightnesses. If it's an optimistic story, I usually end up with a bright screen; if it's a sad story, it's a dark screen. Occult movie? Very dark.«[44] Je nach Helligkeit des kondensierten Lichtspielfilms lässt sich demnach etwas über das Genre und die jeweilige Stimmung des Films selbst aussagen. Im Kondensat der langen Dauer der Überblendung ist die Atmosphäre des Films wahrnehmbar, welche nicht nur über den erzählten Inhalt, sondern auch über seine Form (hier vor allem seine Lichtintensität) transportiert wird. Ein ganzer Film voller Informationen, Geschichten, Bezüge und diverser Bilder auf einer einzigen, weißen, leeren Leinwand. Der konkret erzählte Inhalt des abgespielten Films tritt im Vergleich zur Form somit nicht nur weit in den Hintergrund, sondern wird im weißen Rechteck aufgehoben, also sowohl bewahrt als auch negiert und transportiert.

Dieses immer wiederkehrende, leuchtend weiße Rechteck in der Fotoserie vermittelt somit Aufmerksamkeit, aber auch Leere, die auf nichts hinführt, kein narratives noch visuelles Ziel erreicht und somit insgesamt eine Art Leergelassenheit eines erwartungsvoll aufgeladenen Ereignisorts zurücklässt, mithin Langeweile produziert. In dieser Stimmung vermischt sich die lange Weile der vermittelten Darstellungszeit des geöffneten Kameraverschlusses mit der ambivalenten Aufmerksamkeit gegenüber der gezeigten weißen Leere. Das Gefühl der Leere verweist demnach auf etwas, das nicht da ist. Auf ein Fehlen, das einem Vermissen gleichkommt.

Dieses Gefühl der Leergelassenheit ist es das Martin Heidegger, einer der Philosophen der Langeweile, zur Charakterisierung der »tiefen

43 Zit. n. Marcus Woeller, Was bleibt am Ende übrig? in: *taz, die Tageszeitung* (12.7.2008), S. 5.

44 Zit. n. Hans Belting (Hrsg.), Hiroshi Sugimoto: Theatres, Köln 2006, S. 111.

Langeweile« beschreibt.[45] Er sieht in der Leergelassenheit eine Form des Im-Stich-gelassen-worden-Seins, wenn er diese Leergelassenheit als eine »Ausgeliefertheit des Daseins an das sich im Ganzen versagende Seiende« beschreibt.[46] Unser Dasein ist diesem verunmöglichten, dem sich im Ganzen versagenden, Seienden ausgeliefert. Für ihn wird in der von ihm beschriebenen Leergelassenheit eine sonst nur schwer zu erfassende Un-Zeitlichkeit, als »bannende Zeit« zwischen verzögerter und stehengebliebener Zeit, erfahrbar. Gebannt wird etwas erwartet, das gerade dadurch an abwesender Präsenz gewinnt. In Sugimotos *Theatres* findet sich diese »Leergelassenheit« im weißen Rechteck der Leinwand – die leer erscheint, aber es im weiteren Sinne gerade nicht ist, sondern übervoll von den einander überbelichtenden und dadurch nicht ›mehr‹ zu erkennenden Bildern. Heidegger beschreibt das Bannende der Langeweile wie folgt:

> Das Bannende in dieser Stimmung ist nicht der bestimmte Zeitpunkt, in dem die betreffende Langeweile aufsteigt; denn dieses bestimmte Jetzt versinkt mit einem Schlage; das Zeichen dafür ist, daß wir uns um die Uhr und dergleichen überhaupt nicht kümmern. Das Bannende ist aber ebensowenig ein gedehnteres Jetzt, etwa die Zeitspanne, während der diese Langeweile anhält. Sie braucht gar keine solche, kann blitzartig wie ein Moment uns fassen, und doch, gerade in diesem Moment ist die ganze Weite der ganzen Zeit des Daseins da und gar nicht eigens gegliedert und abgegrenzt nach Vergangenheit und Zukunft.[47]

Das Bannende der Langeweile liegt also in der Ambivalenz zwischen blitzartigem Erfassen und unbestimmter Zeit, wenn im Moment des Standbilds der Langzeitbelichtung bei Sugimoto »die ganze Weite der ganzen Zeit des Daseins da«[48] ist. Darüber hinaus berichtet Sugimotos Serie von der Verwobenheit von Lebenszeit und Weltzeit, wenn sie Langzeit-Filmprojektionen in menschenleeren Renaissancetheatern, Kinosälen, Auto- und Freiluftkinos als Serie aneinanderreiht. Die Wie-

45 Heidegger arbeitet drei Formen der Langeweile heraus: die erste Form ist das Gelangweiltwerden von etwas; die zweite Form ist das Sichlangweilen bei etwas und der zugehörige Zeitvertrieb und die dritte Form der Langeweile ist tiefe Langeweile als das es ist einem langweilig. Siehe Martin Heidegger, Erster Teil, in: Grundbegriffe der Metaphysik, Frankfurt am Main 2010, S. 89 -249.

46 Martin Heidegger, Erster Teil. Viertes Kapitel. Die dritte Form der Langeweile: die tiefe Langeweile als das ›es ist einem langweilig‹, in: Grundbegriffe der Metaphysik, Frankfurt am Main 2010, S. 199–249, S. 210.

47 A.a.O., S. 222.

48 Ebd.

derholung des weißen Rechtecks auf jedem Bild der Serie verknüpft die unterschiedlichen Orte des cineastischen Geschehens. Es sind diese Orte, deren Namen titelgebend für die jeweiligen Fotografien sind, nicht die dort aufgeführten Filme. Somit treten der Ort und Raum des abgespielten Films, sonst dunkler Hintergrund, nach vorn und werden zum Beachtenswerten, Beleuchteten und Individuellen. Der Film selbst, normalerweise das Besondere und Einzigartige in diesen Settings, tritt als technisches Beleuchtungswerkzeug des Fotografierten in den Hintergrund. Mittel und Zweck kehren sich um: Die helle Leinwand beleuchtet von der Mitte des Bildes ein sie rahmendes, menschenleeres Aufführungssetting, so dass Sitzreihen und Innendekor je nach Standort der Leinwand und Lichtintensität der Spielfilme mehr oder weniger deutlich sichtbar sind. Ist beispielsweise die Leinwand selbst mit einer Art Bühne versehen, kann das Licht des Films weniger gut den Raum erleuchten, dafür aber umso besser die die Leinwand umgebende Bühne als dann ausgeleuchteten Rahmen in den Wahrnehmungsvordergrund rücken.

Ein Kinopublikum fehlt dabei stets. Auf den Fotos finden sich keine Personen, die der grellen Leinwand Aufmerksamkeit schenken. Zum Publikum dieser weißen Leinwände werden erst die Betrachtenden der Fotos, welche als Serie im Museum präsentiert werden. Neben dem, was auf den Fotos gezeigt beziehungsweise auch nicht gezeigt wird, berichten die Bilder über das Präsentieren und Ausstellen von Zeit. Und sie erzählen von uns als Publikum, das nun verspätet doch noch die Filme, welche bereits in voller Länge abgespielt und somit nicht identifizierbar in den Fotos verdichtet sind, betrachtet. Ähnlich der leicht humoristischen Komponente bei Serra verbirgt sich auch hier etwas Erheiterndes, wenn sich das Publikum der Absurdität bewusst wird, dass dessen Aufmerksamkeit von einer vollständig überbelichteten Fläche angezogen wird, dass also gerade die ästhetische Zeitlichkeit der Arbeit die Aufmerksamkeit auf etwas lenkt, das weder gezeigt noch sichtbar werden kann. Die ästhetische Erfahrung vollzieht sich, so zeigt sich hier besonders deutlich, jenseits eines den Verstehenszusammenhang betreffenden Kontexts. Das heißt, im Abstrakten. Wenn also nach der normalen Spielfilmerfahrung sich oftmals das Gefühl einstellt, die vergangenen eineinhalb bis zwei Stunden nicht als solche oder als sehr schnell verstrichene wahrgenommen zu haben, zeigt Sugimoto durch *Theatres* diese Zeit als weißen Fleck unserer Lebenszeit. Wenn der Spielfilm den Zuschauenden zugespitzt formuliert die Zeit raubt, insofern als dass Zeit diesen nicht als solche bewusst wird, dreht sich auch diese Erfahrung bei Sugimotos Bildern um. Im Film laufen 24 Bilder in der Sekunde über die Leinwand. Demgegenüber zeigt sich ein Bild Sugimotos in eineinhalb oder noch mehr Stunden. Intellektuell wird die Zeit, die mit Ablauf der Betrachtung dieses einen Einzelbildes verstreicht, durch die Betrachter:innen also verlängert. Im Film verstreicht eine vierundzwanzigstel Sekunde, als Fotografie wiederum wird das Bild völlig unterschiedlich lange betrachtet und dadurch anders wahrgenommen. Dieser intellektuelle Verstehenszusammenhang wird erst durch die lange Zeitspanne der Belichtungszeit des weißen Rechtecks ermöglicht. Eine Erfahrung, die sich beim bloßen Vorbeilaufen an den Arbeiten nicht zwangsläufig einstellen muss. Die verführerische Suggestion einer unmittelbaren Zugänglichkeit fotografischer Einzelbilder, in denen sich, vermeintlich leicht konsumierbar verdichtet, vergangene Zeitpunkte gerahmt finden, zeigt im Moment des Verstehenszusammenhangs ebenfalls, dass hier undeutlich bleibt, wieviel Zeit vergangen ist, und dass die lange Weile nur vermittelt erfahrbar ist.

Nur langsam entfaltet sich eine Zeitwahrnehmung, welche zum einen die messbar ablaufende Zeit nachvollzieht, zum anderen diese Zeit als Zeit, die konträr oder zumindest unterschieden von der gemessenen Zeit verläuft, erfährt. Das Entscheidende ist somit nicht der plötzliche, singuläre und repräsentative Augenblick, den es nur mehr einzufangen und damit zu besitzen gälte. Vielmehr geht es um die in der Betrachtung sich entfaltenden, vielfältigen und oftmals widersprüchlichen Optionen der ästhetischen Erfahrung.[49] In dieser Erfahrung liegt folglich eine Öffnung der ästhetischen Wahrnehmungsmodalitäten, da sich in der Langsamkeit die beschriebenen multiplen Zeitlichkeiten auffächern. In diesen entfalteten Zeitlichkeiten lässt sich etwas spezifisch Zeitgenössisches wahrnehmen. Etwas Besonderes des uns umgebenden Allgemeinen. Und dieses Zeitgenössische geht natürlich weiterhin einher mit den sich stetig aktualisierenden, vielfältigen technischen Möglichkeiten, welche zur Produktion und damit auch zur Manipulation sowie zur Rezeption

49 Anhand der Arbeiten Sugimotos und gegen Henri Cartier-Bressons Suche nach dem einen entscheidenden, nur einzufangenden Augenblicks zeigt Köpnick, dass Zeit sich qua Manipulation zwar in Raum verwandeln lässt. Er macht darüber hinaus deutlich, dass »nothing should make us think that we could ever possess spatialized time like an object, stick it into our pocket so as to carry it home like a trophy. Space here is and remains as intractable as the flux of time.« Lutz Köpnick, On Slowness, New York 2014, S. 62.

benötigt werden. Das ästhetische Konzept von Zeit und Raum qua langer Weile, in der es um die Beeinflussung der Zeit(wahrnehmung) durch die Beschaffenheit der jeweils räumlichen Bedingtheit geht, beinhaltet, dass jedes subjektiv wahrgenommene ›Jetzt‹ nie ganz ein durch Andere subjektiv wahrgenommenes ›Jetzt‹ sein kann.[50] Konkrete Reflektion und entstehendes Zeitbewusstsein werden somit bei Sugimoto zwar, wie schon bei Lockhart und Serra, durch die lange Weile der Aufnahmezeit evoziert, jedoch nicht als Dauer erfahrbar. Die ästhetische Zeitlichkeit der Arbeit liegt ebenfalls in der langen Weile begründet, jedoch fällt diese weniger mit der vordergründigen Rezeptionszeit zusammen, sondern vermittelt sich erst im Nachhinein als solche, bereits befreit von jedweder negativen Konnotation der Langeweile als kaum aushaltbarer Dauer. Wo Serra die Darstellungszeit dessen, was erzählt werden soll, in einer einzigen Bildeinstellung erzählt und in oft nervenzehrender, langer Weile der Echtzeit ausbuchstabiert, erzählt Sugimoto in nur einem einzigen Bild die lange Dauer eines ganzen Spielfilms. Er wiederholt also nicht den Inhalt des Films, fasst diesen auch nicht gerafft zusammen, sondern verweist mit dem Kondensat eines einzigen Bildes auf die eigentlich verstrichene, im Bild maximal geraffte Zeit.

Auch Sugimoto nutzt die technische lange Weile der Aufnahmezeit als ästhetische Strategie der Langeweile, welche die ästhetische Erfahrung im Erscheinen des Bildes ermöglicht, wenn die Darstellungszeit der repräsentierten Zeit auf ein einziges Stand-Bild komprimiert ist. Im Gegensatz zu Serra muss hier jedoch keine Dauer ausgehalten werden, sondern sie erschließt sich als lange Weile erst im Verstehenszusammenhang der ästhetischen Erfahrung.

2.5 Langeweile als Lange-Weile

50 Das Konzept einer stetigen Aktualisierung von Zeit in Raum findet sich auch in der auf Einsteins spezieller und allgemeiner Relativitätstheorie basierenden physikalischen Erkenntnis, dass nicht nur die Uhren in den Bergen schneller ticken, dass demnach also (wenn auch minimal) mehr wahrgenommene Zeit zur Verfügung steht, aber mehr messbare Zeit vergangen ist, sondern auch, dass, im Vergleich zum ruhenden Objekt, für bewegte Objekte die Zeit langsamer vergeht. Die Grundlage für diese Aussage basiert auf Einsteins Relativitätstheorie, wurde aber jüngst von Forschern wie James Chin-Wen Chou, Richard Muller oder Carlo Rovelli anhand von empfindlich genauen Atomuhren aktualisiert, siehe dazu Albert Einstein, Über die spezielle und allgemeine Relativitätstheorie, Heidelberg 2001, sowie Richard Muller, Jetzt. Die Physik der Zeit, Frankfurt am Main 2018 und Carlo Rovelli, Die Ordnung der Zeit, Reinbek bei Hamburg 2018.

Die in diesem Kapitel aufgezeigte Langeweile in Form der wahrgenommenen Zeitdehnung in lange Weile trägt in ihren unterschiedlichen Erscheinungsformen zum Verständnis der ästhetischen Langeweile bei. Die verschiedenen Modifikationen lassen sich als gedehnte (Lockhart), reale (Serra) sowie kondensierte Zeit (Sugimoto) charakterisieren. So lassen die Bilder der in diesem Kapitel verhandelten künstlerischen Arbeiten sowohl ihre Gegenwärtigkeit als auch ihre vergegenwärtigte Vergangenheit durch die (im Fall von Lockhart und Sugimoto technisierte) Langatmigkeit der ihnen zugehörigen, schöpferischen Methoden aufscheinen. Sie gestatten in ihren je eigenzeitlichen Ambivalenzen einen verstörenden, da das innere Zeitempfinden als gestört zur mechanisch-verlaufenden Uhrzeit wahrnehmenden Blick. Die drei Künstler:innen verarbeiten auf verschiedene Art die Langeweile als lange Weile, als (gefühlte) Dehnung der Zeit. Sie zeigen auf unterschiedliche Weise (in der Verlangsamung einer kurzen Zeit, der Langsamkeit der Gegenwart, beziehungsweise der gegenwärtigen Vergangenheit, sowie der langen Dauer der in der Arbeit eingeschriebenen Produktionszeit), dass im Aushalten und ästhetischen Erfahren einer ästhetischen langen Weile neben der reinen aisthetischen Wahrnehmung der Verlangsamung einer als zu schnell wahrgenommenen Lebenswelt eben gerade nicht weniger geschieht als in der Kurzweil, sondern mitunter weit mehr. In der ästhetischen langen Weile von Langsamkeit und Dauer liegt, wie ich gezeigt habe, weniger ein Gegenpol zu den Beschleunigungstendenzen einer immanent fortschrittsgeleiteten Gegenwart, wie es die diversen Slow-Bewegungen propagieren, zu Kritisierendes auf diese Weise aber de facto sogar verfestigen. Vielmehr zeigt sich in der ästhetischen Erfahrung der Langeweile als Lange-Weile die Option einer kritischen Öffnung und Erweiterung der Wahrnehmungsmodalitäten:

So verweisen die in diesem Kapitel beschriebenen Arbeiten zunächst auf eine verwobene Geschichte von Fortschritt und Beschleunigung in einer Gegenwart der sich aktualisierenden technischen Möglichkeiten der Kommunikation, Bewegung sowie der Wahrnehmungserweiterung und -manipulation. Alle hier besprochenen Werke nutzen die technischen Möglichkeiten zur Manipulation der dargestellten Zeit und schöpfen aus dem einer chronologischen Zeit und Fortschrittsgeschichte inhärenten Verfall, aus dem Vergessen sowie der Erneuerung. Darüber hinaus ist weder der Strategie der Dehnung qua Verlangsamung (*Lunch Break*), der Dauer als Dauer der Echtzeit (*El cant dels ocells*) noch der Verdichtung durch Zeitraffung beispielsweise des Zerstreuungsmoments eines Kinofilms (*Theatres*) die reine Entschleunigung einer als beschleunigt wahrgenommenen Welt zuzuschreiben. In einer derartigen Perspektive verkäme die Kunst zum Wellnessort, an dem es sich gut von einer beschleunigten Außenwelt entspannen, zurückziehen ließe. Das missverstünde sowohl eine Gegenwart von Außenwelt als auch einer Kunst als ihr »Anderes«. Denn gerade in einer solchen Perspektive auf ein vermeintliches Außen vollzieht sich ein Wahrnehmungsfehler, ereignet sich mithin der Trugschluss, der die Unmöglichkeit eines vollständigen Entzugs gerade noch verschleiert und somit zugleich die zu kritisierenden Bedingungen zementiert. Vielmehr geht es um die in diesen Arbeiten wahrnehmbaren Optionen ästhetischer Raum-Zeit-Erfahrungen. Köpnick führt aus, dass

> the long take [...] has the unique ability to open an aesthetic space-time that cannot easily be subsumed to the protocols of neoliberal self-organization and strategic screen interaction. Long takes want to situate viewers in positions of reduced awareness of their ordinary surroundings.[51]

Diese Verbindung von Raum und Zeit in der ästhetischen Erfahrung ist in jeder der in diesem Kapitel behandelten Arbeiten inhaltlich sowie formal ersichtlich. Der Blick der Betrachter:innen wird ungewöhnlich verlangsamt, wodurch die Aufmerksamkeit restrukturierbar und refokussierbar wird. Es geht dabei aber weniger um Kontrolle qua Entschleunigung, wie ein aufgrund von Geschwindigkeit unkontrolliertes Automobil, das gedrosselt wird, um es wieder kontrolliert fahren zu können. Vielmehr evozieren die Arbeiten Lockharts, Serras und Sugimotos Veränderungen der Wahrnehmungsperspektiven jenseits von Kontrolle.

Über geschilderte Erfahrungen der Lange-Weile als Langeweile wird auch die binäre Logik von Kontrolle und Kontrollverlust hin zur (nicht zuletzt demokratischen) Notwendigkeit, Unsicherheit auszuhalten, aufgebrochen. Somit ermöglicht die Auseinandersetzung mit der ästhetischen Langeweile, die Erfahrung des Unvertrauten zuzulassen. Die künstlerischen Arbeiten der Gegenwart be- und umschreiben gerade nicht mehr stetige und sofortige Heilsversprechen durch Geschwindigkeit, sondern verschieben qua ästhetischer Lange-Weile die konkreten, ästhetischen Erfahrungen hin zu anderen Wahrnehmungsmodi, abseits

51 Köpnick, The Long Take, S. 141.

der permanenten Wettbewerbslogik und der Selbstregulierungs- und Optimierungstendenzen, welche mit dem Versprechen von Geschwindigkeit und Beschleunigung einhergehen. In den hier ausbuchstabierten, ästhetischen Formen der Langeweile als Lange-Weile, also als Verlangsamung, Dauer oder geraffter Zeit, liegen als Versprechen anderer, sich durch multiple und widersprüchliche Zeitlichkeiten entfaltender Wahrnehmungsmodi neuer Verbindungen von Raum und Zeit.

So erschafft die Langeweile-Form der Lange-Weile vorderhand einen Zeitbezug, insofern auf die Länge der Zeit verwiesen ist. Mit den hier diskutierten Arbeiten zeigt sich jedoch, dass die veränderte Zeitwahrnehmung der ästhetischen Langeweile insbesondere durch ihren räumlichen Charakter erfahrbar wird. Im folgenden Kapitel verhält es sich für das Dazwischen als Form der Langeweile entgegengesetzt: Denn das Dazwischen wird eine Verortung der Langeweile in den Zwischenräumen demonstrieren. Inwiefern dieser Raumbezug eine ästhetische Eigenzeiterfahrung der Langeweile darstellt, ist im Weiteren zu zeigen.

3. Langeweile als Dazwischen: leere Zeit, freie Zeit, Zwischenzeit

3.1 Einleitung – wenn – fast – nichts passiert

Die Stimmung der Langeweile versetzt das Subjekt der Gegenwart in ein Dazwischen. Dieses Dazwischen ist sowohl räumlich als auch zeitlich konstituiert. Schon im vorangegangenen Kapitel ließ sich feststellen, dass die Darstellung des Phänomens der Langeweile als ästhetische Lange-Weile nicht lediglich als Zeitverhältnis, sondern auch als Formverhältnis erfahren wird: Es zeigte sich, dass die Langeweile erst über ihre ästhetische Darstellungsform als lange Weile – als gedehnte, als gedehnt wahrgenommene sowie als geraffte Zeit – die multiplen und komplexen Zeitlichkeiten der Arbeiten zueinander ins Verhältnis setzt. Erst über ihre Darstellungsform, das bedeutet über die je eigene räumliche Verortung, werden dann die in den Arbeiten enthaltenen komplexen Zeitlichkeiten deutlich. Die vordergründige Bezugnahme der Werke auf den Topos Zeit ist somit eigentlich eine nachgelagerte Wahrnehmung: Die ästhetische Verräumlichung der Lange-Weile, die wahrgenommene wie technisch induzierte Dehnung und Kondensierung der Zeit, lässt die spezifischen, ästhetischen Eigenzeiten erkennen.

Die vielfältigen Verweiszusammenhänge der Arbeiten befinden sich nachgerade in deren räumlichem Bezügen und eröffnen darin die spezifischen Erfahrungen ästhetischer Langeweile (in der Gegenwartskunst). So lässt sich, mit Lepenies gesprochen, die Zeit im Raum wahrnehmen und erfahren, denn der Raum bildet »den Hinter-Grund für die Sprache und den Fix-Punkt, an dem orientiert erst die Langeweile sich bemerkbar macht.«[1] Eine ähnliche Hinwendung zum Raum im Kontext zeitlicher Erfahrung findet sich auch in den Gedanken Karl Schlögels.

1 Wolf Lepenies, Räume der Langeweile und der Melancholie, in: ders., Melancholie und Gesellschaft, Frankfurt am Main 1998, S. 115–171, S. 115.

Er plädiert dafür, sich ein Bild von der Welt zu machen, indem »wir beginnen, Raum, Zeit und Handlung wieder zusammenzudenken«, denn im *Raume lesen wir die Zeit.*[2]

Raumbezug ist für die ästhetische Erfahrung der Langeweile somit evident. In diesem Kapitel soll deshalb der Fokus direkt auf Orte und Räume der Langeweile gelegt werden. Sie stellen sich insbesondere im Dazwischen, das heißt als (Zeit-) Zwischenräume des Wartens, Pausierens und Unterbrechens dar. Hier soll untersucht werden, auf welche Weise die Ausrichtung der künstlerischen Arbeiten auf den Moment und Ort des Dazwischen die ästhetische Erfahrung der Langeweile ermöglicht. Künstlerische Arbeiten thematisieren oftmals jenes vermeintlich unernste, unproduktive, überflüssige, mithin zwecklose Dazwischen, das sich als leer, frei oder eben dazwischen erfahren lässt. Durch diesen Schwerpunkt wiederum werden die mutmaßlichen Grenzen von Produktivität, Kreativität und Sinnhaftigkeit verhandelt, wie im Weiteren zu zeigen sein wird. Alle drei in diesem Kapitel behandelten Arbeiten stehen im- oder explizit in Bezug zu den Arbeiten John Cages und seiner Beschäftigung mit der nicht-intentionalen und dabei autonomen Kunst sowie ihrer sozialen Situiertheit.[3] Auch Cage operierte dabei mit einem Dazwischen aus leerer Zeit, freier Zeit und Zwischenzeit, die, wie ich ausführen werde, sich allesamt als Formen der Langeweile des Dazwischen charakterisieren lassen. Darüber hinaus setzt sich Kunst mit Fragen nach dem Zeitvertreib in der Gegenwart auseinander – immanent als Zeitlichkeitsdiskurs, aber auch konkret als Zeitaufteilung des vorhandenen Zeitkontingents des (Künstler:innen- und Betrachter:innen-) Subjekts. Das Vertreiben und Aufteilen der Zeit verweist hier implizit auf ein Dazwischen: Denn wenn die Zeit vertrieben ist, öffnet sich zwischen den aufgeteilten Momenten, also jenen mit Handlung, Sinn und Zielsetzung konnotierten Zeitabschnitten, jener Raum, in dem vermeintlich (fast) nichts passiert. Die in diesem Kapitel behandelten, künstlerischen Arbeiten befassen sich mit diesem Moment und Ort des Dazwischen der Langeweile. Sie lassen es sowohl als quälend leere Zeit (Nauman), als freie Zeit (de Boer) sowie als Zwischenzeit (Eno und Wandelweiser) aufscheinen. Dabei zelebrieren und durchdringen sie das Dazwischen, verweilen darin oder bringen es

2 Karl Schlögel, Im Raume lesen wir die Zeit, München 2003, S. 24.

3 Siehe dazu John Cage, Silence, Frankfurt am Main 2011 sowie u.a. Daniel Charles, John Cage oder Die Musik ist los, Berlin 1979.

durch ihre eigene Form immer wieder hervor. Das Dazwischen als Zeit und Ort der vermeintlichen Leere und damit (wie zu argumentieren sein wird) als Zeit und Ort der Freiheit ist daher ebenfalls als weitere ästhetische Form der Langeweile zu beleuchten. Im Dazwischen wird sich auf besondere Weise jenem Zeit-Raum gewidmet, in dem nichts, oder eben fast nichts, passiert.

3.2 Dazwischen als leere Zeit – *Bruce Nauman*

Die Besucher:innen von *Mapping the Studio I (Fat Chance John Cage)*[4] könnten stundenlang, umgeben von sieben Video-Projektionen, auf denen sieben verschiedene Nachtsichtkameraaufnahmen aus dem Atelier des Künstlers in Galisteo, New Mexico zu sehen sind, zuschauen, was in der leeren Zwischenzeit anscheinend nur einer Nacht im Studio passierte: In den Videos ist das Mobiliar, bestehend aus einem Sessel, Farbeimern, Holzstücken und weiterem, undefinierbarem Kram zu sehen. Ab und an durchqueren Mäuse das Atelier. Eine Katze taucht hin und wieder auf und auch der Künstler selbst erscheint kurz, vermeintlich ohne künstlerisch tätig zu sein. In 42 Nächten nahm Bruce Nauman im Jahr 1999 je eine Stunde dieses Nicht-Geschehens in seinem Atelier auf. Nauman veränderte ungefähr alle sechs Tage die Position der Kamera und verarbeitete die dabei entstandenen 42 Stunden Filmmaterial zu der fünf Stunden fünfundvierzig Minuten langen Video-Installation *Mapping the Studio I (Fat Chance John Cage)*. Die Langeweile dieses Dazwischen stellt die Betrachtenden vor radikale Probleme der Langeweileerfahrung. Denn in der Arbeit passiert eigentlich wirklich nichts. Oder, wie nun schon so oft, fast nichts. Oder, wie dann noch öfter anzumerken ist, eigentlich schon so einiges.

Im DIA Center for the Arts in New York, wo die Arbeit erstmalig 2002 zu sehen war, wurden an drei von vier Wänden des Raums je zwei Bildsequenzen mit deutlich-räumlichem Abstand zueinander projiziert, die vierte Wand zeigte eine siebte Projektion. Wollte man die gesamte Abspiellänge des Materials sehen, hätte man fünf Stunden und fünfundvierzig Minuten verweilen müssen. Zwischen den Projektionen im Ausstellungsraum befanden sich die Besucher:innen sozusagen inmitten

4 Bruce Nauman, *Mapping the Studio I (Fat Chance John Cage)*, 2001, Video auf 7 Projektionen, 5:45 Std., DIA Foundation, New York.

des dargestellten Ateliers, »the studio«, konnten dem Titel so folgeleisten und es vermessen (mapping), durchaus auch mit ›kartographieren‹ zu übersetzen. Sieben Schreibtischstühle auf Rollen standen bereit und ermöglichten dem Publikum, sich vor den einzelnen Projektionen zu platzieren oder aus der Mitte des Raums den Überblick über die sieben Leinwände zu behalten.[5]

Die Installation verweist, wie ich im Weiteren argumentieren werde, auf ein vielfältiges Dazwischen einer leeren Zeit und eines leeren Raumes. Sie zeigt Aufnahmen, welche des Nachts im Atelier des Künstlers entstanden sind. Zum einen ist der Moment der Nacht, als Unterbrechung des Tages, bereits als ein Dazwischen zu lesen. Zum anderen wird die Zeit der Unterbrechung der künstlerischen Tätigkeit im und am Produktionsort der Kunst ausgestellt. Diese Zwischenzeit versteht sich ebenfalls als ein leeres Dazwischen. Die Betrachter:innen warten ihrerseits auf eine Veränderung in den sieben Projektionen. Eine Veränderung, die auf einen Schnitt des Filmmaterials hinweisen könnte, also auf etwas Ausgeschnittenes, die Zwischenzeit. Die Nähte und Bruchstellen der zusammengesetzten Fragmente werden somit selbst zu jenem Dazwischen, auf welches die Arbeit in meiner Lesart hindeutet. Darüber hinaus wird das Atelier des Künstlers zweifach als Zwischenort ausgestellt: Einmal als jener projizierte Ort der schöpferischen Schaffenskraft, an dem etwas erschaffen wird, das zuvor nicht da war, quasi Kunst als Mythos (und dabei gerade auch als Kritik an demselben) der creatio ex nihilo. Und zum anderen als jener Ort der Installation, an den das Atelier qua Projektion ›transportiert‹ wird. In die Installation lässt sich das Atelier so hineinimaginieren. Das, was

5 Im DIA Center for the Arts in New York wurde die Arbeit vom 10.1. bis 27.7.2002 erstmalig ausgestellt. Weitere Versionen wurden 2002, dann betitelt als *Mapping the Studio II with color shift, flip, flop & flip/flop (Fat Chance John Cage)*, ebenfalls im DIA Center for the Arts ausgestellt, bzw. *Mapping the Studio I (Fat Chance John Cage) All Action Edit* für die Friedrich Christian Flick Collection im Hamburger Bahnhof, Berlin und *Mapping the Studio II with color shift, flip, flop & flip/flop (Fat Chance John Cage) All Action Edit* für das Walker Art Centre in Minneapolis. In *Mapping the Studio II (Fat Chance John Cage)* und *Mapping the Studio II with color shift, flip, flop & flip/flop (Fat Chance John Cage) All Action Edit* sind manche der Sequenzen aus der ersten Version in blau, rot und grün eingefärbt, die Bilder sind schräg projiziert oder auf dem Kopf stehend dargestellt, so dass eine weitere, künstliche Verfremdung, auch durch die zeitlich in sich verschobene Perspektive erzeugt wird. Aus Gründen der Zuordenbarkeit beschränkt sich die Beschreibung der Arbeit trotz ihrer vielfältigen und gleichzeitig entstandenen Versionen auf die erste Version *Mapping the Studio I (Fat Chance John Cage)*.

die Zuschauer:innen als Installation begehen, ist der nicht gänzlich greifbare Moment des Dazwischen dieser künstlerischen Arbeit selbst.

Mit der (sicher nicht frei von Ironie gemeinten) Hommage an Cage verweist Nauman direkt auf das Dazwischen der leeren Zeit. Ein solches Dazwischen der leeren Zeit fasse ich im Weiteren als anwesende Abwesenheit. So ist die vermeintliche Abwesenheit des Künstlerischen im Atelier zugleich Teil des ausgestellten und damit anwesenden Kunstwerks *Mapping the Studio I (Fat Chance John Cage)*. Die Installation thematisiert über den Verweis auf Cage den Moment des Dazwischen als ›Leere Zeit‹. So kann, in Anlehnung an Johann Gottlieb Fichte, jene Zeit genannt werden, »welche zwischen die durch ernsthafte Beschäftigungen ausgefüllte Zeit in der Mitte gesetzt wird.«[6] Die »ernsthafte Beschäftigung« ist demnach dann das Andere der nicht-leeren Zeit. Eine Beschäftigung, welche die Zeit ausfüllt und somit zu einer Art der nicht leeren, sondern ausgefüllten und damit erfüllten Zeit erhebt. Wenn Cage in der Partitur zu seinem Stück *4'33* angibt, in den titelgebenden vier Minuten und dreiunddreißig Sekunden keinen Ton zu spielen, handelt es sich genau um jene leere Zeit, »zwischen die durch ernsthafte Beschäftigungen ausgefüllte Zeit in der Mitte gesetzt wird«, auf die sich Nauman mit seiner Hommage an Cage bereits durch den Titel der Installation bezieht.[7]

Der begleitende Sound in Naumans Arbeit ist der nächtlichen, ›leeren‹ Atmosphäre des Ateliers entnommen. Diverse Tonfragmente lassen einen Kojoten, einen Wasserkocher, den Regen oder auch das Summen der Fliegen vernehmen. Zu hören ist eine Leere, die immer wieder von Geräuschen, die damit die Leere unterstreichen und rahmen, unterbrochen wird: Das Rascheln von Mäusen, Tapsen und Miauen einer Katze, Flattern der Motten, ein die Stille durchbrechendes Bellen von Hunden im Außenbereich des Hauses, Wind, Regen und das Geräusch eines entfernt vorbeifahrenden Zuges begleiten die monotone Leere und Stille einer Nacht im dann anscheinend nicht genutzten Atelier. Zwischen diesen verschiedenen akustischen Signalen und Unterbrechungen wird die Stille als Leere überhaupt erst in ihrer ganzen Monotonie fassbar. Die Unterbrechungen der Stille sind zugleich akustischer Ausdruck eines ungeplanten Geschehens, dem keinerlei dramaturgische Inszenierung

6 Johann Gottlieb Fichte [1804/5], Die Grundzüge des gegenwärtigen Zeitalters, Berlin 2014, S. 244.

7 Ebd.

anhaftet. Das durch Nauman in dieser Arbeit thematisierte Dazwischen ermöglicht somit auch die Konzentration auf das, was passiert.[8] Die leere Zeit, welche Teile der Aufnahmen wie Standbilder erscheinen lässt, scheint erst durch den Fokus auf das, was geschieht, wirklich in ihrem Verstreichen und Vergehen begriffen werden zu können. So sind in der Videoarbeit ab und an Lichter zu sehen, die wahrscheinlich von vorbeifahrenden Autos stammen und durch die Fenster ins Innere des Ateliers dringen. Die Wahrnehmung des Standbilds wird erst durch die Bewegung des Lichts irritiert. Die visuelle Leere des Nicht-Geschehens wird hier durchsetzt von Augenblicken, in denen zu sehen ist, dass etwas geschieht. Erst mit dem oszillierenden Fokus auf ein Dazwischen, das sowohl die Unterbrechungen als auch die Leere bedeuten kann, wird die Leere als vermeintlich leere Zeit wahrnehmbar. Die durch Videoschnitte erfahrbaren räumlichen Veränderungen stehen in unmittelbarer Beziehung zu der Zeit. Während der Aufnahmezeiten wurden Möbel verrückt und das Inventar verändert. Das Vermessen des Raums verweist seinerseits also auf ein Vermessen der Zeit. Raum und Zeit werden hier mit Fokus auf ein mögliches Dazwischen auf das Genaueste untersucht.

Die Langeweile dieser Zwischenzeit beinhaltet dabei durchaus interessante Aspekte. So erscheinen aufgrund der Infrarottechnik der Nachtsichtkameraaufnahmen die grau-grünen Projektionen wie Überwachungsdokumente, die sie originär ja auch sind – um eine Mäuseplage im Atelier des Künstlers zu beobachten.[9] Die Überwachung vollzieht sich dabei einerseits durch die Videoaufnahmen, andererseits durch Betrachtung der Installation durch das Publikum und auch durch die Beobachtung des Publikums seiner selbst, wie ich im Weiteren ausführen werde. In einer ersten Instanz wird Video-Überwachungsmaterial aus-

8 Wiederum ähnelt dieses Verfahren einigen Arbeiten John Cages, wenn jener der Stille Gehör verschafft und zugleich die Unmöglichkeit absoluter Stille vorführt, indem er sie als vermeintlichen Zwischenmoment ›leerer‹ Zeit nicht instrumentiert. Cages Musikstück 4'33 ist eine Komposition aus drei Sätzen, jedoch gänzlich ohne Noten. Die Partitur beschränkt sich auf die Spielanweisung tacet, also die Aufforderung an die Instrumentalist:innen, das Spielen zu unterbrechen. Insofern besteht das Musikstück aus einer erzeugten Stille des unterlassenen Spiels und aus Umgebungsgeräuschen des Aufführungsortes.

9 Siehe Bruce Nauman, Tausend Worte: Bruce Nauman spricht über »Mapping the Studio«, in: Christine Litz (Hrsg.), AC: Bruce Nauman. Mapping the Studio I (Fat Chance John Cage), Köln 2003, S. 9–11. Auch hier zeigt sich, wie aus Überfluss Langeweile entstehen kann, »They were so plentiful even the cat was getting bored with them«, was ich im fünften Kapitel dieser Arbeit aufgreifen werde.

gestellt, welches Aufnahmen des nächtlichen Ateliers aus unterschiedlichen Perspektiven darstellt. Dass diese Darstellung, Wiedergabe und Ausstellung des Überwachungsmaterials selbst bereits manipuliert ist, ergibt sich als Erkenntnisgewinn einer weiteren Überwachung, in Form der langwierigen Betrachtung der Installation dieses Dazwischen durch das Publikum: So kann die aufmerksame Betrachterin nach längerer bis langwieriger Betrachtung der in sich als durchaus langweilig zu beschreibenden Videoprojektionen leichte Veränderungen in den Perspektiven auf das Atelier sowie ein verschobenes Mobiliar wahrnehmen. Daraus lässt sich auf verübte Tätigkeiten, die das Verrücken von Mobiliar und Kamera zur Folge hatten, schließen. Es wird deutlich, dass Zeit vergangen sein muss, diese in den Videoprojektionen aber ausgespart wurde. Durch diese Irritation verlagert sich der Betrachtungsfokus auf ein der Betrachtung nicht Greifbares, auf das, was dazwischen liegt, die leere Zwischenzeit. Bei sehr langer Betrachtung der Arbeit als ausgehaltener Langeweile tritt durch den Fokus auf diese Leere die Produktion und Komposition, mithin die Gemachtheit der Arbeit hervor und es zeigt sich, dass alle sieben Videoprojektionen zusammengeschnitten sind. Das Auftauchen der Mäuse, das verrückte Mobiliar und die Lichter an den Wänden sind dabei Hinweise auf Zwischenmomente, auf etwas, was zwischen den sichtbaren Teilen der Videoprojektion dieser Echtzeitaufnahmen geschieht.

Darüber hinaus werden die Betrachtenden, die durch die Beobachtung der Filmaufnahmen einer vermeintlichen Überwachung beiwohnen, ihrerseits in ihrer Überwachung von Raum und Zeit gesteuert: Ihr vermeintlich sicherer, weil alles erfassender und dadurch verstehender, aber doch getäuschter Blick manipuliert seinerseits die Zeit- und Raumwahrnehmung. Werden in der Arbeit also Überwachungsaufnahmen ausgestellt, lässt sich vermeintlich etwas beobachten, was sonst dem Blick entzogen wäre. Mit der ausgestellten Infrarotaufnahme geht zunächst eine Spektakelerwartung einher, die weniger subjektive denn gängige, gesellschaftliche Erwartungshaltungen und Sehgewohnheiten abbildet, auf die Nauman mithin verweist. So scheint mit Überwachungsaufnahmen die Hoffnung verbunden, dass vermeintlich mehr zu sehen, zu entdecken, zu verstehen sei, als ohne. Der Moment der Abwesenheit im Dazwischen, also jene Zeit zwischen den durch Anwesenheit kontrollierten Zeitabschnitten, soll auf Überwachungsvideos ebenfalls kontrolliert und im Auge behalten werden, um zu sehen, was sonst unsichtbar wäre. Es werden in der Installation somit nicht nur

Zwischenräume und Zwischenzeiten thematisiert, sondern es lässt sich ein doppelter Effekt auf das Publikum ausmachen: Einerseits kann das Ausgestellte und Dargestellte beobachtet und die Verbindungen und Verweiszusammenhänge erfasst werden. Andererseits kann während der Installation auch eine Selbsterkenntnis als Wahrnehmungsirritation und -erweiterung stattfinden.[10]

Im Fall von *Mapping the Studio I (Fat Chance John Cage)* wird diese Erwartungshaltung noch erweitert. Denn um doch etwas zu entdecken, muss die Videoinstallation, also die Überwachung des ausgestellten Dazwischen, sehr lange ausgehalten werden. Im langwierigen Verweilen vollzieht sich zugleich eine weitere Umkehrung: Denn im Verweilen lässt sich das ausgestellte Dazwischen kaum mehr als jene Unterbrechung wahrnehmen, die es eigentlich darstellt. Sei es die Unterbrechung der täglichen Tätigkeit im Künstleratelier durch nächtliche Pausen des Nichtstuns, seien es jene des Alltags der Besucher:innen im Galeriebetrieb. Die Dauer der Videoprojektionen verwandelt das Dazwischen zu einem Zeitabschnitt, welcher durch Tätigkeit und Alltag unterbrochen wird. Ein Fokus, der gewöhnlich auf Produktionen und Tätigkeitszeiten läge, wird mit fortschreitender Verweildauer in der Installation auf die leere Zeit des Dazwischen geschoben. Das, was in diesem Dazwischen wiederum geschieht, was wahrzunehmen, zu verhandeln und zu erfahren ist, die Realität als Gegenstand der Kunst, ist somit nicht in heimlichen, versteckt gedrehten Überwachungsvideos zu entdecken, sondern gerade im unangenehmen Aushalten – nicht nur der Dauer – sondern des Zwischenmoments selbst, in dem – nur fast – nichts geschieht.[11]

10 Ähnlich der Unterscheidung zwischen Beobachtung erster und zweiter Ordnung bei Niklas Luhmann, in der das ›was der Beobachtung‹ als Beobachtung erster Ordnung und das ›wie der Beobachtung‹ als Beobachtung zweiter Ordnung differenziert wird und sich in der Beobachtung zweiter Ordnung die Beobachtung erster Ordnung erweitert. Agamben drückt dies poetischer aus, wenn er schreibt: »Es ist, als ob jenes unsichtbare Licht, die Dunkelheit der Gegenwart, seine Schatten auf die Vergangenheit werfen würde und diese, vom Schattenstrahl getroffen, die Fähigkeit erhielte, den Dunkelheiten der Gegenwart zu antworten.« Giorgio Agamben, Was ist Zeitgenossenschaft?, in: ders., Nacktheiten, Frankfurt am Main 2010, S. 21–36, S. 35.

11 Ganz ähnlich führt Michael Haneke das in *Cachè* (2005) vor. Dort, wo ein anonym gedrehtes Überwachungsvideo des eigenen Hauseingangs zum Unbehagen einer ganzen Familie führt, ist das Unheimlichste daran doch, dass auf dem Video nichts Unheimliches, nichts von der Norm Abweichendes geschieht oder zu sehen ist.

Die Installation macht deutlich, dass Raum und Zeit zueinander in Verbindung stehen, dass die Raumanordnung in der fast interaktiv begehbaren Installation nicht eins zu eins auf die reale Raumanordnung des dargestellten Ateliers übertragbar zu sein scheint. Sie wurde verfremdet und im Ausstellungsraum auf neue, andere Weise vermessen. Anders als aufgrund der Leinwandanordnung im Ausstellungsraum zu vermuten und nicht wie durch die im Titel angeführte Tätigkeit des »Mapping the Studio« anzunehmen, zeigt sich, dass die Projektionen keine 360-Grad Perspektive des Ateliers von einem mittleren Punkt aus wiedergeben. Vielmehr benennt Nauman in einer Beschreibung zum Zustandekommen der Arbeit die tierischen Protagonisten, die Katze und die Mäuse als Vermesser des Ateliers: »It might be interesting to let the animals, the cat and the mice, make the map of the studio.«[12]

Zugleich erscheinen die Mäuse, sobald sie den Bildrand einer Projektionsfläche verlassen, nicht auf der angrenzenden Leinwand. Sie verschwinden, tauchen gar nicht oder (vielleicht) wieder an anderer Stelle und zu anderer Zeit auf. Denn die für die Aufnahmen benutzten Videokassetten geben die Aufnahmedauer von einer Stunde vor, so dass eben nur 60 Minuten gedreht werden konnte und sich auf jeder Aufnahme somit, mal minimal mal auffallend divergierend, etwas in der gefilmten und dann ausgestellten Raumanordnung modifiziert. Der Raum ist weiterhin derselbe leere und, wie erörtert, weder gänzlich derselbe noch leere Raum. Während gerafft viel Zeit abläuft, geschieht räumlich also – fast – nichts. Der immer selbe Raum dehnt sich in der gerafften Zeitassemblage.[13] Darüber hinaus wird deutlich, dass der auf den sieben Videoprojektionen dargestellte Raum nicht nur zeitlich fragmentiert gefilmt wurde, sondern dass auch die einzelnen Videoprojektionen keine zeitlich zusammenhängenden Nachtaufnahmen darstellen. Vielmehr sind die sieben Projektionen aus vielen zeitlich und räumlich inkohärenten Partikeln zusammengestellt. Raum und Zeit sind in den sieben Projektionsflächen daher nicht zueinander gehörig.

Im Verlauf der eigenen Beobachtung wird klar, dass die Betrachtungszeit entgegen erster Annahmen keinesfalls mit der von der Arbeit dargestellten Zeit kongruent ist. Die Eindeutigkeit der eigenen

12 Nauman, Tausend Worte, S. 9.

13 Zu den Bildern Sugimotos findet die lange Weile hier ihr Reziprok: Während bei *Theatres* die gedehnte Zeit in genau einem Bild räumlich gerafft wird, ist bei Nauman der Raum in einer gerafften Zeit gedehnt.

Wahrnehmung von Raum und Zeit wird durch die Verzerrung jenes angenommenen Zwischenraums in Raum und Zeit beschädigt. Durch die Wahrnehmungsirritation findet somit eine Neuanordnung unhinterfragter, sicher geglaubter Wahrnehmungsmuster statt.[14]

Das Atelier als projizierter Raum ist nach Beatrice von Bismarck die logische Geste einer Zusammenfassung von Fragen nach Autorenschaft – und, damit zusammenhängend, nach Öffentlichkeit, Raum, Zeit, Definition von künstlerischem Schaffen und Videovariationen, die den Künstler seit jeher umtreiben. Sie verortet die Wahl des Ateliers als Motiv der Arbeit kunsthistorisch, denn das »Atelier gilt seit der Romantik weniger als Werkstatt, als handwerkliche Produktionsstätte von Künstler/innen, als vor allem als geniebestimmter Ereignisort.«[15] Das Atelier als Schaffensort des Künstlers ist somit auch der gesellschaftlich romantisierte Ort zwischen Allgemeinem und Besonderem, zwischen Alltag und Museum. Eine Zuschreibung, die Nauman mit seinen Arbeiten infrage stellt. Im Atelier wird nach dieser Vorstellung Kunst erschaffen, die die Zwischenräume, Inkongruenzen und Bruchstellen in der Gesellschaft aufzeigt. Die Projektion einer Aufnahme dieses ›Ereignisorts‹ künstlerischer Schöpfung in *Mapping the Studio I (Fat Chance John Cage)* vermittelt demnach vorderhand eine romantisierte Nähe zum künstlerischen Arbeitsprozess. So, als ob dieser in Form einer langen Verweildauer im Atelier selbst erfahren werden könnte. Man begibt sich in der Installation in ein diffus schöpferisch aufgeladenes Dazwischen, in dem jener überhöhte, schöpferische Akt geschieht. Zugleich geschieht gerade – fast – nichts.

Zwar sind auch Ereignis- und Betrachtungsort nicht deckungsgleich – die Installation ist nicht das Atelier. Und doch besteht in der Betrachtung, Begehung und mithin Erfahrung der Installation ein erheblicher Anteil der Arbeit selbst, wird erst in der Begehung der Installation

14 Möglicherweise steht das »I« im Titel der Arbeit nicht nur für die erste Version (I), sondern für das in der Videoinstallation fehlende Künstler-Ich, sodass es letztlich dieser selbst ist, der durch manipulierte, aus 42 Stunden Filmmaterial ausgewählte und editierte Sequenzen sein Atelier darstellt und im Ausstellungsraum neu vermisst. Zwar werden die Betrachtenden qua Aktion der Betrachtung zum Teil des *»Mapping the Studio«* und vermessen somit in je singulärer Betrachtung den dargestellten Ort. Aber es ist ein konzipiertes, arrangiertes und durch den Künstler kontrolliertes Vermessen, welches sich nur anscheinend selbstständig, in singulärer und individueller Betrachtungstätigkeit vollzieht. Eine solche Aufmerksamkeit wird somit sowohl als manipulierende Kontrollstrategie als auch als Ort des Widerstands und Entzugs ausgestellt.

15 Beatrice von Bismarck, Hinter dem Studio. Bruce Naumans Auseinandersetzung mit dem Atelierraum, in: *TEXTE ZUR KUNST* (49/2003), S. 38–43, S. 39.

die ästhetische Erfahrung, in Form all jener hier zusammengetragenen Verweiszusammenhänge, möglich. Die Installation führt zu einer Invertierung des über Produktion und Repräsentation Erkannten und lässt notwendig das Scheitern einer reinen Produktions- beziehungsweise Repräsentationsästhetik zu Tage treten: Das künstlerische Tätigsein am Tatort des Geschehens, im Künstleratelier, wird gerade nicht gezeigt, sondern vermittelt sich über die Erfahrung der Zeitmodi, welche sich besonders deutlich aus den im Video minimal verschobenen Einrichtungsgegenständen ergeben. Die Abweichungen, welche sich im nicht greifbaren Dazwischen ereignen, verweisen zwar weiterhin auf den Künstler, weisen aber mit Hinweisen auf dieses Dazwischen auch über ihn hinaus. Dies liegt wiederum nicht nur an dessen einfacher Abwesenheit im Atelier – ist doch gerade die Abwesenheit des Künstlers oft genug Teil eines fertigen, ausgestellten Kunstwerks.

Nauman hat sich in den vergangenen 40 Jahren häufig als anwesend-abwesendes Künstlergenie inszeniert. Daher sticht dessen gezielte Abwesenheit in *Mapping the Studio I (Fat Chance John Cage)* einem mit seiner Arbeit vertrauten Kunstpublikum umso deutlicher ins Auge. Die inszenierte Abwesenheit des Künstlers verweist, gerade aufgrund der kunsthistorischen Verortung dieser Arbeit innerhalb des Œuvres auf ein Dazwischen, als Zeit und Raum zwischen Zeiten und Räumen der (vermeintlich kreativen, weil produktiven) Anwesenheit. Die Abwesenheit im eigenen Atelier kann somit auch als ein passivierender Entzug(sversuch) gegen Präsenzdominanz und Produktionsimperative der Gegenwart (nicht nur des Kunstbetriebs) gelesen werden. Die Arbeit verhandelt auf diese Weise das Immaterielle sowie Unproduktive und konterkariert den geniehaften Schöpfungsmythos als Kritik am Kreativitätsdispositiv, welches sich mit der Projektion eines entsprechenden Ereignisorts, dem Atelier, verbindet. Dabei widersetzt sich *Mapping the Studio I (Fat Chance John Cage)* zugleich jedwedem pädagogischen Fingerzeig des moralischen Ausbuchstabierens, indem die Abwesenheit des Künstlers gerade als Entzug aus dem Spektakel einer Kommunikationsgesellschaft vollzogen wird, wie Ursula Frohne formuliert.[16]

16 Kommunikationsgesellschaft ist bei Frohne ganz im Wortsinn gemeint, also eine auf Kommunikation hin ausgerichtete Gesellschaft. Vgl. Ursula Frohne: Maßlose Langeweile: Zur Produktion von Passivität und Leere in Bruce Naumans Videoinstallation Mapping the Studio I (Fat Chance John Cage), in: Doris Schuhmacher-Chilla/ Julia Wirxel (Hrsg.), Maß oder Maßlosigkeit. Kunst und Kultur in der Gegenwart, Oberhausen 2007, S. 227–250 sowie von Bismarck, Hinter dem Studio, S. 40.

Auf der Suche nach Rissen und Brüchen innerhalb des Kreativitätsdispositivs der Gegenwart beschreibt Andreas Reckwitz mit dem Begriff der »profanen Kreativität« ein künstlerisches Phänomen der Abwesenheit, das sich im Gegensatz zu Geniekult, Vergleichs- und Wertlogik ohne Produzenten und ohne Rezipienten als alltägliche, »lokale, situative kreative Praxis« allgegenwärtig ereignet.[17] Gegen Kant wird ästhetische Praxis hier nicht mehr als bewusstes Handeln aus Freiheit für ein Publikum verstanden, sondern vollzieht sie sich in bewusster Wahrnehmung der Umwelt, sich darin vollziehender »Alltäglichkeit individueller, scheinbar banaler Verrichtungen«, Praktiken und Netzwerke.[18] Im Alltäglichen, weder mit erkennbaren Produzent:innen noch notwendigerweise Rezipient:innen, ereignet sich dann jene profane Kreativität, die sich dem Produktions- und Kreativitätsimperativ zu entziehen vermag. Im Zwischenbereich von An- und Abwesenheit bleibt Nauman so zwar weiterhin als Autor der Installation erkennbar und damit auch jenes kreative Künstlergenie, welches letztlich als Produzent das leere Nichtstun im nur vermeintlich unproduktiven Atelierraum ausstellt. Doch der Ort, das Atelier, an den das Publikum durch den installativen Aufbau versetzt und an dem es mit der leeren Zeit im leeren Raum alleingelassen wird, setzt in Form des Urteils ›banal, profan und unorginell‹ einen direkten Bezug zur sinnstiftenden Erwartungshaltung. Die diese Erwartungshaltung zurückweisende Leere von *Mapping the Studio I (Fat Chance John Cage)*, die sich jedem Originalitätsanspruch und Regime des Neuen durch das Bewusstsein des Fehlens zu entziehen vermag, negiert ein solches Regime jedoch nicht, sondern bewahrt es in der spezifischen Form und Inhalt dieser künstlerischen Arbeit weiterhin auf, transformiert es.

Zugleich erfährt die Rezipientin in *Mapping the Studio I (Fat Chance John Cage)* das unangenehme Gefühl einer quälenden Langeweile, resultierend aus jener Leere, die nicht auszuhalten ist, die gefüllt zu werden verlangt. Über eine lange Weile geschieht in den Videoprojektionen wenig bis nichts und selbst das geschulteste Publikum kann sich diesem Dazwischen der Leere und der darin evozierten, quälenden Langeweile nur bedingt lange aussetzen. Das bedeutet, dass die ästhetische Reflexion in der Alleingelassenheit im leeren Dazwischen nicht automatisch zu einer kontemplativen, also sinnstiftend-erfüllenden Erfahrung des leeren Da-

17 Andreas Reckwitz, Profane Kreativität, in: Die Erfindung der Kreativität, Berlin 2012, S. 358–362, S. 359.

18 Ebd.

zwischen führt. Im Gegenteil kann und wird sie als jene Leere erfahren, die nicht aufgefüllt und mit Sinn gesättigt wird. Die Langeweile des Dazwischen in *Mapping the Studio I (Fat Chance John Cage)* ist dann zuvorderst eine Raumerfahrung, die einer dichotomen Unterteilung in leer/gefüllt – und hier bedeutet das zugleich in unproduktiv/produktiv – unterliegt. Die Unterteilung des Raums vollzieht sich dabei analog zur Unterteilung der Zeit in jene der produktiven Arbeits- und jener der unproduktiven Freizeit. Jener Freizeit, in der sich das Publikum einer quälenden Langeweile in Naumans Installation aussetzt. Im möglichen Erleben des Nicht-Aushalten-Könnens dieser quälenden Langeweile des Dazwischen als leerer, da unproduktiver Zeit der Freizeit im Künstleratelier kann jedoch deutlich werden, dass die vermeintliche freie Zeit, als frei von der Arbeit, von dieser immer noch fremdbestimmt und somit alles andere als frei ist. Die Fremdbestimmung vollzieht sich hier nicht durch den Künstler, der die zeitlichen wie räumlichen Parameter der Installation bestimmt, die es auszuhalten gilt. Denn das Publikum ist weiterhin freiwillig in der Ausstellung und kann sich nach Wunsch aus dieser entfernen. Und da es (oftmals in und während der eigenen Freizeit) ohne Zwang die Galerie besucht, scheint es eine Unterhaltungserwartung mitzubringen, einer Programmierung des Bewusstseins durch die Kultur- und damit Freizeitindustrie zu gehorchen, deren Nichterfüllung in der negativen Stimmung quälender Langeweile münden kann.

In dieser Stimmung steckt (trotz aller unerfüllten Erwartungen) die mögliche Erkenntnis, dass die eigene, vermeintlich freie Zeit der Freizeit durch ihr Reziprok der unfreien Zeit, das der Arbeit[19] bestimmt ist. Schon Adorno konstatierte: »Freizeit ist an ihren Gegensatz gekettet.«[20] Die Zeit des hier dargestellten Dazwischen ist somit leer und quälend. Naumans oben beschriebener Entzug aus dem dichotomen Verständnis von Produktivität und Unproduktivität, also Arbeits- und Freizeit, verweist somit auf Adornos kulturpessimistische Version einer Zukunft der Freizeit, welche weniger Freiheit als Abhängigkeit vom dichotomen Verständnis zur Arbeit verspricht, wenn er bemerkt:

> Freizeit tendiere zum Gegenteil ihres eigenen Begriffs, werde zu dessen Parodie. In ihr verlängert sich Unfreiheit, den meisten der unfreien Menschen so unbewußt wie ihre Unfreiheit selbst.[21]

19 »und zwar, darf man hinzufügen, die fremdbestimmte.« Fußnote kürzen, Adorno, Freizeit, S. 650ff.

20 Ebd.

21 A.a.O., S. 646.

Langeweile, die die Betrachterin von *Mapping the Studio I (Fat Chance John Cage)* ereilt und die nach Erfüllung sucht, fungiert mit Adorno als »Komplement« der unbewusst-unfreien Arbeitszeit.[22] Im zu schnellen Nachgeben der Stimmung der quälenden Langeweile, also im Nichtaushalten und Ausfüllen in Form der diversen Zerstreuungsoptionen und -Angebote der Kulturindustrie, wird die eigene Freizeit vermeintlich effizienter, produktiver und dabei stets kreativer ausgefüllt und erfüllt. Doch entgeht man in einem solchen, zu schnellen Nachgeben auch der möglichen Erfahrung der Abwesenheit der Freiheit in eben jener Freizeit. Die quälende Langeweile des Dazwischen in *Mapping the Studio I (Fat Chance John Cage)* wird zum immateriellen (Negativ-)Abdruck dieser Abwesenheit.

Für Lepenies wird eine derart quälende Langeweile sogar zum Marker von Freiheit, wenn er schreibt »Langeweile […] kennzeichnet vielmehr einen Rest von Privatheit im Plan, von Spontanität im Nichtstun.«[23] So sieht auch er die Unterteilung und Verplanung von Zeit in Freizeit und Arbeitszeit als problematische Entwicklung der Gesellschaft. Auch für ihn erzeugt »die rigorose Ordnung« der Gesellschaftsplanung, der auch die Unterteilung in Arbeits- und Freizeit unterliegt, Langeweile. Doch verortet er in dieser gerade »den Stachel der Unzufriedenheit.«[24] Lepenies zeigt auf, wie die »Idee des Plans die Langeweile [verbietet], weil sie die ›Leer-Stellen‹ enthüllt, welche der Plan zu berücksichtigen vergaß.«[25] Anhand verschiedener Gesellschaftsentwürfe macht er deutlich, dass Langeweile in der Idee des Plans verpönt ist, gerade weil in ihr jener Rest der Privatheit und Spontanität schliefe, der nicht planbar und damit kontrollierbar wäre. Lepenies konstatiert, dass die Räume der Langeweile bewusst versperrt wurden:

> Leerräume sind nicht vorhanden und freie Zeit auch nicht: so ist die Langeweile fern, weil ihr nach der Intention der Planer kein Raum zur Verfügung steht und keine Zeit, in welchen sie sich abspielen könnte.[26]

22 Theodor W. Adorno, Spielverderber, in: ders., Minima Moralia. Reflexionen aus dem beschädigten Leben, Frankfurt am Main 2003, S. 198–201, S. 199.
23 Lepenies, Melancholie und Gesellschaft, S. 121.
24 A.a.O., S. 125.
25 A.a.O., S. 124.
26 A.a.O., S. 121.

Raum und Zeit, die in *Mapping the Studio I (Fat Chance John Cage)* in der Leere des ästhetischen Dazwischen zur Verfügung stehen. Durch das Aufrechterhalten einer angespannten Langeweileerfahrung richtet sich das Augenmerk auf jene Ambivalenzen und Verkettungen, von denen Lepenies schreibt. Es scheint, dass es eine in der Erfahrung des Dazwischen als Leere nicht verscheuchte, sondern ausgehaltene Langeweile sein kann, die diesen Umschwung von Freizeit in Freiheit, in der Kunst (und erst einmal nur dort), zu realisieren vermag.

Die interessante Frage, wie Freizeit in realisierte Freiheit umschlägt, liegt demnach in der zuvor skizzierten, dialektischen Vermittlung einer ästhetischen Erfahrung von ästhetischer Langeweile im Verhältnis von Fülle und Leere: So verstellt mit Adorno die quälende Langeweile die Wahrnehmung der Unfreiheit, da sie als Stimmung, der sich sofort zu entziehen nötig wäre, erfahren wird. Mit Lepenies ermöglicht Langeweile zugleich, Freiheit als Abwesende, als Negativabdruck zu vernehmen. *Mapping the Studio I (Fat Chance John Cage)* ermöglicht eine ästhetische Langeweileerfahrung, die sich nicht in Illustrationen der Unfreiheit vollzieht. Die Arbeit eröffnet und verhandelt ein Dazwischen, in welchem Langeweile ausgehalten und ästhetisch erfahren werden kann. In der so erzeugten Spannung liegt das Potential, die Abwesenheit der Freiheit erfahrbar werden zu lassen (und nicht per Fingerzeig zu illustrieren) und zugleich den Zerfall von ganzheitlichen Sinnzusammenhängen zu offenbaren.[27] Im Dazwischen der leeren Zeit in *Mapping the Studio I (Fat Chance John Cage)* wird die Abwesenheit der Bedürfnisproduktion wie -befriedigung ausgestellt, wie ich sie hier als Praktik der Langeweile beschreibe. Diese kaum aushaltbare, gähnende und leere Zeit schlägt im besten Fall in der Erfahrung der Kunst um in eine freie Zeit der Freiheit, wie ich sie im Folgenden mit Manon de Boers Videoarbeit *An Experiment in Leisure* erörtere.

27 Seine pessimistische These totaler Integration von Bewusstsein und Freizeit in der Gleichsetzung von Kulturindustrie und Konsumentenbewusstsein revidiert Adorno zaghaft im Spätwerk *Kulturkritik und Gesellschaft*. Dort schreibt er, dass doch »eine Chance von Mündigkeit sichtbar wird«, eben weil der Fakt der fortbestehenden, tragenden Widersprüche der Gesellschaft »den Menschen zuviel würde«, somit die Differenz zwischen Bewusstsein und Konsumentenbewusstsein erfahrbar bliebe. Jene Differenz ist es, welche in der nicht aushaltbaren Langeweile als leerer Zeit des Dazwischen erfahren werden kann.

3.3 Dazwischen als freie Zeit – *Manon de Boer*

An Experiment in Leisure ist ein 36-minütiger Experimentalfilm von Manon de Boer. In vielen Augenblicken des Films ist unklar, ob Videoaufnahmen oder Standbilder projiziert werden.[28] Zu Beginn ist eine weite, karge und menschenleere Insellandschaft zu sehen, die gänzlich bewegungslos daliegt. Einzig ein rauschender Sound lässt erahnen, dass es sich hier um eine Videoaufnahme handelt – auch wenn Sound und Bild nicht wirklich zusammenzuhängen scheinen. Die Ruhe und Stille des Bildes wird fast schon gestört durch das Rauschen der Tonspur; eine vorbeifliegende Möwe ist zwar zu hören, jedoch gar nicht zu sehen. Erst spät ist ein schwaches Kräuseln der Wellen im Wasser auszumachen, ein vorbeifliegendes Insekt zu identifizieren. Die gezeigte Landschaft besitzt kaum Fixpunkte, die ein Wiedererkennen oder Verorten möglich machen würden. Absolut generisch existiert eine derartige Landschaft an diversen Orten in Ufernähe größerer Gewässer. Sie wirkt beliebig, austauschbar.

Die ersten siebeneinhalb Minuten des Films bestehen (ebenso wie die fünf abschließenden) aus einer Folge von zu Anfang fünf, am Ende vier sehr langen, statischen Kameraeinstellungen, aufgenommen stets aus gleicher Perspektive in felsiger Schärenlandschaft. Ohne dass im begleitenden Sound eine Unterbrechung hörbar wäre, gibt es nach zweieinhalb Minuten einen ersten, visuell wahrnehmbaren Schnitt auf das gleiche Motiv, nun aber in etwas sonnigeres Tageslicht getaucht. Zugleich ist ob der Bedeutungslosigkeit gezeigter Landschaft nicht sicher, ob es sich tatsächlich um das gleiche Motiv handelt. Die hier visuell dargestellte und verhandelte Langeweile des Dazwischen zeigt sich gänzlich anderes als in der zuvor besprochenen Arbeit Naumans. De Boer zeigt nicht den leeren Zeitraum, der eingerahmt und begrenzt ist von alltäglichen, aktiven Tätigkeiten, nicht die quälende Langeweile einer leeren Freizeit, die sich in Abhängigkeit zu einer komplementären Arbeitszeit ausstellt. Die Langeweile des Dazwischen zeigt sich bei ihr vielmehr darin, dass man sich in einer als vermeintlich endlos zu erfahrenden freien Zeit verlieren, sich in diese vertiefen kann. Mit einer solchen Zeit setzt sich de Boer in *An Experiment in Leisure* formal und inhaltlich auseinander.

28 Manon de Boer, *An Experiment in Leisure*, 2016, digitalisierter 16mm Farbfilm, 16:9, Stereo, 36 Min., Auguste Orts, Brüssel.

Auch in *An Experiment in Leisure* geschieht also – fast – nichts und doch hat sich bereits nach dem ersten Schnitt alles ein wenig verändert: Himmel und Wasser sind nicht mehr wolkig, sondern blau, die kleinen Inseln ragen weiter aus dem Wasser, am Horizont bauschen sich Wolken zusammen, Zeit ist vergangen. Ob die geschnittenen Sequenzen in ihrem Verhältnis zur Echtzeit vor- oder nacheinander aufgenommen wurden, ist weder erfahrbar noch scheint es von Bedeutung. Auch die darauffolgenden Schnitte lassen sich nur aufgrund des Wetterwechsels am Aufnahmeort beziehungsweise in der Bildspur registrieren. Über eine Soundscape, welche die fünf Kameraeinstellungen gleichmäßig überzieht und diese miteinander verbindet, die sogar zur Landschaft zu passen scheint aber nie direkt mit dem Moment der visuellen Aufnahme übereinstimmt, wird nach vier langen Minuten eine Off-Stimme gelegt. Sie sinnt über den Zwischenort des künstlerischen Prozesses im Unbewussten nach. Dieser vertonte und bebilderte Gedankenschnipsel endet mit einem Hinweis auf Lewis Carrolls Kinderbuch *Through the Looking-Glass*, einer Fortsetzung von *Alice's Adventures in Wonderland*. Auch dort findet sich jener raumlose Raum (»spaceless space«) des Unbewussten, welcher den Platz kreativer Schöpfungskraft bildet und dem ich mit de Boers Film als Dazwischen der freien Zeit der Freiheit, sozusagen als zeitloser Zeit, nachgehe.[29]

Die im Film zitierten Zeilen entstammen dem Buch *An Experiment in Leisure* der Psychoanalytikerin Marion Milner. Es ist titelgebend für die Arbeit de Boers. Milner war Malerin und Mitglied der Britischen Psychoanalytischen Gesellschaft. Sie experimentierte mit der surrealistischen Methode des ›Automatischen Zeichnens‹. Diese Methode charakterisierte sie als ›frei‹ von äußeren Anrufungen und Anforderungen. Milner versuchte in einer durch sie ebenfalls beschriebenen Methode der Selbstbetrachtung herauszufinden, wie ›psychische Kreativität‹ funktioniert. Als notwendige Voraussetzung für gelingende psychische Kreativität, die in der Arbeit als »inner fact« (Minute 5:35) begrifflich umrissen wird, beschreibt sie eine Art des Schwebezustands, welcher an die oben zitierte, Reckwitz'sche profane Kreativität erinnert. Die psychische Kreativität sei frei von gezielten Gedanken, aber doch über einer Stimmung, einem »Schmetterlingsgedanken« oder einer Sinneserfahrung in Form einer erwartungsfreien Ruhe »brütend«, »when

29 Marion Milner [1937], An Experiment in Leisure, New York 2011, S. 176.

enjoying looking across a wide view of country.«[30] Eine dergestalt visuelle Erfahrung setzt de Boer mit der Schärensequenz in ihrem Film um. Doch gelingt ihr mit *An Experiment in Leisure* weit mehr als eine nur assoziativ bleibende Bebilderung von Milners psychoanalytischen Thesen. De Boers künstlerischer Versuch besteht vielmehr darin, die Betrachtenden in einen dissoziativen Zustand zu überführen. Dies vollzieht sich zum einen, indem Milners Überlegungen derlei visuelle Gegenstücke beigefügt werden, zum anderen, indem de Boer mit ihrer Arbeit eine Zeiterfahrung evoziert, die jener ›freien Zeit‹ sehr nahekommt. Und so reiht sich de Boers Arbeit ein in jene von Milner beschriebene Methode des ›Experiments in Leisure‹, der de Boer ihr Werk als künstlerische Untersuchung der Wahrnehmungsmodalitäten ästhetischer Erfahrungen widmet.

Obwohl der Ton keinerlei fragmentarischen Charakter aufweist, sondern eigenständig als zusammenhängende Klanglandschaft funktioniert, verstärkt die Soundscape der unterbrechungslosen Tonspur das visuell und begrifflich bruchstückhafte der Arbeit. Ausschnitte aus Interviews, die de Boer mit Künstler:innen zu deren kreativen Arbeitsweisen geführt hat, überlagern die Klanglandschaft. Bild und Ton irritieren Synchronität erwartende Wahrnehmungsmuster zum einen in ihrer Nebeneinandersetzung, weil sie stets nur fast zueinander passen. Da die Naturgeräusche zum anderen in unterschiedlichen Lautstärken abgemischt wurden und neben nicht zuordenbarem Hall als stetem Begleiter eines sogar noch stärkeren, weißen Rauschens zu hören sind, irritieren sie als eigenständige Elemente bereits. Die Sequenzen sind weder in Beziehung zueinander noch zu sich selbst einem erkennbaren Zeitkonzept zuzuordnen. Doch fungiert die Tonspur in der gesamten Arbeit als Zeitstrahl, da die Töne der Natur, von visuellen Änderungen ganz unbeeinflusst, die Arbeit untermalen, während sich eine rationale Begriffswelt, integriert durch das losgelöste Voice-Over, in die rohen Naturgeräusche einschreibt, diese jedoch nie ganz überlagern, gar ausfüllen könnte. Der Zeitstrahl ist dabei einerseits durch den Timecode mess- und unterteilbar, verweist andererseits aber auf die Zeitlosigkeit einer unendlichen Natur. Das Wissen um den notwendig chronologischen Prozess von Bild- und Tonaufnahmen wird durch die asynchrone Montage der bearbeiteten und fragmentierten Aufnahmen um die Erfahrung vielschichtiger Zeitlichkeiten sowohl erweitert als auch

30 Milner, An Experiment in Leisure, S. 40.

unterwandert. Mithin formt sich die Einsicht in Optionen einer anders wahrnehmbaren, da anders zusammenstellbaren Gegenwart. Milners Gedanken stehen sinnbildlich und formal am Anfang der sich anschließenden Interviewfragmente, bleiben damit zugleich inhaltsangebendes Ausgangsmaterial und formender Referenzpunkt einer Denkübung in der freien Zeit des Dazwischen, der Muße.

Das vermeintliche Fehlen eines roten Fadens erlaubt es den Betrachter:innen, anderen Einsichten, Einstellungen und Erzählungen zu folgen. Sie können sowohl den akustischen Interviewfragmenten nachsinnen als auch der Soundspur folgen oder sich auf die (durch die) Inkongruenz von Ton und Bild (produzierten Brüche) konzentrieren. Es ist, wie es Eva von Redecker für die Erzählweise von Olga Tokarczuk beschreibt,

> als würde die Linie des gängigen Narratives – also der modernen, menschlichen Zeit – selbst in Schlaufen gelegt. Die erzählte Zeit fächert sich zwischen den unendlichen Zyklen natürlicher Zeit auf.[31]

Entsprechend ist es eben nur ein vermeintliches Fehlen des roten Fadens in *An Experiment in Leisure*. De Boer wählt andere Formen der Narration und des Berichtens, die sich nicht der distanzierten Perspektive von außen bedienen, sondern die sich aus der Erfahrung des Films ergeben, im Sinne einer Involviertheit eines »speaking nearby.«[32] Der rote Faden ist allerdings das »Experiment in Leisure« selbst. Die verschiedenen visuellen Eindrücke, die Interviewfragmente und Auszüge aus Milners Buch erzählen von der freien Zeit abseits von Zeitverlusten, die sich nur aus der linearen Logik der chronologischen Zeit ergeben konnten.

Nach der fünften, feststehenden Kameraeinstellung endet die Serie starrer Blicke auf die kargen Inseln und wird bei gleichbleibender Klanglandschaft durch ein monotones, hellgraues Bild ersetzt. Erst mit Verstreichen von Zeit und der darin erkennbar werdenden Kamerabewegungen wird deutlich, dass es sich hierbei nicht um eine reine Aufblende, sondern um eine bewegte, wenn auch sehr überbelichtete Aufnahme des lichtdurchfluteten Himmels handelt. Langsam neigt sich

31 Eva von Redecker, Die zärtliche Erzählerin, in: Revolution für das Leben. Philosophie der neuen Protestform, Frankfurt am Main 2020, S. 121–124, S. 123.

32 Als »speaking nearby« bezeichnet Trinh Thi Minh-hà die postkoloniale Erzählweise ihres Films *Reassemblage* (1982). Minh-hà erklärt dort: »I do not intend to speak about. Just speak nearby.« Nicht die direkte Kommunikation über etwas, sondern das was sich aus dem Dazwischen ergibt, erzählt den Film.

die Kamera einem fernen Horizont derselben Schärenlandschaft entgegen, um nach und nach auch näher gelegene Inseln und das sie umspülende Gewässer zu erkunden. Währenddessen beginnt eine weibliche Stimme aus dem Off von einer mentalen Übung des »Sich-Versenkens zur Konzentration« zu berichten. Einer Übung, die die Sprecherin stets im Moment vor ihren Auftritten als Tänzerin durchführt. Ebenso wie der nachfolgende Text einer weiteren Stimme aus dem Off wird in loser Bezugnahme auf den vorangegangenen Gedanken Milners versucht, die Präsenz auf der Bühne über das Maß der Körperarbeit hinaus zu beschreiben.

Währenddessen gleitet die Kamera langsam über Einzelheiten der Landschaft. Details wie Wellen, Steine oder Gräser bekommen durch die gewählten Ausschnitte eine besondere, aufgeladene Qualität. Anders als in den feststehenden und langen Kameraeinstellungen zu Beginn und am Ende des Films verweilt die Kamera hier nicht, sondern wandert ziellos und doch suchend, sich dem menschlichen Blick im unbewussten Zustand der reduzierten Aufmerksamkeitskontrolle anähnelnd, umher. De Boer ahmt auf diese Weise mit der Kamera den schweifenden Blick der Langeweile einer freien Zeit nach. Auf dieses zweckfreie Umherschweifen folgt, jedoch ohne dass die Bewegung dabei abgebrochen wird, ein visueller Bruch: von menschenleeren Aufnahmen vermeintlich unberührter Landschaften zu weiterhin menschenleeren, aber vollständig durch den Menschen bearbeiteten und definierten Innenaufnahmen (wieder) leerer Studios, Ateliers und Werkstätten.

Den Mittelteil der Videoarbeit bilden sieben längere, unbewegte Kameraeinstellungen auf menschenleere Arbeitsräume. Sie gehören all jenen Gesprächspartner:innen, deren fragmentierte Interviews auf der Tonspur des Films eingespielt sind. Schreibtisch, Bibliothek, Atelier, Tanz- und Tonstudio. Die körperlose Präsenz, um deren Herstellung es in den vorab zu hörenden Interviewauszügen ging, vermittelt sich im Film indirekt durch die Off-Stimmen, den gelenkten Kamerablick und in den visuellen Spuren von Tätigkeiten in gezeigten Räumen. Während dieser aus sieben Aufnahmen zusammengesetzten Sequenz sind erneut Off-Stimmen über die fortlaufende Soundscape aus Naturgeräuschen gelegt. Die Interviewten erörtern neben Gedanken Milners auch damit korrespondierende, eigene Überlegungen zu Variation und Wiederholung als jeweilige Ausgangspunkte eigener, kreativer Prozesse. Die Erfahrung der Ambivalenz aus Ton und Bild, dem Off-Ton aus Interviewfragmenten und Natur-Atmosphäre sowie den Bildern von

Orten geistiger Produktivität, verdeutlicht jenes Spannungsverhältnis, von dem Milner und die interviewten Künstler:innen berichten:

> [T]he tendency to repeat experience was looked upon as one of the ultimate qualities of living matter [...] and also that this tendency to repetition was an essential aspect of growth, provided that it was balanced by its opposite, the impulse towards change, variety, new experience.[33]

In Anlehnung an Milners Überlegungen beschreiben die Interviewten Umstände, Bedingungen und Voraussetzungen ihres künstlerischen Arbeitens als eine Entwicklung, die unter anderem aus der Praktik der Wiederholung entsteht. Im Schwebezustand zwischen stetiger, bewusster Wiederholung und untätiger Gedankenlosigkeit verwandelt sich demnach das Bewusstsein.[34] Abseits von Anrufungen des Selbst sowie des Außen lässt sich der Suche nach Kreativität auch mit Reckwitz »eine Ästhetik der Wiederholung entgegenstellen«, die durch die Reproduktion ästhetischer (Alltags-) Praktiken ermöglicht, »jenen mentalen Fluss, der die zweckrationale Praxis begleitet, nicht noch zusätzlich anzuheizen, sondern vielmehr stillzustellen.«[35] Es geht bei dieser Form der Wiederholung nicht um die ästhetische Praktik der Wiederholung, welche durch die Wiederholung eine Bewegung, Verschiebung und somit Veränderung in der Wahrnehmung erfahren lässt (wie im folgenden Kapitel erörtert). Im Gegenteil liegt in der hier diskutierten Wiederholung der Fokus auf Alltäglichkeit, Gleichförmigkeit und eben »Stillstellung des mentalen Flusses«,[36] der Erwartungshaltungen, der Fremd-, und Selbstanrufungen, um so einen psychischen Zustand des diffus Unbewussten zu erzeugen, eine Form der angenehmen Langeweile als freier Zeit des Dazwischen zu befördern.[37]

In dieser »Ästhetik der Wiederholung gründet ästhetische Befriedigung nicht im Reiz, sondern in der Erfahrung des Nichtmobilen und

33 Marion Milner, On Not Being Able to Paint, London 1950, S. 113.

34 Siehe dazu auch das vierte Kapitel zur Langeweile als Wiederholung in der vorliegenden Arbeit.

35 Andreas Reckwitz, Alltagsästhetik der Wiederholung, in: Die Erfindung der Kreativität, Berlin 2012, S. 362–366, S. 363.

36 Ebd.

37 Dieser Zustand ähnelt dem sog. Flow-Erlebnis nach Mihály Csikszentmihalyi. Vgl. ders., Das Flow-Erlebnis. Jenseits von Angst und Langeweile: im Tun aufgehen. Stuttgart 2010. Zugleich ist der Flow-Effekt nicht bewusst reproduzierbar, sondern entsteht nicht intentional und stets im unbewussten Zustand. Csikszentmihalyi argumentiert, dass das Gegenteil zum Flow die bewusste Konzentration ist.

Nichtdynamischen«,[38] mithin dem (mentalen, visuellen wie körperlichen) Verweilen an einem Ort, aber eben insbesondere auch in einer in sich routinierten, repetitiven Praktik oder Haltung der gewohnten Handlung. »Im Idealfall bedeutet Routine der ästhetischen Praxis Meisterschaft und Mühelosigkeit.«[39] Aus dieser Mühelosigkeit entspringt dann jene psychische Kreativität, die Milner und in ihrer Gefolgschaft de Boer experimentell hervorzulocken versucht. Beachtenswerterweise besteht die Herausforderung des Experiments vor allem in der zu vollziehenden Bewegung aus dem Bewusstseinsbereich heraus: »[T]he queer part is, that you mustn't accept in order to have a good idea – that kills the whole process; you must accept as if there were nothing beyond.«[40] Bei diesem »queer part« – dem sonderbar schrägliegenden Aspekt – handelt es sich also um ein doppeltes Paradox: Die bewusst-zielgerichtete Entscheidung zum Unbewussten soll ihrerseits in einer ungerichteten und ziellosen Einstellung enden, nicht im angestrebten Ziel einer »guten Idee.« Es muss eine bestimmte Form der Langeweile aufkommen können, ansonsten wäre das Experiment bereits gescheitert. Die hier empfundene Langeweile entspricht dabei weder einer produktiven noch einer völlig leeren Stimmung, sondern mehr einer als angenehm empfundenen Intensität, die sich aus dem Nichtmobilen und Nichtdynamischen der so erzeugten freien Zeit speist. In der Ambivalenz der bewussten Entscheidung zum Unbewussten – im »queer part« – entspringt das Dazwischen der freien Zeit. Die sich in der ästhetischen Erfahrung ermöglichende Freiheit der freien Zeit entspringt zwischen bewusstem Aushalten und unbewusstem Umherschweifen, als Zwischenraum und Zwischenzeit zum Anders-Denken und Anders-Wahrnehmen, abseits von Bedürfnisproduktion und -befriedigung. Bereits in der bloßen Abbildung gezeigter, menschenleerer Landschaftsbilder kann sich somit ein Zwischenraum auftun. Darin möglicherweise lesbare Zurück-zur-Natur-Botschaften werden durch das modularisierte Soundscape gestört. Die modifizierten Naturgeräusche gehören nicht zum Bild, sind verfremdet, bearbeitet und somit gerade nicht mehr natürlich. Sie verbinden als uneinheitliche Klanglandschaft die verschiedenen Sequenzen aus Landschafts- und Werkstattaufnahmen. Der kulturwissenschaftliche Clou von *An Experiment in Leisure* besteht darin, dass die Beruhigung

38 Reckwitz, Alltagsästhetik der Wiederholung, S. 363.
39 A.a.O., S. 364.
40 Milner, An Experiment in Leisure, S. 89.

der Wahrnehmung, welche durch die Kamera- und Schnitttechnik hervorgerufen wird, »bis an die Grenze der Langeweile reicht und dabei einen Zustand erhöhter Sensibilität und Wachsamkeit hervorzurufen vermag.«[41] Solche Wahrnehmungsmodifikationen erinnern natürlich auf eklatante Weise an die Formulierungen Sontags und Milners. Doch bleibt die Arbeit nicht an einer nur immersiven Erfahrung stehen, sondern stellt überhaupt, durch formale und inhaltliche Bezüge, die freie Zeit der Freiheit zur Diskussion.

Es scheint zunächst, als sei sich das Subjekt der Gegenwart der Abwesenheit eigener, freier Zeit durchaus bewusst, wenn es mittels unzähliger Angebote der Muße-Ökonomie (Seminare zu Übungen in Achtsamkeit, zum Zelebrieren der Pause oder zur Entschleunigung) seiner unfreien Zeit der Arbeitszeit jene fehlende freie Zeit wieder zu entreißen versucht. Doch verharrt es dabei in den eudämonistisch gefärbten Optimierungsversuchen der Gesellschaft. Anders als an bisherigen Wegmarken voranschreitender Neoliberalisierung befindet sich das Subjekt der Gegenwart oft genug nicht mehr in einer dichotom strukturierten Lebenswelt des ›Entweder-Freizeit-oder-in-unfreier-Zeit‹ und auch nicht in einer aufoktroyierten Fortsetzung der Arbeitszeit als Freizeit. Seit dem 18. Jahrhundert erfuhr das Subjekt diverse Modifikationen vom Homo politicus hin zum Homo oeconomicus der Gegenwart, in der auch de Boers Experiment der eigenen Wertsteigerung als Methode zur psychischen Kreativitätseruption missverstanden werden könnte.[42] Hier aber erweist sich die besprochene künstlerische Auseinandersetzung mit den Thesen Milners als erfrischend antitotalitäre Ansage an die Muße- und Achtsamkeitsökonomie. Denn heute geht es, mit Wendy Brown, nicht mehr um sich nach Freiheit sehnende, aber im Weber'schen eisernen Käfig eingeschlossene Subjekte, sondern um die Wahrnehmung der Unfreiheit, denn schon bewusste Emanzipationssehnsüchte der Subjekte »können nicht mehr vorausgesetzt werden.«[43]

De Boers *An Experiment in Leisure* besteht entsprechend auch nicht in einer Kritik jenes eisernen Käfigs des das freiheitsstrebende Subjekt

41 So der Ankündigungs- und Homepagetext zu de Boers Ausstellung *Giving Time to Time* vom 1.7.2016 -28.8.2016 in der Secession Wien, online unter: https://www.secession.at/exhibition/manon-de-boer/, zuletzt abgerufen am 7.2.2022.

42 Nachzulesen bei Michel Foucault, Die Geburt der Biopolitik, Frankfurt am Main 2004 sowie bei Wendy Brown, Die schleichende Revolution, Berlin 2018.

43 Wendy Brown, Foucault revidieren: Homo politicus und Homo oeconomicus, in: dies., Die schleichende Revolution, Berlin 2018, S. 91–132, hier S. 131.

beschränkenden Außen noch in der Kritik der Abwesenheit von Freiheit. *An Experiment in Leisure* erprobt Milners Methode ohne Zielsetzung, denn im Sinne Milners würde gerade die bewusste und ökonomisierte, weil auf ein Ziel hin berechnete Anwendung ihrer Methode eben jenes Ziel zerstören: »[it] kills the whole process; you must accept as if there were nothing beyond!«[44] Weil sich der Homo oeconomicus, so Brown, an veränderte Bedingungen des Neoliberalismus angepasst hat und auch in der aktuellen, finanzialisierten Ökonomie die nächste Version seiner selbst entwickelt,[45] lässt sich in der Arbeit de Boers ein Bruch mit den Metriken der Selbstinvestition erfahren. Nicht indem diese verneint werden, sondern indem die Selbstinvestition qua Aufmerksamkeitserweiterung auf den zweckfreien Moment des Dazwischen, als freier Zeit der Freiheit, fruchtbar gemacht wird. Das nicht mehr greifbare Paradox der Situation, in der das Subjekt zum Werkzeug seines vormals selbst als Werkzeug erschaffenen Systems geworden ist,[46] wird in *An Experiment in Leisure* über das Dazwischen der freien Zeit der Freiheit erfahrbar. Erfrischend antitotalitär ist de Boers Arbeit aber auch deshalb, weil sie frei von normativem Pathos weder die Gegenwart richtet noch als Verweiskunst taugt, sondern die Kunstschaffenden und auch die Kunst sowohl als Teil des sich stetig erweiternden Neoliberalismus als auch als Bruch mit diesem versteht.

Anders als in jener These, der zufolge Künstlerkritik nur ein weiteres trojanisches Pferd des Liberalismus darstelle und die Praktiken der Kunstwelt nur die Speerspitze des heutigen unternehmerischen Selbst seien, zeigt sich hier, dass das Spezifische der Kunst – der Umschlagpunkt der ästhetischen Erfahrung der freien Zeit in Freiheit – sich als das Andere der zweiten Natur einstellt und dadurch als irritierendes Spannungsverhältnis fungiert. Der zitierte »queer part« des zweckfreien Zwischenraums ist es, der Adornos Diktum, Kunst als »Antithesis zur Gesellschaft« zu verstehen, eben auch hier nachvollziehen lässt.[47] Denn diese Antithese ist gerade nicht als das gänzlich Andere und Entgegen-

44 Milner, An Experiment in Leisure, S. 89.

45 Brown, Die schleichende Revolution, S. 91–132, hier insbesondere das dritte Kapitel: Foucault revidieren: Homo politicus und Homo oeconomicus, Siehe auch: Steffen Mai, Das metrische Wir. Über die Quantifizierung des Sozialen, Berlin 2017.

46 »Wie die Bürokratie fängt der Kapitalismus als Werkzeug an, mausert sich jedoch zu einem System mit seinen eigenen Zwecken und zwingt alle Akteure, diesen Zwecken zu dienen.« Brown, Die schleichende Revolution, S. 131.

47 Adorno, Ästhetische Theorie, S. 19.

gesetzte der Gesellschaft zu verstehen, das wäre nur ein vorschnelles Missverständnis, sondern dynamisiert sich weiterhin in dieser. In einer Gegenwart, deren Individuen sich an Ökonomisierung, Metrisierung und Beschleunigung ihrer Lebenswelt weithin angepasst haben, wäre der reine Verweis auf ein davon vermeintlich freies Leben irrelevant, sogar reaktionär. De Boers Arbeit verkörpert hingegen jenen Augenblick, von welchem aus sich das gesellschaftliche Individuum im Bewusstsein der Entfremdungstendenzen mit ebendiesen auseinandersetzt und das zunächst paradox Erscheinende versucht: sich des Zweckfreien zu bedienen.

Dort wo Naturaufnahmen einer kargen Landschaft in statischen Kameraeinstellungen und umherschweifenden Detailaufnahmen gezeigt werden, fällt die Arbeit nun aber nicht etwa in eine verklärt-romantische Version menschenfreier Naturidylle zurück. Vielmehr spielt sie mit den Wahrnehmungserfahrungen und -gewohnheiten der Betrachtenden, wodurch diese sich etwa fragen könnten, ob das Bild ein Stillleben darstellt oder es sich doch um Videoaufnahmen in Echtzeit handelt, ob der zeitgleich vernehmbare Sound zum Bild gehört oder ob dieser zwar passt, jedoch nachträglich, ›künstlich‹ hinzugefügt wurde. Die soziale und kulturelle Bedingtheit der Betrachtenden, ihrerseits Subjekte der Gegenwart, wird zum einen vorausgesetzt und zum anderen im Laufe der Arbeit, geradezu buchstäblich mittels eingefügter Interviewausschnitte, im Begrifflichen konkretisiert. Dabei besteht das Greifbare dieser Konkretisierung in einzelnen Satzfetzen, die versuchen, den Zugriff auf den zweckfreien Moment des Dazwischen zu beschreiben.

Das an sich allgemein Bekannte und als solches Austauschbare der menschenleeren Landschaftsansichten und Arbeitsräume ist durch die Erfahrung der Abwesenheit von Menschen, ebenso durch die Auswahl der Kameraausschnitte und nicht zuletzt durch den irritierenden Sound für sich etwas Besonderes. Die mögliche ästhetische Erfahrung des Dazwischen des »Experiments in Leisure«, »this thing which was always more than all that could be said about it – and yet in order to know it, you had to be continually trying to say things about it«[48], ist somit doch fast, aber eben nie gänzlich greifbar, wohl aber erfahrbar. Zugleich wird in diesem Versuch, das Konkrete der sinnlichen Erfahrung im Moment des Dazwischen in allgemeinen Bildern, Worten und Begriffen zu erfassen, welche ihrerseits nur begrenzt beschreiben und ergreifen

48 Milner, An Experiment in Leisure, S. 175.

können, dieses Besondere erneut zum Allgemeinen. Im Experiment vollzieht sich an und für sich somit eine reflektierende dialektische Bewegung vom Besonderen zum Allgemeinen zum Besonderen, und gerade darin besteht auch der gesellschaftliche Witz dieser künstlerischen Arbeit: Als »immanente Bewegung gegen die Gesellschaft, nicht ihre manifeste Stellungnahme.«[49] Es ist diese Bewegung, die aus dem ›Experiment mit der Frei-Zeit‹ als Dialektik der ästhetischen Langeweile entspringt und ein Dazwischen, dabei jedoch einen sich je verändernden Zwischenraum der Mitte, markiert. Gewissermaßen dehnt er sich von dort in unvorhersehbarer Weise. So verändert sich der Zwischenraum als einer dann neu zu lokalisierenden Mitte, setzt so die bestehenden Hierarchisierungen und Verortungen aus und bringt sie in neue Anordnungen und Zusammenhänge. Dieser Zwischenraum der Mitte, der sich nicht als einfache Kritik manifestiert, sondern selbst aufhebt und dabei zugleich bewahrt, fungiert in der fluiden Architektur ästhetischer Langeweile wie in einer experimentellen Versuchsanordnung. Die Bewegung gleicht dann einer Spurensuche nach vermeintlich leeren Zwischenzeiten, um diese als Ausgangspunkt für andere Denkwege, Assoziationen und Kreativität zum Innen und Außen des bestehenden Systems auszumachen und Hierarchien auszusetzen.

Dort wo de Boers *Experiment in Leisure* endet – an der Schwelle der freien Zeit –, setzt das Experiment der Architektur der Stille ein. In diversen Spielarten der Ambient Music und in den Arbeiten des Ensembles Wandelweiser lassen sich weitere Experimente des sich ausdehnenden Zwischenraums verorten. Nicht zuletzt ist das Ensemble Wandelweiser in seiner Arbeit, ähnlich wie de Boer, durch die Malerei von Agnes Martin und Theorien Marion Milners beeinflusst. Wenn de Boer in ihrer Videoinstallation einen Zwischenraum der leeren, freien Zeit generiert, erschaffen die Komponist:innen des Ensembles Wandelweiser ebenso wie die *Ambient Music* mit und nach Brian Eno eine fluide Verbindung von Raum und Zeit, die als weitere Wendung des Dazwischen der Langeweile als Zwischenzeit wirkt.[50]

49 Adorno, Ästhetische Theorie, S. 336.

50 Zum Ensemble Wandelweiser zählen die Komponisten Antoine Beuger, Jürg Frey, Eva-Maria Houben, Carlo Inderhees, Radu Malfatti, Marcus Kaiser, Anastassis Philippakopoulos, Michael Pisaro, Burkhard Schlothauer, Craig Shepard, Thomas Stiegler und Manfred Werder sowie Gäste. Einen Überblick über das Ensemble als Gruppe, Avantgardebewegung und Netzwerk zeigt G. Douglas Barrett, The Silent Network. The Musik of Wandelweiser, in: *Contemporary Music Review* (30, 6/2011), London,

3.4 Dazwischen als Zwischenzeit – *Ensemble Wandelweiser* und *Ambient Music*

Die Idee, Stille zu hören scheint widersinnig, kann doch nur gehört werden, was sich geräuschvoll äußert. Das aber wäre gerade das Gegenteil von Stille. Dass Stille gleichwohl nie gänzlich still ist, zeigt John Cage prominent mit seinem Stück *4'33*, in dem er der Stille Gehör verschafft.[51] Eigentliches Ereignis und Instrument der Aufführung des Stücks ist der Aufführungsort, dessen Umgebung, das Publikum mit allen dazugehörigen Geräuschen und das zuhörende Subjekt. Im Augenblick des Nicht-Hörens erwarteter Musik beginnt der unbeschäftigte Geist an der Schwelle zur Langeweile umherzuschweifen und die Wahrnehmung auf andere Geräusche in der Umgebung oder auf die Umgebungssituation zu richten.

Auch bei Cage vollzieht sich in der (vermeintlichen) Stille somit bereits jenes ambivalente Zusammenspiel von Langeweile und Aufmerksamkeit sowie von Zeit und Raum. Jedoch scheint sich bei Cage gerade in diesem Zwischenraum keine Stille zu ereignen, vielmehr wird dieser zum Rahmen der individuellen, sozialen und umgebenden Geräusche. Dass Stille dennoch im Zusammenspiel von Zeit und Raum wahrnehmbar und hörbar sein kann, zeigt die Komposition *Unbetitelt* für zwei Geigen von Jürg Frey, Mitglied des Ensembles Wandelweiser.[52] Anhaltende Stille, die von einzelnen Tönen flankiert wird, scheint trotz sich ereignender Töne in Gänze ungestört. Der unbeschäftigte Geist wird so nicht gänzlich unbeschäftigt gelassen, verharrt an der Schwelle zur- oder gar in der Stimmung der Langeweile, dabei weniger seiner Umgebung denn der Stille gegenüber aufmerksam.[53] Zwei Streicher

S. 449–470.

51 Vgl. den Beginn dieses Kapitels und Naumans Bezugnahme auf Cage.

52 Jürg Frey, *Ohne Titel* (2 Violinen), 30 Minuten, 1995/96. Das Stück kann als Vorläufer für *A Memory of Perfection* von 2010 gelten, dessen Titel bereits ein Zitat aus einem Interview mit Agnes Martin entlehnt ist und den Einfluss Martins auf Freys Arbeit zeitigt.

53 In den spärlich existierenden Rezensionen zu den Werken der Edition Wandelweiser, wird auf diese Spannung zwischen Langeweile und Überdruck der Aufmerksamkeit Bezug genommen. Beispielsweise in der CD-Besprechung der sechs aktuellen CDs der Edition Wandelweiser in der *Gazette: Neue Musik in NRW* (Februar 2017), online unter https://forum.kulturserver-nrw.de/de_DE/neue-musik-februar-2017, zuletzt abgerufen am 25.5.2017, so etwa, »Drei CDs mit insgesamt 3 ½ Stunden Spielzeit, innerhalb derer 6 Töne erklingen. Wie kann man das hören?« oder »Den ersehnten Ruhepol kann auch sie nicht bieten, nach fast einer Stunde, in der niemals Langeweile

lassen Töne auf den Geigen erklingen, indem sie die vorgegebenen Noten spielen und den Klang auf der Saite dabei zugleich dämpfen, auf dieselbe Art, wie sonst Flageolett-Töne gespielt werden.[54] So erzeugen sie auf einer Saite zwei Klänge. Der leise verzerrte Ton besteht also genaugenommen aus einem doppelten Klang, wobei der zweite wie ein Schattenwurf des ersten wirkt und dadurch eine Raumwirkung in die Hörerfahrung des Tons einschreibt, mithin die mögliche Unmöglichkeit der Synchronität von Klang vorführt.

Die Hörwahrnehmung stellt, ähnlich dem bisher vorrangig behandelten Sehen, eine Zeitlichkeitserfahrung dar, in erster Linie in Form des Nacheinander-Hörens von Tönen, des chronologischen Wahrnehmens. In den Kompositionen Freys lässt sich neben dieser Zeitlichkeitserfahrung auch eine Erfahrung des Raums machen: »Die Musik ist schweigsames Klingen, stille Architektur«, charakterisiert er seine Kompositionen aus Klangräumen, wenn er sich bewusst für das Nicht-Komponieren entscheidet.[55] Nicht-Komponieren ist hier jedoch nicht mit Improvisation gleichzusetzen, denn jedes Stück beruht auf niedergeschriebenen Partituren. In der handschriftlichen Qualität seiner Partituren verortet Frey »Möglichkeiten der Flexibilität, der Ungenauigkeit und des In-der-Schwebe-Haltens […]. [Auf dem Papier] kann immer ein ›Vielleicht‹ da stehen.«[56] Und so bestehen die Kompositionen, auch hier ähnlich der Partitur zu Cages *4'33*, oft aus nur sehr reduzierten Anweisungen, beispielsweise wie, wo und welche Anzahl an Instrumenten gespielt werden soll, aber nicht was. Nicht-Komponieren bezieht sich auf eine Prioritätensetzung in der Partitur selbst. Wenn Komponieren das Komponieren von Nicht-Stille meint, bedeutet Nicht-Komponieren das Komponieren von Stille: Vorgegeben ist dabei nicht in erster Linie der Ton, sondern die Stille.

aufkommt, zwischen Überdruck und drohender Erschöpfung läuft die Musik aus, verliert sich in einem dichten, lange nachhallenden Klangkonglomerat.«

54 Ein Flageolett-Ton ist ein »meist auf einem Saiteninstrument durch leichtes Berühren erzeugter Ton bzw. Oberton, der durch die Anregung einer Oberschwingung der Saite entsteht«, bereitgestellt durch das Digitale Wörterbuch der deutschen Sprache, online unter: https://www.dwds.de/wb/Flageolettton, zuletzt abgerufen am 23.8.2021.

55 Nachzulesen auf der Website des Komponistenensembles Wandelweiser unter dem Eintrag zu Jürg Frey, online unter: https://www.wandelweiser.de/_juerg-frey/texts.html, zuletzt abgerufen am 22.8.2017.

56 Jürg Frey im Interview mit Jeffrey Arlo Brown im VAN Web-Magazin für klassische Musik: Jeffrey Arlo Brown, Ich benutze meine Klänge nicht. Ein Interview mit dem Schweizer Komponisten Jürg Frey, 31.8.2016, online unter https://van.atavist.com/juerg-frey, zuletzt abgerufen am 22.8.2017.

In Anknüpfung an die künstlerischen Experimente zur Wahrnehmung von Agnes Martin und in vielfältiger Interpretation von Cages Komposition *4'33* experimentiert das Ensemble Wandelweiser mit dem Klang der Stille.[57] Frey versteht seine komponierten und arrangierten Leerstellen als Leervolumen. Dass Volumen anhand einer Fülle der Leere gemessen wird, erschließt sich aus der verstreichenden Zeit, die sich in der Wahrnehmungserfahrung der zwischen Klangkunst und Musik oszillierenden Experimente im Klang ausbreitet. Anders als bei Cage, dem es um die Unmöglichkeit der absoluten Stille, um die Ästhetisierung des sozialen Hörens, aber auch um das Spiel mit dem Zufall ging, beschreibt Frey gute Aufführungsbedingungen gerade als jene, in denen die Leerstellen »auch wirklich leer und still bleiben.«[58] Wenn es Cage also noch um die unabsichtlichen, nicht durch ihn produzierten und trotzdem zu hörenden Töne zu tun war, geht es den Mitgliedern der Edition Wandelweiser in ihren Kompositionen in voller Absicht darum, Stille räumlich als leeren Zwischenraum erfahrbar zu machen. So ist die Leere stets penibel in den Partituren festgeschrieben, wird Stille räumlich konkret. Erst Leere und konzentrierte Stille ermöglichen, dass sich die Töne befreit von jeder bedeutungsvollen Aufladung entfalten können. Auch dabei entsteht eine Stimmung der Langeweile, in der das Vergehen von Zeit als Auseinanderfallen subjektiver Hörerfahrungszeit und objektiv messbarer Zeit bewusst wird. Dort, in dieser »mathematischen« und »in ihrer Objektivität anerkannten« Schrift der Partitur fällt, wie für die Sonate mit Adorno bestimmt, »die quasi-räumliche Zeit tendenziell mit

57 Auch in der Elektroszene wird dieses Experiment nach Cage weitergeführt. Das Label Sky Walking der Künstler Peter Kersten, Christian Naujoks und Richard von der Schulenberg veröffentlichte 2016 ihre erste Kompilation mit dem Titel *41'36* und nimmt damit direkt Bezug zu Cages *4'33*, das ebenfalls wie die Erstveröffentlichung des Labels im Titel auf die Gesamt(ab)spieldauer verweist. Die Künstler experimentieren zwar mit dem Genre der ›slow music‹, die Kompilation *41'36* vereint jedoch eher jene musikalischen Experimente, die in den Bereich des Dazwischen der hier verhandelten Zwischenzeit fallen. Nicht zuletzt der Titel Gegen die Zeit des Duos Sollman&Gürtler, der wiederum zusammen mit Variationen des Themas 2017 ein eigenes Album beim gleichen Label bekam. Philipp Sollmann wiederum arbeitet als Klangkünstler und DJ alias Efdemin ebenfalls an der Erforschung des Raumklangs mit Projekten wie dem letztveröffentlichten Techno-Album *New Atlantis* oder seinem Klangprojekt *Monophonie*, in denen er jeweils die Erfahrung von Zeit aussetzen und ›Kontrollverlust‹ erfahrbar machen will. Langweilig ist das aber auch vordergründig nicht und daher hier nur als Randnotiz zu verorten.

58 Jürg Frey, Leervolumen, online unter https://www.wandelweiser.de/_juerg-frey/texts.html, zuletzt abgerufen am 21.12.2018.

der subjektiven Erfahrungszeit« zusammen und ermöglicht damit ein »Auseinanderweisen von Subjekt und Objekt.«[59] Es entsteht eine Komposition, die man als Aneinanderreihung einfacher Klänge beschreiben könnte, wobei gerade das Einfache hier das handwerklich besonders Komplizierte darstellt. So ist die Musikerfahrung der Klangkunst des Ensembles Wandelweiser nicht gerade einfach reproduzierbar. Sie versperrt sich jedoch auch nicht gänzlich einer wiederholbaren Hörerfahrung, wenn man diese im Sinne der Iteration als ein in der Wiederholung steckendes Erlauschen des Klangs und Erforschen des eigenen Hörens unter anderem als Wiederhören versteht. Doch selbst in der Reproduktion der festen Kompositionen (beispielsweise beim Wiederhören von einem Tonträger) stellt sich stets ein neues Hören ein.[60] Denn die Stille der Leerstellen in den Kompositionen des Ensembles Wandelweiser verwandelt sich beim wiederholten Hören von der unerwarteten Stille zur erwarteten Leerstelle. Dadurch erhält sie erneut räumlichen Charakter: Beim erstmaligen Hören wurde die Stille sowohl als Ende eines Klangraums oder gar als undefinierbar weites Feld wahrgenommen, doch durch die sie umgebenden Klangmomente wird sie nun als leerer Raum zwischen erfüllten Klangräumen gefasst. So äußert sich an den Grenzen von Klang und Stille eine Erfahrung der Langeweile, die sich in der Zwischenzeit der Klangereignisse erfahren lässt, als einem Heidegger'schen Schwingen zwischen der Weite des Zeithorizonts und der Spitze des Augenblicks. Zugleich zeigt sich in diesen Zwischenmomenten jene Zwischenzeit, die noch jedem Versuch des Habhaftwerdens trotzt, denn die Erfahrung der Zwischenzeit verlagert sich beim Hören der Musik in die Peripherie der Wahrnehmung, wenn auf die Wahrnehmung der Stille fokussiert wird. Dabei ist die Hörerfahrung der Stille individuell rezipiert und dadurch stets unkontrolliert.[61]

59 Theodor W. Adorno, Philosophie der neuen Musik, in: ders., Gesammelte Schriften 12, Frankfurt am Main 1975, S. 180.

60 Siehe hierzu die Diskussion bzgl. der Wiederholung als Praktik der Langeweile im vierten Kapitel der vorliegenden Arbeit. Dort insbesondere zum Husserl'schen Gedanken der sich dauernd aktualisierenden, gegenwärtigen Zeiterfahrung als quasi zeitlichem Charakter.

61 Siehe dazu die Studie zur Wahrnehmung von Noise und Silence von Salomé Voegelin, Listening to Noise and Silence. Towards a Philosophy of Sound Art, London 2010. In dieses akustische Experimentierfeld der Wahrnehmung schreibt sich auch die Ambient Music sowie die daraus entstandene Bewegung des Vaporwaves ein.

Darüber hinaus lassen sich die Kompositionen des Ensembles Wandelweiser auch als sozialkritisch intendierte Kunst verstehen: Dort wo der vermeintliche Fluchtmoment einer Unterhaltungsmusik als das Andere und doch Verlängernde des gehetzten und fragmentierten Alltags letztlich nur wieder dem vermeintlich entronnenen Einerlei einen Zwischenort zur Ruhepause auf dem Weg zu neuen, gehetzten Taten verspricht, überraschen die Kompositionen von Frey, Beuger, Werder oder Kaiser als jener namengebende Zwischenort eines Wandelgangs, als Verbindung von Raum und Zeit im jeweiligen Klangexperiment. Mit Albrecht Wellmer entsteht das musikalische Kunstwerk und dabei gerade auch sein Weltbezug an diesem Zwischenort des Wandelgangs, in der Prozessualität der ästhetischen Erfahrung, das heißt im Modus des unendlichen Zusammenspiels der »›performativen‹ Perspektive der ästhetisch Erfahrenden.«[62] Der Klang wird erst in Verbindung mit dem jeweiligen Raum und den je individuellen Erzeuger:innen zum Klangereignis, bekommt erst durch das individuelle Wahrnehmen dieser Verbindung von Raum und Klang eine eigene, weil subjektiv erfahrene Zeitlichkeit. Hierbei schreibt sich nicht (nur) eine stille Zwischenzeit im lauten Alltag ein, sondern jener Alltag wird gegen den Strich gebürstet, indem Klang und Stille gerade miteinander ausgetauscht werden und die wahrgenommene Langeweile sowohl eine Aufmerksamkeit für vermeintlich Alltägliches generiert, darüber hinaus aber auch Akteure und Praktiken in völlig neue Zusammenhänge bringt, »neue Sichtweisen eröffnet und Erfahrungen und Emotionen vor uns bringt, für die uns noch die Worte fehlen.«[63]

In der oft experimentellen Musikkomposition entsteht mit Wellmer die »Welt als Klangraum«, wenn »nicht das Subjekt, sondern [...] die Dinge zum Tönen gebracht werden«, »Farben, rhythmische Komplexität und Räumlichkeit der Musik hier in einer nicht mehr finalen Objekthaftigkeit in den Vordergrund« treten und »Musik tendenziell zur Nachahmung des Naturschönen« wird.[64] Auf vergleichbare Wei-

62 Albrecht Wellmer, Das musikalische Kunstwerk, in: Andrea Kern, Ruth Sonderegger (Hrsg.), Falsche Gegensätze. Zeitgenössische Positionen zur philosophischen Ästhetik, Frankfurt am Main 2002, S. 133–175, S. 153.

63 A.a.O., S. 157.

64 Albrecht Wellmer, Adorno, die Moderne und das Erhabene, in: ders., Endspiele. Die unversöhnliche Moderne. Essays und Vorträge, Frankfurt am Main 1993, S. 178–203, S. 202f. Vgl. auch Juliane Rebentisch, Die Soundinstallation, in: dies., Ästhetik der Installation, Frankfurt am Main 2003, S. 207–231.

se lässt sich die Hörerfahrung der durch und nach Brian Eno stetig weiter entwickelten *Ambient Music* beschreiben, deren Hintergrundrauschen als music d'ameublement im Bereich von Fahrstuhlmusik ebenfalls Langeweilemomente orchestriert. Hier verändert sich die Rolle des Komponierenden, ähnlich wie es die Komponisten des Ensembles Wandelweiser versuchen, indem das Komponieren weniger als einmalig anordnendes Entwerfen denn als in weiten Teilen durch Zufall bestimmtes Arrangieren verstanden wird. Aber auch hier wird der Zufall, obgleich nicht in eine Partitur im eigentlichen Sinne, in die Schrift eines digitalen Codes überführt: Eno entwickelte gemeinsam mit Programmierer:innen und Künstlerkolleg:innen Programme (Apps wie *Scape* (2012); *Air*; *Troop* (2015) oder *Bloom* (2008) und *Bloom 10 Worlds* oder *Reflections* (2018)), die durch Algorithmen aus einer Auswahl an Sound- und Interface-Fragmenten des Brian-Eno-Ambient-Œuvres eine für den Moment zusammengesetzte Musik komponieren beziehungsweise kombinieren. Programme, die anhand von Einzelfragmenten vorhandener Kompositionen eine völlig neue Art zufällig generierter Musik erzeugen. Wie schon in Bruce Naumans Arbeit verändert sich hier die Rolle des Künstlersubjekts, scheint es doch, dass nach Auswahl der Klangelemente bei Eno oder der Anzahl an Tönen bei Wandelweiser die Autoren- und Urheberschaft als solche in Frage gestellt wird. Ist sie den Ausführenden, den Rezipierenden oder sogar den darüber hinaus rein zufällig anwesenden Subjekten und Objekten, die das Klangereignis im eigentlichen Moment der Aufführung als Zusammenspiel der ästhetischen Erfahrung erschaffen, zuzuschreiben?

Dabei ist es weniger die An- beziehungsweise Abwesenheit des Künstlergenies als die Auflösung eines eindeutig zuordenbaren Schöpfungsprozesses, die konstitutiv für die ästhetische Erfahrung der besprochenen Kompositionen ist. In Enos generativer Musik ebenso wie in den konsequent experimentellen Kompositionen des Ensembles Wandelweiser scheint jenes Unverfügbare der Kunst auf. Dieses Unverfügbare erwächst aus den Experimenten rund um Stille des sozialen Hörens bei Cage über die sozialkritische Entschuldigung zum Nichtstun in Form der *airport music* Enos hin zu ästhetischer Erfahrung in der Peripherie der Wahrnehmung (in den Kompositionen des Ensembles Wandelweiser sowie in den neueren Eno-App-Experimenten).

Von diesen musikalischen Experimenten lassen sich immer weiter ausdifferenzierende Genres und Untergattungen wie *Dark Ambient*, *Space Music*, *Ambient Techno*, *Synthwave*, *Noise* oder *Vaporwave* ableiten, die wiederum ganz unterschiedliche Künstler:innen, wie Tangerine Dream, Pete Namlook, Steve Roach aber auch Throbbing Gristle, Genesis P'Orridge, (die früheren Arbeiten von) Oneohtrix Point Never oder Ramona Xavier a.k.a. Macintosh Plus inspirierten. Gerade weil *Ambient* und seine Sub-Genres mit gängigen Maximen der Musikindustrie wie Rhythmus, begrenzter Dauer oder Geschwindigkeit brechen und erst dadurch oft als langweilig und uninspirierend abgetan werden, kann die künstlerische Praktik der Langeweile jeweils aktualisiert werden. Interessant ist, dass diese Musik der Zwischenzeit vormals im Hintergrund als Grundrauschen in den Chill-Out-Lounges der Technoclubs, heute aber in den Vorzimmern aktueller Entspannungsindustrien zu hören ist. Im Dazwischen bewegt sich diese Musik eben auch, weil sie immer schon zwischen Vorder- und Hintergrund oszilliert. Durch die musikalische Untermalung des Hintergrunds, durch das Spiel mit einem halb unbewussten Bewusstmachen des Hintergrundrauschens wurde dieses Rauschen der musique d'ameublement ebenso wie die Chill-Out-Lounge-Tracks der Club-Hinterzimmer zum eigentlichen Gegenstand der Beschäftigung, mithin also zum Vordergrund. Wo Musik als Möbel definiert und somit Ambient-Sub-Genres als Entspannungsatmosphäre im Hinterzimmer zum Main Floor eingesetzt werden, folgt die Entwicklung über exklusive All-Ambient-Nights in den Techno Clubs zur (zugegeben etwas überspitzten Konsequenz der) Vermarktung als Massenphänomen der Entspannungsindustrie einer überforderten Gesellschaft. Adorno erklärt, es sei,

> um das Bild des Intérieurs geschichtlich zu explizieren [...], eine Soziologie der Innerlichkeit not. Deren Idee ist nur scheinbar paradox. Innerlichkeit gibt sich als Restriktion der humanen Existenz in eine Privatsphäre, die der Macht von Verdinglichung enthoben sein soll. Als Privatsphäre aber gehört sie selber, ob auch polemisch, dem gesellschaftlichen Gefüge an.[65]

Wo also vormals die private, weil innerliche Stimmung des Dazwischen als Warten in der Zwischenzeit am Zwischenort durch *Ambient* – mit Eno als Möbelstück verstanden – nicht vertrieben, sondern ausgestattet, mit Musik orchestriert und schlicht bewusst ausgehalten werden sollte, wurde so auch die Langeweile, die dieser Zwischenzeit eigen ist, ein Stück weit kommodifiziert, weil musikalisch verdinglicht, übertragen formuliert

65 Theodor W. Adorno, Kierkegaard. Konstruktion des Ästhetischen, Frankfurt am Main 1998, S. 87.

eben gemütlich eingerichtet.[66] Wird damit die berüchtigte Kraft des Kapitalismus, alles zu recyceln, was einst zu seiner Kritik aufgestellt war, wirksam? Dank YouTube, iTunes oder Spotify erlangt *Ambient Music* seit Jahren als Welle der Entspannungsmusik Aufmerksamkeit, wird millionenfach als Meditations-, Yoga-, Massage- und Schlafbegleitung, also als musikalische Untermalung der Auszeit einer ansonsten nervenbelastenden Gegenwart, angeklickt, verwertet und dabei eben vermarktet.[67]

Oder verhält es sich umgekehrt und die Musik bedient sich des kapitalistischen Kommodifikationspotentials, ähnlich dem *Experiment in Leisure*, um den Homo oeconomicus selbst in neue Wahrnehmungserfahrungen zu leiten? Denn das mittels künstlerischer Langeweile-Praktiken der Zwischenzeit Vorgeführte ist die ästhetische Erfahrung von einerseits *Unabschließbarkeit* und andererseits *Unverfügbarkeit* in der ästhetischen Hörerfahrung selbst. *Unabschließbar* ist die Erfahrung dabei aufgrund der Entwicklung aus sich selbst heraus, da – wenn auch rechnerisch begrenzt so doch erfahrungstechnisch unbegrenzt – neue Zusammenhänge und Verbindungen aus den Klangfragmenten entstehen, die ihrerseits zu wieder neuen Verbindungen führen. So erzeugt die Architektur der Stille bei Frey ein Arrangement aus Leervolumen, welches aus einer (scheinbar) unendlichen Kombination von Leerstellen besteht. *Unverfügbar* ist die Erfahrung aufgrund der programmierten und das heißt auch verfügten Unsicherheit, welche durch die gesetzten Regeln und Algorithmen miteingeschlossen wird. So lautet die Anweisung in der Partitur der CD-Edition Wandelweiser zu *stück 2003 (1)*:

> drei ausführende bestimmen eine gemeinsame tonhöhe. die aufführungsdauer ist unbestimmt. die ausführenden spielen ohne uhr. zwei ausführende spielen während der aufführungsdauer je einmal die tonhöhe, drei bis sieben sekunden lang. für sich. einfach.[68]

66 Die Hinterzimmer der Techno-Clubs sind hier nicht als Orte des bewussten Aushaltens von Leerstellen und pejorativer Langeweile zu verstehen, sondern weiterhin Orte, an denen Erholung, Sedierung, Sammlung oder Zerstreuung stattfindet. Diese ›Enklave der Unmittelbarkeit‹ (mit Adorno) ist genau in ihrer ambivalenten Form zu verstehen: Verdinglichung und Entfremdung fand und findet auch hier statt, emanzipatorisches Potential bergen sie in dieser Ambivalenz trotz allem. Ich danke Steffen Andrae für diese Diskussion.

67 Siehe dazu: Peter Childs und Mike Storry, Ambient Music, in: dies., Encyclopedia of Contemporary British Culture, London 2002, S. 22; sowie Yehuda, Nechama, Music and Stress, in: *The Journal of Adult Development* (18,2/2011), S. 85–94, S. 90. Für einen Überblick: David Toop, Ocean of Sound. Klang, Geräusch, Stille, Andrä-Wördern 1997.

68 Partitur der CD-Edition Wandelweiser zu *stück 2003 (1)*.

Auf der CD passiert genau das – und dabei ist das Hörerlebnis, wie weiter oben erläutert, trotz des reproduzierten Tonträgers und damit der Reproduktionsoption einer identischen Aufführung nicht als identische Erfahrung reproduzierbar. Es erklingen in den gesamten 70 Minuten zwei Töne, der dritte Instrumentalist kommt nicht zum Einsatz. Es obliegt der Interpretation der Musizierenden, ebenso wie dem unabschließbaren Algorithmus in Enos Apps, in welcher Kombination welche Klangfragmente zu welchem Zeitpunkt zusammengestellt werden.

Die Unabschließbarkeit zeigt sich darüber hinaus in den durch Publikum und Musiker:innen gleichermaßen betriebenen Diskussionen zur kritischen wie ästhetischen Differenzierung zwischen Kapitalismuskritik und Klangforschung: Durch derartige Auseinandersetzungen hat sich unter anderem das Genre des *Vaporwaves* zum semi-nostalgischen Genre des *Mallsoft* weiterentwickelt. Darin wird nicht etwa einfach die Hintergrundmusik der Shoppingmalls aus den 1990er Jahren erneut abgespielt, sondern in den 2010er Jahren vermitteln neu aus Klängen und Geräuschen konstruierte Aufnahmen ein Gefühl des Raumklangs solcher Einkaufszentren. *Vaporwave* und *Mallsoft* informieren so über einen Teil der Ästhetik des Kapitalismus der späten 1990er Jahre, machen diese wieder hörbar und insofern vermittelt erfahrbar. Doch bleibt es nicht bei der puren Reproduktion des Raumklangs, denn die Rekonstruktion ist selbst eine »music of ›non-times‹ and ›non-places‹«, »because it is skeptical of what consumer culture has done to time and space.«[69] Wo im Mikrogenre des *Vaporwaves* eine kapitalismuskritische Komponente erkennbar ist, betonen die Komponisten des Ensembles Wandelweiser die Erforschung des Klangs der Stille als Aufmerksamkeitserweiterung.

Beiden Musikstilen ist zu eigen, die Prozessualität der ästhetischen Hörerfahrung zum Ausgangspunkt unabschließbarer Verweiszusammenhänge zu nehmen. Aufgrund dieser Unabschließbarkeit wird auch die Unverfügbarkeit der künstlerischen Praktik des Dazwischen deutlich.

69 Grafton Tanner, Babbling Corpse. Vaporwave and the Commodification of Ghosts, Alresford 2016, S. 35. Aber auch Penn Bullock, Eli Kerry, Trumpwave and Fashwave Are Just the Latest Disturbing Examples of the Far-Right Appropriating Electronic Music, in: *Vice Magazin* (30.1.2017), online unter https://www.vice.com/en_us/article/mgwk7b/trumpwave-fashwave-far-right-appropriation-vaporwave-synthwave, zuletzt abgerufen am 22.8.2018 sowie Raphaël Nowak und Andrew Whelan, Vaporwave Is (Not) a Critique of Capitalism. Genre Work in An Online Music Scene, in: Open Cultural Studies, Berlin 2018, S. 451–462.

In den künstlerischen Praktiken der Langeweile steckt dementsprechend ein ästhetisch-kritisches Potential, welches sich im Moment des verdinglichenden Zugriffs entzieht. Denn wenn die Langeweile des Dazwischen der *Ambient Music* aus den Hinterzimmern zum eigentlichen Spektakelmoment erklärt wird, ist sie nicht mehr, was sie nicht zu sein verlangt – langweilig – doch dadurch, dass sie zugleich Massenphänomen wird oder bleibt, irgendwie doch wieder langweilig. Die ästhetische Langeweile der Zwischenzeit lässt somit eine prozessuale Dialektik von unterhaltsam Langweiligem und langweilig Unterhaltsamem in der ästhetisch verhandelten Stimmung der Langeweile hervortreten. Dies zeigt sich insbesondere in der ambivalenten Charakteristik des Konsums durch das besondere Individuum oder aber durch die allgemeine Masse. Das jeweilige Dazwischen, das künstlerisch verhandelt und erfahrbar gemacht werden soll, ist dabei weder ein fest definierbarer Ort noch eine fest definierbare Zeit, sondern ein fluides Moment, welches es, um ästhetisch erfahren zu werden, jeweils neu auszuhalten gilt. Das Kritische dieser künstlerischen Langeweile-Praktik des Dazwischen besteht somit nicht vordergründig im bloßen Hinweisen auf eine Leerstelle im ethischen Sinne eines Fehlens von etwas, sondern mehr im ästhetischen Sinne des jeweiligen Aushaltens dieser Leerstelle(n).

Das Vernehmen des Fehlens in der langen Dauer des Dazwischen, der Stille oder des geräuschvollen Hintergrundrauschens rührt an einem generellen Unvernehmen in der Gebanntheit des Hörens, das sich mit der Dauer aber in Einvernehmen wandeln kann. Es ist somit weit mehr als das kunsthistorische Spiel mit Verweisen auf ein Fehlen (von Sinn; einem produzierten Werk im klassischen Sinne; der Anwesenheit oder überhaupt zuordenbaren Existenz der oder des Kunstschaffenden). Für ein solches Spiel hätte eine weitaus kürzere Aufführungsdauer auf der CD durchaus genügt. In der langen Weile der Abspieldauer baut sich in der Anwesenheit vielmehr sowohl eine Gebanntheit als auch, damit einhergehend, eine unangenehme Zumutung (oder in einem weiteren Schritt eine angenehme Resonanz) auf. Im Verweilen am Ort dieser abwesenden Anwesenheit produziert das Publikum performativ qua ästhetischer Erfahrung das musikalische Kunstwerk.[70]

Im durch Langeweile entstehenden, im quälenden Hinweisen auf das Fehlen entwickelt sich eine Zumutung, der sich der Mensch eigentlich

70 Vgl. dazu Albrecht Wellmer, Das musikalische Kunstwerk, in: ders., Versuch über Musik und Sprache, München 2009, S. 166–218.

zu entziehen versucht, weil er ihr nicht ausgeliefert sein möchte. Zu erkennen, worauf gerade das Empfinden jenes Fehlens verweist (bei Kracauer wäre das, wie im zweiten Kapitel zur Dauer beschrieben, die Passion), ist derart mit Qual verbunden, dass der Mensch normalerweise davor zurückschreckt und sich umso »krampfhafter an seine Götzen klammert«.[71] Das Vernehmen und Aushalten dieses unangenehmen Unvernehmens kann durch die Einbettung in die ästhetische Erfahrung ermöglicht werden und sich gegebenenfalls sogar in eine angenehme Stimmung überführen lassen. Mit der Ausgangsidee, Musik für Flughäfen zu gestalten, ging Eno genau solchen Überlegungen nach:

> The original idea of ambient music was to try to give the listener an excuse to do nothing for some short period of time. [...] Music for a space like this [an airport] has to match the environment; it has to be designed; it has to be ambient. All I could think is how great would it be to have music which tells you to sit down, relax, and do nothing for the next 20 minutes.[72]

Der Begriff der Autor:innenschaft wird dabei auf den Bereich der vielfältig am Produktionsprozess Beteiligten ausgedehnt, schließt auch die Rezipierenden ein und wird darüber hinaus dem stets nur teilweise zu kontrollierenden Bereich von Raum und Zeit zugeschrieben. Nicht nur wer, sondern auch wie lange wo verweilt wird, gehört zu jener fluiden Verbindung, die als weitere Wendung des ästhetischen Dazwischen der Langeweile als Zwischenzeit wirkt. Diese Zwischenzeit zeigt sich in Enos Apps als ortloser Resonanzraum seiner Musik und in den idealen Raumverhältnissen der Wandelweiser-Kompositionen, die einen Zusammenhang zwischen Komposition und Aufführungssituation herstellen. Sie zeigt sich auch in den Klang- und Soundinstallationen des *Vaporwaves* sowie der Ortslosigkeit seines Verbreitungsfeldes – dem Internet. Das ästhetische Potential liegt je in einer doppelten Raumreflexion und verweist, wie es Rebentisch (für die Soundinstallation) beschreibt, »auf die räumliche Qualität akustischer Phänomene einerseits und auf die

71 Wie es Heidegger beschreibt in: Zweiter Teil. Erstes Kapitel. Die aus der Grundstimmung der tiefen Langeweile zu entwickelnden metaphysischen Fragen, in: ders., Grundbegriffe der Metaphysik, S. 252–260, S. 255. Insgesamt ist darauf zu verweisen, dass sich diese negative Stimmungsbeschreibung als Langeweileempfinden bereits bei Pascale und Kierkegaard findet. Dort ist Langeweile stets verbunden mit einer nicht zu füllen vermochten Leere, also einem Unbehagen dem eigenen Unvermögen gegenüber.

72 Brian Eno im Interview mit Max Dax, Stealing Time with Brian Eno, in: *Electronic Beats Magazin* (Fall Issue/2011), online unter https://www.electronicbeats.net/stealing-time-with-brian-eno/, zuletzt abgerufen am 22.8.2017.

akustische Qualität von Räumen andererseits«.[73] Das Fluide der Verbindung ergibt sich somit aus dem notwendigen Oszillieren zwischen Möglichkeitsraum und Zwischenzeit.

3.5 Langeweile als Dazwischen, als Jetztzeit

Mit den in diesem Kapitel diskutierten, künstlerischen Arbeiten zeigt sich, dass das Dazwischen als Zeit und Ort eine je eigene, raumzeitliche Logik besitzt, die nicht in der linearen Logik der chronologischen Zeit und des geometrischen Raums zu beschreiben ist. Denn in der chronologischen Logik wird die Zeit in aufeinanderfolgende Abschnitte aufgeteilt: in vorher, dazwischen und nachher, ähnlich der Konstruktion von Vergangenheit, Gegenwart und Zukunft. Im Aushalten der ästhetischen Langeweile in Form des Dazwischen erfährt die Betrachterin eine Irritation des chronologischen Selbstverständnisses. Das in der ästhetischen Langeweile erfahrene Dazwischen ist eine Form der Gegenwart, die Vergangenheit und Zukunft miteinander in Bezug setzt – und zwar nicht als ein chronologisches Dazwischen, sondern in Form von erfahrenen Gleichzeitigkeiten. Ob in *Mapping the Studio I (Fat Chance John Cage)* von Bruce Nauman, in *An Experiment in Leisure* von Manon de Boer oder in der Erfahrung der Musik von Brian Eno und dem Ensemble Wandelweiser, stets wird ein nur vorderhand als chronologisch verstandenes Dazwischen bearbeitet, welches in und durch die ästhetische Auseinandersetzung als anachronistisch erfahren werden kann. Isabell Lorey versteht diese von mir im Konzept des ›Dazwischen‹ gefasste Zeit als eine spezifische Form der Gegenwart. Diese Gegenwart ist

> Konstruktion und Konstellation mehrerer verwobener Zeitlichkeiten, Gleichzeitigkeiten in produktiver Differenz und Konflikthaftigkeit, weil Unterdrücktes und Vergessenes artikuliert wird.[74]

So verweist die leere Zeit (Nauman) des Dazwischen als quälende Leere indirekt auf das, was fehlt. Jedoch artikuliert sich dies nicht im direkten Verweis, sondern durch die in der leeren Zeit des Dazwi-

73 Rebentisch, Die Soundinstallation, S. 227.

74 Isabell Lorey, Benjamin. Sprünge der Jetztzeit, in: dies., Demokratie im Präsens, Berlin 2020, S. 84–105, S. 90.

schen verwobenen Zeit- und Räumlichkeiten, die als aus Qual heraus herbeigesehnten Fixpunkten bestehen bleiben. Die Wahrnehmung der freien Zeit (de Boer) ist davon abhängig, dass es gerade keine bewussten Fixpunkte mehr gibt, von deren Sehnsuchtsausstrahlung sich eine Mangelerfahrung ableiten ließe.

Gegenüber der leeren Zeit des Dazwischen lässt sich das Dazwischen der freien Zeit als Schweben in der Zeit, nicht jedoch als Qual beschreiben. Auch de Boer erschafft eine spezifisch raumzeitliche Konstellation, die gänzlich ohne einen zeit- und räumlich fixierten Rahmen auskommt, so dass die freie Zeit der Freiheit ästhetisch erfahrbar werden kann. Die Zwischenzeit der Musik (Eno, Ensemble Wandelweiser) wiederum schafft es, eine Leere als Volumen zu generieren, so dass diese nicht mehr als Mangel, sondern als unabschließbare Unverfügbarkeit und damit als anachronistischer Zeit-Raum abseits des chronologischen Zeit- und Geschichtsverständnisses erfahren wird. Die räumlich ausgedehnte Zwischenzeit, die in dieser Musik ästhetisch erfahrbar wird, begreift die Gegenwart als eine Konstellation aus verschiedenen Zeitlichkeiten. Und das bedeutet, »mehrere aktualisierte Vergangenheiten in ihrem Spannungsverhältnis miteinander in einer ausgedehnten Jetztzeit anzunehmen, die als Konstellation eher im Plural als mehrere Jetzt-Zeitpunkte verstanden werden muss.«[75] Zugleich definiert Benjamin den Zustand der Langeweile als etwas, was uns passiert, »wenn wir nicht wissen, worauf wir warten.«[76] Es ist das Unbestimmte, der nicht fokussierte Zustand des Wartens, der geradezu notwendig ist, um Langeweile zu erzeugen. Benjamin sucht mit der Langeweile einen Erfahrungsmoment, einen Schwellenzustand, der über das rationale Erfassen von Welt hinausgeht und diese Welt geradezu ›revolutionär‹ zu sprengen vermag. In den passiven Motiven der Langeweile verortet Benjamin somit einen aktiven revolutionären Schwellenmoment, als Zustand, der hierbei jedem aktiv-passiv-Dualismus vorausgeht.

In Naumans *Mapping the Studio I (Fat Chance John Cage)* ist das nicht zuletzt (aber auch) in der aus mehreren nächtlichen Überwachungsbildaufnahmen zusammengefügten Konstruktion erfahrbar. Die hier ausgestellte, dabei dargestellte und dadurch bereits entstellte Leere produziert jenes Spannungsverhältnis mehrerer aktualisierter

75 Lorey, Demokratie im Präsens, S. 90.
76 Benjamin, Konvolut D: Die Langeweile, ewige Wiederkehr, S. 161.

Vergangenheiten als Dazwischen, oder, in der Formulierung an Lorey und Benjamin angelehnt, als ausgedehnte Jetztzeit. Diese »vielfältige Jetztzeit ist konstruktive Zeitlichkeit, […] schöpferischer Mittelpunkt, in der die historische Konstruiertheit, die Zusammensetzung verschiedener Zeitmomente praktiziert und offensichtlich wird.«[77] Eben jenen schöpferischen Mittelpunkt können die Betrachter:innen von Manon de Boers *An Experiment in Leisure* wahrnehmen, wenn unter anderem in der konstellativen Anordnung der Bild- und Ton-Sequenzen jener schöpferische Akt aus der freien Zeit des Dazwischen verhandelt wird. Denn, wie Lorey schreibt, in

> ihrer Verflechtung mit Vergangenem ist die Jetztzeit keine Zeitlichkeit, die selbstidentisch bei sich bleibt, als unmittelbare und identitäre Präsenz, als Authentizität von Körper und Affekt oder als reine Befindlichkeit. Sie ist zusammengesetzte Bewegung.[78]

Eine zusammengesetzte Bewegung, die nicht in eine Richtung drängt, sondern, eben zusammengesetzt, in die unterschiedlichen Zwischenräume der Zeit vorzudringen imstande ist. Nachdem bereits im zweiten Kapitel die ästhetische Lange-Weile der künstlerischen Arbeiten eine Verbindung von Zeit und Raum aufgezeigt hat, wurde nun im dritten Kapitel deutlich, dass im Raum des ästhetischen Dazwischen der behandelten Arbeiten ebenfalls eine Erfahrung von Zeitlichkeit gemacht werden kann. Für beide Formen der ästhetischen Langeweile war evident, sich dazu den zeitlichen beziehungsweise räumlichen Dimensionen der ästhetischen Langeweile auszusetzen, um so aus gewohnten Wahrnehmungsmodi und Zerstreuungsmustern heraustreten und alternative Gegenwarten als mehrere Jetztzeiten überhaupt denken zu können. Wo also die ästhetische Langeweile sich als Lange-Weile und als Dazwischen zeigt, interveniert sie, irritiert und unterbricht den Fluss der Zeit. Im vierten Kapitel werde ich eine weitere Intervention in die Zeit durch die ästhetische Langeweile diskutieren: Die Wiederholung. Auch dort geht es um Irritationen chronologischer Zeitwahrnehmung. Doch wo das Dazwischen sich als raumzeitlich kondensierte Zeit, als zusammengesetzte Bewegung darstellt, die den chronologischen Zeitfluss als Langeweile in Formen der leeren, freien oder Zwischen-Zeit unterbricht, scheint die Langeweile der Wiederholung keine Unterbrechung, sondern eine

77 Lorey, Demokratie im Präsens, S. 90.
78 Ebd.

Überreizung der Zeitwahrnehmung hervorzurufen. Auf welche Weise die ästhetische Langeweile der Gegenwartskunst qua Wiederholung zu einer ästhetischen Kontingenzerfahrung beiträgt, werde ich im folgenden Kapitel diskutieren.

4. Langeweile als Wiederholung

4.1 Einleitung – Wiederholung wiederholen

Dass Wiederholungen langweilen können, liegt auf der Hand. In Wiederholungen verschwimmen die Zeitgrenzen konkreter Erfahrungen. Sie zerfasern und erscheinen als in der Zeit aufgelöst. Die Gleichartigkeit oder Gleichförmigkeit des immer wiederkehrenden Geschehens führt zu einer eigentümlichen Erfahrung: Einerseits wird die sich wiederholende Zeit als lang, als länger denn die messbar verlaufende Zeit wahrgenommen. Andererseits scheint sich die Zeit zu einer einzigen, einförmigen Masse zusammenzuballen, so dass sie gegenüber der messbar verlaufenden Zeit auch als verkürzt wahrgenommen wird. Die Differenz in der Erfahrung dieser beiden Zeitwahrnehmungen liegt in der Zeit der Wiederholungserfahrung selbst: Zum Zeitpunkt des sich Wiederholenden erscheint dieses als langweilig und langwierig, doch im Rückblick darauf scheint die vergangene Lebenszeit verkürzt, zu schnell vergangen, komprimiert, und zwar, weil sich, so wirkt es, nichts Nennenswertes ereignet hat.

Die künstlerische Strategie der Wiederholung spielt im kunsthistorischen und ästhetischen Diskurs der Gegenwart eine prominente Rolle. Wiederholungen stehen dabei oftmals für Kritik und Revision des modernistischen Gebots zum Neuen, Singulären, Authentischen, Innovativen, Originalen und eines daraus abgeleiteten, vermeintlichen Wiederholungsverbots in der Kunst.[1] Die Debatte zum Mimesis-Konzept und, daran

1 Davon zeugen nicht zuletzt unzählige Publikationen und Ausstellungen der vergangenen Jahre, u.a.: Martin Dobbe, Francesca Raimondi (Hrsg.), Serialität und Wiederholung. Revisited, Berlin 2021; Fabian Geyer, Ästhetik der Wiederholung und der Nachahmung bei Franz Kafka, Heidelberg 2019; Till Julian Huss, Elena Winkler (Hrsg.), Kunst und Wiederholung. Strategie Tradition Ästhetischer Grundbegriff, Berlin 2017; Károly Csúri, Joachim Jacob (Hrsg.), Prinzip Wiederholung. Zur Ästhetik von System- und Sinnbildung in Literatur, Kunst und Kultur aus interdisziplinärer Sicht, Bielefeld 2015; Tilman Baumgärtel, Schleifen. Zur Geschichte und Ästhetik des Loops, Berlin 2015; Joy Kristin Kalu, Ästhetik der Wiederholung, Bielefeld 2013; Sabeth Buchmann,

anschließend, über Sinn und Unsinn, Identität und Differenz, letztlich über Katharsis oder Konfusion durch künstlerische Wiederholung, reicht von der Antike bis in die Gegenwart.[2] Die Langeweile schreibt sich auch über die künstlerische Praktik der Wiederholung ›immer desselben‹ als zeitlicher und räumlicher Bezug in die Rezeption bestimmter künstlerischer Arbeiten ein. Wenn die Künstler:innen seit den 1960er-Jahren durch die Praktik der Wiederholung, etwa als Zitat, Aneignung, Adaption, Remake, Reenactment, Kopie, Reproduktion, Serie oder Variation, die Produkte der industriellen Ökonomie wieder–ausstellten (wie Duchamp, Johns, Warhol etc.) oder in der Performancekunst die sich wandelnden, sublimen Manipulations- und Rezeptionsunterwerfungsstrategien ausbuchstabierten (beispielsweise Cage, Nauman), verhandeln sie, insbesondere durch irritierend aufkommende Langeweile in der Rezeption, diesen Raum- und Zeitbezug. So problematisieren sie eine in die Gesellschaft hineinragende Produktionsökonomie, die Neuschöpfung und stetige Leistungserbringung als Imperativ und Leitmodell an das Subjekt der Gesellschaft heranträgt. Sie verweisen auf die durch eine (vermeintlich) äußere Macht instrumentalisierte Existenz des Subjekts, das sich als einzigartig versteht und doch den Regularien von Markt und Kapital unterlegen ist.[3]

In kunsthistorischer Nachfolge und Wiederholung dieser Vorgängerarbeiten ist es wichtig, die Langeweile durch die ästhetische Strategie der Wiederholung nicht mehr nur als Folge einer teilweise fortbestehenden, fordistischen Produktionsökonomie für das Subjekt der Gegenwart zu verstehen. Denn natürlich ist sowohl die Kunst der

Alexander Mayer, u. a. (Hrsg.), Wenn sonst nichts klappt: Wiederholung wiederholen. In Kunst, Popkultur, Film, Musik, Alltag, Theorie und Praxis, Berlin, Hamburg 2005; Carola Himes, Dietrich Mathy (Hrsg.), Dasselbe noch einmal: Die Ästhetik der Wiederholung, Wiesbaden 1998.

2 Einen guten Überblick zur hier nicht ausgeführten Mimesisdebatte von der Antike bis heute bietet für die Literatur einerseits Erich Auerbach, Mimesis. Dargestellte Wirklichkeit in der abendländischen Literatur, Tübingen 2001; darüber hinaus stellt die DFG-Forschungsgruppe Medien und Mimesis seit 2014 »das geschichtsphilosophische Selbstverständnis der Moderne als eine grundlegend amimetische kulturelle und soziale Formation infrage« und verfolgt »auf unterschiedlichen Ebenen die kultur- und sozialitätskonstitutive Funktion mimetischer Praktiken.« Online unter https://www.fg-mimesis.de/ info/, zuletzt abgerufen am 20.5.2020.

3 Michel Foucault beschreibt das treffend mit dem Begriff der Disziplinargesellschaft. Auch bei Nauman ist zu beobachten, dass seine frühen Arbeiten sich diesbezüglich von den aktuellen (und der im vorherigen Kapitel beschriebenen) insofern unterscheiden, als dass sich diese dem Prozess der Disziplinierung geradezu qua Aufhebung und Passivität entziehen.

1960er-Jahre als auch jene unserer Gegenwart jeweils mehr als nur »ästhetische Blaupause« des Sozialen. Sie ist als künstlerische Auseinandersetzung mit den gesellschaftlichen Kräften, wie Menke schreibt, auch »ein Motor ihrer Kritik.«[4] Das Wiederholungsparadigma der künstlerischen Avantgarden mit ihren standardisierten, mechanischen, seriellen, und dabei immer wieder repetitiven Verfahren wird in der Gegenwartskunst ausgearbeitet. Den modernen, künstlerischen Avantgarden ging es vornehmlich um den Verständnisbruch qua Irritation, etwa durch serielle Wiederholungen oder unmittelbar damit verwandte Verfahren. Hingegen arbeitet die Gegenwartskunst unter anderem mit Historisierungen, Appropriationen, Differenzierungen und Aktualisierungen. Sie erweitert somit das Wiederholungsparadigma der Moderne um eine Ästhetik, die sich aus den gegenseitig bedingenden Momenten von Differenz und Wiederholung speist: einer Ästhetik der Langeweile qua Wiederholung, der es nicht um eine weitere Variante des Regimes des immer Neuen, sondern gerade um eine Distanznahme davon geht.

Die Praktik der Wiederholung lässt sich formal, wie Lorenz Engell vorgeschlagen hat, in drei Unterkategorien gliedern, um die Maßnahmen der Wiederholung zu spezifizieren. Gemein ist Engells Unterkategorien, ganz allgemein Störungen im Sinne langweilender Wiederholungen zu beschreiben, doch unterscheiden sich diese in der Artikulation jeweiliger Störungen in die selbstähnliche, die strukturelle und die identische Wiederholung.[5] Die selbstähnliche Wiederholung beinhaltet keine exakte Wiederholung ein- und desselben, sondern eine Wiederholung von untereinander minimal differierenden, einander jedoch äußerst ähnlichen Dingen. Die strukturelle Wiederholung wiederholt ebenfalls nicht dasselbe, sondern den Strukturmomenten nach Ähnliches, etwa Abläufe, Narrationen, Strukturen. Die identische Wiederholung wiederholt dasselbe oder etwas, das haargenau gleich ist. Im folgenden Kapitel wird mit der Arbeit *You See I am Here After All* von Zoe Leonard die selbstähnliche Wiederholung (Abschnitt 4.2), mit Heiner Goebbels *Die Provinz des Menschen* die strukturelle Wiederholung (Abschnitt

4 Christoph Menke, Der andere Geschmack. Weder Autonomie noch Massenkonsum, in: Ders., Juliane Rebentisch (Hrsg.), Kreation und Depression, Berlin 2011, S. 226–239, S. 226.

5 Lorenz Engell, Die Langeweile und der Krieg. Fernsehen und das Ende der Spaßgesellschaft, in: Alexander Karschnia u. a. (Hrsg.), Zum Zeitvertreib. Strategien – Institutionen – Lektüren – Bilder, Bielefeld 2005, S. 19–32, S. 23.

4.3) und mit Gregor Schneiders *Neuerburgstraße 21* die identische Wiederholung (Abschnitt 4.4) behandelt.

Auf Wahrnehmungsebene weisen die drei Typen der Wiederholung ihrerseits in die anderen Varianten hinein. Bewusst fiel die Wahl zu besprechender Arbeiten auf Installationen, denn die körperliche und psychische Eingebundenheit in den interaktiven Prozess der ästhetischen Erfahrung qua Wiederholung ist in ihrer selbstreflexiv-performativen Struktur eine »wirkliche Neuerung von Minimal Art und Installationskunst.«[6] Die Betrachter:innen können sich aktiv durch die und in der jeweiligen Architektur der Installation bewegen, so dass sie die optionale Langeweileerfahrung auch körperlich durchleben. Diese Steigerung der Betrachter:innenbeziehung zum ästhetischen Gegenstand, welche per se keine Leistung im Sinne der Produktions- und Performancegesellschaft darstellt, fordert das Subjekt gleichwohl in seinem Potential heraus. Denn ähnlich wie schon bei Nauman sind die Betrachter:innen (auf)gefordert, sich in die Installation zu begeben und dort zu verweilen. Dieser Zug der installativen Arbeit verweist auf die Veränderungen der Spätmoderne in der Leistungs- und Informationsgesellschaft, in der das Subjekt sowohl gefordert ist als auch sich selbst fordert. Inwiefern durch die Praktik der Wiederholung die Wahrnehmungsebene jeweils verschoben und dadurch zu einer besonderen ästhetischen Kontingenzerfahrung wird, werde ich anhand der hier behandelten künstlerischen Arbeiten aufzeigen und diskutieren.[7]

4.2 Langeweile in der selbstähnlichen Wiederholung – *Zoe Leonard*

Bei *You see I am here after all* handelte es sich um die größte Arbeit innerhalb der Zoe Leonard Retrospektive *Survey* (2018) im Whitney Museum New York. Diese Installation, erstmals 2008 im Dia:Beacon präsentiert, umfasst an die 4000 Motivpostkarten, welche genau so bis in die späten 1970er-Jahre produziert wurden und deren Motive

6 Rebentisch, Ästhetik der Installation, S. 59.

7 Wiederholungsaspekte des Re-Enactments und der Post-Internet-Art werden hier nicht besprochen, da beides ausführlich in: Ellen Wagner, Falsche Signale. Strategien der Mimikry in der Post-Internet Art, Berlin 2021 untersucht wurde.

auch heute wieder als Vintage-Postkarten versendet werden.[8] Auf diesen abgebildet wiederholt sich, aus verschiedenen, mal fotografierten, mal nachkolorierten, mal gemalten Perspektiven, ein immer gleiches Motiv: die Niagarafälle. Alle Postkarten sind zwischen 1900 und 1950 datiert und wurden von Leonard auf Flohmärkten, im digitalen Netz oder andernorts entdeckt, gesammelt, geordnet und für *You see I am here after all* zusammengestellt. Da flächig an der Wand präsentiert, sind die möglicherweise beschrifteten Rückseiten der Postkarten für die Betrachtenden nicht, beziehungsweise nur im Ausstellungskatalog, erkennbar. Die Postkarten weisen blaue, gelbe und sepiafarbige Schattierungen auf. Auffallend sind spektakulär getönte Wolkenformationen. Oft finden sich kleine Textpassagen auf den dargebotenen Vorderseiten; Orts- und Zeitangaben, Bildbeschreibungen, handschriftlich verfasste Grußworte. Innerhalb der Installation wurden die Postkarten nach jeweils eingenommener Perspektive auf die Wasserfälle, also nach Position der Betrachtung beziehungsweise Abbildung, arrangiert.

So läuft die Betrachterin an tausenden, auf einer circa 44 Meter langen Wand befestigten Postkarten entlang, wird dabei nur von Säulen und Türeingängen unterbrochen und sucht in der circa 2,4 Meter hohen Installation nach feinen Unterschieden des doch immer gleichen Motivs. Aufgrund der relativen Beengtheit des Raums, eines relativ breiten Durchgangs innerhalb der Galerie, und durch die Künstlerin gewollt, ist es nie möglich, weit genug zurückzutreten, um so einen Überblick auf das gesamte Arrangement zu erlangen. Lynne Cooke, die Kuratorin, welche das Werk in Auftrag gegeben hatte, beschreibt die Erfahrung:

> Given the gallery's physical limitations, at no point [you] can step back to scan the whole: an omniscient overview is never possible. To experience Leonard's work in situ is thus to undertake an episodic journey, with stops en route along Niagara's perimeter (in effect, at the precise places from which the photographers took their shots) to scrutinize its most admired sites.[9]

Mittig vor und zugleich in der Installation stehend, nimmt die Betrachterin einen virtuellen Standpunkt kurz vor dem Abgrund der Wasserfälle

8 Für eine detaillierte Ansicht der Arbeit *You see I am here after all* von Zoe Leonard in der Ausstellung *Survey* 2018 im Whitney Museum, online https://www.artsy.net/artwork/zoe-leonard-detail-of-you-see-i-am-here-after-all#, zuletzt abgerufen am 23.12.2018.

9 Lynne Cooke, Mapping a Course from Site to Site, in: dies., Catalog to Zoe Leonard, You see I am here after all, at DIA:Beacon, New York 2010, S. 208–209.

ein. Schaut sie von diesem Punkt aus nach links oder rechts, sieht sie jedoch nicht das Bild, dass sich aus dieser veränderten Position ergeben würde, sondern die tausendfachen Reproduktionen des aufgenommenen Motivs. Bewegt sie sich in der Installation nach rechts oder links, so sieht sie leicht veränderte Perspektiven auf die Wasserfälle, gerade so, als wäre sie vor Ort, am Aufnahmeort, wie auf einer Schiene nach rechts oder links verschoben. Wendet sie den Blick zur oberen Hälfte der Installation, findet sie dort jene Postkarten, die aus größerer Distanz eine zentrale Perspektive auf die herabstürzenden Wassermassen darstellen. Jene Postkarten, die sich auf Augenhöhe befinden, bilden wiederum den Wasserverlauf von oben bis hin zu jener Kante ab, an der das Wasser hinunterbricht und dabei sozusagen die Rahmen der Postkarten verlässt. Diese Perspektive ist zahlenmäßig am weitaus häufigsten vertreten. Der erste Eindruck des immer Gleichen kann über die Erfahrung der selbstähnlichen Wiederholung des ähnlichen Motivs einem differenzierten Blick auf immer Anderes weichen. Durch die ausdehnende Anordnung dieses andauernd wiederholten, sich selbstähnlichen Motivs in die Breite der Installation, die die Betrachterin passieren muss, verschiebt sich die Wahrnehmung des Standpunktes – von der offensichtlich aufgesuchten Betrachter:innenperspektive am Ort des Motivs hin zu jener im Museum eingenommenen Position. Um einzelne Postkarten genauer betrachten zu können, verlangt die Anordnung, dass sich die Besucherin bewegt, bückt, streckt, also körperlich involviert. Zugleich ist jede:r Betrachter:in mit den eigenen, also höchstsubjektiven körperlichen Bedingungen konfrontiert. Die individuelle Körpergröße bewirkt hier in besonderem Maße auch eine individuell unterschiedliche Betrachtung der Installation. Doch nicht nur dadurch verschwimmt die schon im ›*here after*‹ des Arbeitstitels anklingende, dichotome Scheidung von Raum und Zeit: Das Nebeneinander des fast 4000-mal wiederholten, immer gleichen Motivs, das doch über 50 Jahre lang nach und nach versendet wurde und noch einmal 58 Jahre später in der Galerie, im Museum oder im Ausstellungshaus zusammengestellt auftaucht, zeigt sich im Kunstwerk als eine Darstellung von Nebeneinander und Nacheinander in der Gegenwart der betrachteten Installation. Die derart angeordneten Bilder formen einen räumlichen und auch zeitlichen Horizont, fallen hier neben den In-Situ-Perspektiven doch auch verschiedene Zeiten zusammen.

Der erste, visuelle Eindruck des auf den nebeneinandergereihten Postkarten wieder und wieder abgebildeten Motivs enttäuscht die situative Erwartung, der zufolge in der raumgreifenden Installation mehr als ein

Motiv auf den kleinteiligen Formaten dargestellt sein könnte. Das Auge erhält vermeintlich zu wenig, da immer das gleiche Motiv zu sehen ist. Zugleich übersteigt die Vielzahl an Postkarten das Auffassungsvermögen der Betrachterin und überfrachtet die Wahrnehmungsmöglichkeiten mit einem ›Zuviel‹. Aufgrund der Wiederholung wird das nun unmittelbar in ein ›Vermeintlich-zu-Wenig‹ umgedeutet.[10] Dieser erste Eindruck kann zunächst dazu führen, dass die Installation naiv als ungenügend, als uninteressant beurteilt wird. Schon hier existiert jedoch ein möglicher, reflexiver Kippmoment der ästhetischen Erfahrung in der Ungewissheit des vorderhand als derart uninteressant und langweilig wahrgenommenen Kunstwerks, das zugleich ein ›Mehr-als-nur-Uninteressant‹ und demnach ein ›Mehr-als-Langweilig‹ aufzuweisen haben könnte.

Lässt die Betrachterin, entgegen dem unmittelbaren Werturteil des Uninteressanten, den Anblick der tausenden Postkarten in Leonards Installation *You see I am here after all* auf sich wirken, wird bald deutlich, dass es sich ganz klar nicht um identische Postkarten handelt. Nach und nach fallen die Differenzen – unterschiedliche Perspektiven, Farbtönungen, Verschiebungen des Aufnahmestandpunkts, die Textzusätze und Alterserscheinungen – im vermeintlich immer gleichen, sich wiederholenden Motiv auf. Es wird deutlich, dass minimale Abweichungen die vermeintlich starre Struktur dieser nur scheinbar identischen Postkarten erheblich verändern. Demzufolge handelt es sich weder um eine identische noch um eine strukturelle, sondern um eine selbstähnliche Wiederholung. Engell fasst das Prinzip der Selbstähnlichkeit wie folgt zusammen: »Alle Elemente […] sind potentiell veränderlich und zugleich bis auf weiteres konstant, oder umgekehrt, potentiell konstant und bis auf weiteres veränderlich.«[11] Durch Wahrnehmung der unterschiedlichen Wiederholungsarten, die ihrerseits in Veränderung begriffen sind, sowie durch die vielfältige Häufung und perspektivisch determinierte Anordnung des Motivs wird deutlich, dass genaues Sehen, als Hinsehen und Ansehen, erforderlich ist.

Nun ließe sich hier der recht triviale Schluss, »ich hatte entdeckt, daß die Wiederholung gar nicht vorhanden war und dessen hatte ich mich

10 Inwiefern die Praktiken der Langeweile in der Gegenwartskunst, wie in den vorangegangenen Kapiteln behandelt, letztlich alle mit Überforderung zu tun haben und geradezu zeitgenössisch ein Kippmoment in diese einziehen, erörtere ich unter der Überschrift ›Langeweile als Zuviel‹ im nachfolgenden Kapitel.

11 Lorenz Engell, Vom Widerspruch zur Langeweile. Logische und temporale Begründung des Fernsehens, Frankfurt am Main 1989, S. 245–250, S. 250.

vergewissert, indem ich dies auf alle nur mögliche Weise wiederholt bekam«, ziehen.[12] Eine Folgerung, die so Kierkegaards Protagonist Constantin Constantius[13] im Text *Die Wiederholung* (1848) vornimmt. Doch wie schon bei Kierkegaard obliegt es auch hier den Rezipient:innen, ein solches Fazit in Zweifel zu ziehen, denn »die Wiederholung [...] ist und bleibt eine Transzendenz«[14] und damit ein Problem der Erfahrung, die als reine Erfahrung von etwas bereits Erfahrenen und damit Erinnerten über das Erinnerte hinauszuweist:

> Wiederholung und Erinnerung sind die gleiche Bewegung, nur in entgegengesetzter Richtung; denn wessen man sich erinnert, das ist gewesen, wird rücklings wiederholt; wohingegen die eigentliche Wiederholung sich der Sache vorlings erinnert.[15]

Wo also die Erinnerung sich der Vergangenheit widmet und diese als Vergangenes erinnert, befördert die Wiederholung das Vergangene in die Gegenwart. Das Erinnerte verbleibt dabei singulär als je einzelner Moment in der Vergangenheit. Das Wiederholte zeitigt sowohl Kontinuität als auch die Differenz zwischen Vergangenheit und Gegenwart. Das Nebeneinander der ausgestellten Postkarten, das Wiederholen der jeweiligen Augenblicke, Perspektiven, Erinnerungen als Souvenir, betont somit die Singularität jeder einzelnen Postkarte in der Vergangenheit. Dadurch wird in der Gesamtansicht der Installation die Wiederholung als Transzendenzerfahrung der Gegenwart veranschaulicht. Denn Erinnerung verweilt in der Vergangenheit, hingegen ist »Wiederholung [...] die Wirklichkeit und des Daseins Ernst«[16], da sich nur in der Wiederholung die Auseinandersetzung mit den Differenzen der Gegenwart zur Vergangenheit, des »Daseins Ernst«, ermöglichen lässt. Sich also der Wiederholung auszusetzen, bedeutet, die Bewegung der Wiederholung »vorlings«, also vorwärts, zu vollziehen. Das bedeutet der Zukunft

12 Sören Kierkegaard, Die Wiederholung, Hamburg 2000, S. 45.

13 Schon der sich selbst – fast – wiederholende Name scheint die Schlussfolgerung anzudeuten. Zugleich beinhaltet er jedoch die ›Konstanz‹, welche im Namen zwar wiederholt, eben doch nicht ganz identisch ist. Insofern kann festgehalten werden, dass eine konstante Wiederholung unmöglich ist. Kierkegaard spielt hier mit dem Namen des Protagonisten im Kleinen durch, was er im Weiteren ausführt – nicht das Werk, noch der Protagonist belehren die Lesenden zur Wiederholung, sondern erst im Lesen und Reflektieren des Textes schreibt sich eine aktive Erfahrung von (der hier begrifflich definierten) Wiederholung ein.

14 Kierkegaard, Die Wiederholung, S. 59.

15 A.a.O., S. 3.

16 A.a.O., S. 5.

zugewandt jedoch die Differenz des Vergangenen zur Gegenwart in eben jener Gegenwart sichtbar machend, eben jene Differenzen im Gegensatz aufzuzeigen.

Diese Verständniserweiterung des Prozesses rund um den Begriff der Wiederholung hilft bei der Beschreibung der Praktik der Wiederholung in der Installation *You see I am here after all*. Leonard reproduziert den Mythos der Niagarafälle in ihrer Installation nicht und holt ihn nicht schlicht noch ein weiteres Mal hervor. Sie erweitert ihn auch nicht ›nur‹ um eine weitere Verständnisschleife, wenn sie qua Wiederholung die diversen Differenzen dieser Mythos-Reproduktionsmaschinerie herausarbeitet. Noch die Künstler:innen der 1960er-Jahre – u.a. Yvonne Rainer, Sol LeWitt, Andy Warhol – vollführten unter Verwendung von industriellen Motiven, Materialien und fordistischen Verfahrensweisen einen Akt der »Wiedergutmachung gegenüber einem Subjekt«, wie es die Kunstkritikerin Rosalind Krauss rückblickend beschreibt, einem Subjekt, »dessen Alltagserfahrung eine der zunehmenden Isolation, Verdinglichung, Spezialisierung ist« und »das unter den Bedingungen einer fortgeschrittenen Industriekultur eine zunehmende instrumentalisierte Existenz führt.«[17] Leonard zeigt 2008 unter Verwendung der 4000 industriell produzierten Souvenirpostkarten die kulturelle Konstruktion eines kollektiven Erinnerungsbildes des amerikanischen Mythos der Niagarafälle.

Das Erlebnis dieses kollektiven Mythos wird in Form der Postkarten zum seriellen, singulären Erlebnisbericht,[18] mit Kierkegaard zur ›Erinnerung‹. Die jenes Erlebnis machenden Absender:innen beschreiben auf den Rückseiten der Postkarten ihre singulären Eindrücke und oft genug gerade auch, inwiefern das Erlebte nicht mit dem auf der Postkartenvorderseite dargestellten Erlebnis übereinstimmt.[19] Und wieder: Singulär betrachtet sind die Aussagen andere, als wenn man sie in emsiger Sammelleidenschaft tausendfach im obigen Begriffssinn wiederholt und, nebeneinander ausgestellt, betrachtet. Gerade dadurch

17 Rosalind Krauss, Die kulturelle Logik des spätkapitalistischen Museums, in: Texte zur Kunst (6/1992), S. 131–148, S. 137.

18 Zum Begriff der seriellen Singularität siehe nochmals: Reckwitz, Gesellschaft der Singularitäten, S. 135.

19 Wie man im Katalog zur Ausstellung Cooke (Hrsg.), You see I am here after all. Zoe Leonard, 2010 auf ausgewählten Reproduktionen von Postkartenrückseiten und im Text der Künstlerin »This is where I was«, zusammengestellt aus Nachrichten von ebenjenen Postkarten, nachschlagen kann.

zeigt sich, dass aus der tausendfachen Wiederholung des als originär angesehenen Motivs eine in sich kontingente Konstruktion entsteht. Die Betrachterin macht in der visuellen Wiederholung des Motivs der Niagarafälle eine dieser Irritation zwischen Erwartung und Ereignis strukturell ähnliche, iterative Erfahrung: Derridas Begriff der Iterabilität verbindet die Begriffe Wiederholung (lateinisch: iter; von neuem; nachmals) und Andersheit (daraus abgleitet im Sanskrit: itara; anders) und schließt somit die Differenz in der Wiederholung qua Alteration ein.[20] Die Postkarten, deren Motiv sich immer wieder wiederholt (iter), sind dabei bereits nach einem zweiten Blick erfassbar, jedoch nicht miteinander identisch. Es ist also nicht immer die gleiche Postkarte, sondern sie wiederholen nur strukturell das Motiv der Niagarafälle (itara). Bevor das passiert, stellt sich jedoch ebenfalls eine bestimmte Langeweileerfahrung ein, die durch den Bruch mit der gegebenen Wahrnehmungsordnung und Erwartungshaltung hervorgerufen wird. Unter Verwendung von Derridas sprachphilosophischem Konzept der Iterabilität zeigt sich, dass das Verstehen von Zeichen qua Wiederholung codiert ist, dass also einem jeden Zeichen-, Sprach- und mithin Vermittlungssystem die Wiederholung notwendig innewohnt, wenn es denn verständlich seien soll. Jedes Zeichen kann nach Derrida zitiert, also wiederholt werden und daher »mit jedem gegebenen Kontext brechen und auf absolut nicht sättigbare Weise unendlich viele neue Kontexte zeugen.«[21] Auch Iterabilität bedeutet hier keine vollidentische Wiederholbarkeit, sondern impliziert Veränderung gerade durch und in der Wiederholung. Was Derrida für das Zeichen ausbuchstabiert, zeigt sich anhand der hier behandelten Postkarten in Leonards Installation ebenfalls. Es zeigt sich, dass in der Wiederholung eines Zeichens keineswegs die Verfestigung und Vereinheitlichung des Begriffs dieses Zeichens stattfindet, sondern gerade durch die Wiederholung erst dessen Kontingenz verdeutlicht wird.

Die Erinnerung an die körperliche Gegenwart vor Ort und die visuelle Versicherung der Sehenswürdigkeit qua Souvenirpostkarte ist dabei jedoch nie identisch, sondern je nach Zusammenstellung zwar jeweils zueinander sehr unterschiedlich, in der massenhaften Zusammenstellung

20 Jacques Derrida, Signatur Ereignis Kontext, in: Peter Engelmann (Hrsg.), Randgänge der Philosophie, Wien 1988, S. 298, siehe auch Jacques Derrida [1971], Signatur Ereignis Kontext, in: Peter Engelmann (Hrsg.), Limited Inc., Wien 2001, S. 15–45.

21 A.a.O., S. 32.

dabei aber natürlich auch wieder einander recht ähnlich. Das stabile Identifikationspotential des Mythos der Niagarafälle in den tausenden Postkarten in *You See I am Here After All* basiert demnach gerade wegen der Wiederholung auf keiner identischen, sondern einer alterierenden Identifikation. In jeder der wieder und wieder wiederholten Postkarten ist der Mythos anders und doch ähnlich konnotiert und dabei jeweils singulär adressiert. Ganz so, wie es Derridas Begriff der Iterabilität bereits vorsieht: Denn »*iter*, nochmals, kommt von *itara*, *anders* im Sanskrit, und alles Folgende kann als Ausbeutung dieser Logik gelesen werden, die die Wiederholung mit der Andersheit verknüpft.«[22]

Ausgestellt wird hier auch der Blick auf den amerikanischen Mythos der unbezwingbaren Natur, die dem Menschen seine Endlichkeit und Einordnung im Kräfteverhältnis der Natur aufzeigt, für die die Niagarafälle bis in das 21. Jahrhundert hinein Pate stehen.[23] Es zeigt sich aber auch, dass dieser Mythos in seiner dauerhaft repräsentierten Wiederkehr Veränderungen unterworfen ist. In der vielfältigen Wiederholung des immer gleichen Motivs wird sichtbar, dass das kollektive Erinnerungsbild an den amerikanischen Mythos mit der individuellen Erinnerung daran keinesfalls deckungsgleich ist. Die industriell produzierten Souvenirpostkarten weisen auf den Rückseiten, in parergonaler Logik erkennbar im Ausstellungskatalog, individuelle Erinnerungsspuren auf und verweisen qua Iteration der präsentierten Vorderseiten, ebenso wie durch die je einzunehmenden, wahrgenommenen Perspektiven der Besucher:innen, auf die Verschiedenheit der Perspektiven. Es wird deutlich, dass das vermeintlich singuläre Motiv der Postkarte zeitlich wie räumlich bestimmt ist und seine Originalität und Singularität somit nicht in ihm selbst, sondern erst in den jeweiligen Betrachtungen durch die Adressat:innen und das Installationspublikum, mithin in der Wiederholung liegt. Der dadurch sich entfaltende Begriff von Wiederholung beschreibt entgegen

22 Derrida, Signatur Ereignis Kontext, S. 24.

23 In den künstlerischen Porträts, Gedichten und Gemälden von Ralph Waldo Emerson, Thomas Cole oder Frederic Edwin Church zeigt sich die Natur als »sublime embodiment of American's collective dreams.« Natur steht hier einerseits zwischen Mensch und Fortschritt: »The magnificent waterfall came to symbolize the limitless westward movement and economic potential of the population.« Andererseits symbolisiert sie die unendlichen Möglichkeiten, die sich dem Menschen durch Eroberung und Besiedlung des Kontinents vermeintlich eröffneten: »This great force of nature came to stand for both the passion of manifest destiny and the boundless future of the country.« Zit. n. Philipp Brockman, Over the Rainbow. Alec Soth's NIAGARA, London 2013, S. 87–92, S. 89.

seinem klassischen Verständnis nunmehr keine durch Wiederholung entstehende Ableitung eines bereits existierenden Originären, sondern das sich erst im jeweiligen Wiederholen konstituierende Originäre selbst.

Der Mythos der Niagarafälle wird so zum Mythos eines Erlebens[24], das nicht direkt darstellbar zu sein scheint, den zu erleben jedoch zum kollektiven Wunsch von Generationen von Amerikaner:innen wurde und wird. Im Nicht-Darstellbaren zeigt sich auch das Besondere des Allgemeinen als exklusives Erleben einer Erfahrung, die nicht für jeden gleichermaßen zugänglich ist. Denn es wird deutlich, dass schon das Erlebnis und auch die Erfahrung des Erhabenen des Naturereignisses rein singulär, für jeden Einzelnen anders erfahrbar ist. Eine singuläre Erfahrung, auf die sich trotzdem qua Postkarte berufen wird, als spektakulär aufgeladener, kollektiver Mythos. Doch hat dieser mehr mit dem auratischen Erleben denn mit dem festgehaltenen, reproduzierbaren Bild zu tun. 2008 gilt die Installation deshalb auch als Erinnerungsmoment an eine historische Epoche, in der, wie zum Anwesenheitsbeweise an mythischen Orten, Sehenswürdigkeiten und Naturwundern, sehr ausgiebig Postkarten versandt wurden. Doch wäre die Betrachterin nun in die Irre geleitet, würde sie die Installation im Museum lediglich als historische Erinnerung an diese Ära betrachten. Denn der Titel *You see I am here after all* bezieht sich zum einen zwar auf die Postkartenversendenden und deren beweisführende Botschaften des Vor-Ort-gewesen-Seins. Zum anderen aber wird der Blick auch auf das dargestellte und inszenierte Objekt des Niagarafalls gelenkt, der letztendlich noch immer vor Ort ist. Ein Ort, der sich auch nach den vor einem (halben) Jahrhundert versandten Postkarten stets verändert hat. Dieses ausgestellte, ›eigentliche‹ Erinnerungsbild der Niagarafälle kann ›eigentlich‹ nur als ein kollektiv Erinnertes der Vergangenheit verstanden werden, ist doch gerade die Gegenwartserfahrung eines

24 Der Mythos, gemeinhin als sagenhafte Erzählung verstanden, umfasst auch bedeutungsaufgeladene Personen, Ereignisse, Dinge und Naturerscheinungen von hohem symbolischem Wert, beispielsweise der Mythos Rhein, online unter https://web.archive.org/web/20130518055031/http://www.de-badner.de/rhein_txtarchiv.htm, zuletzt abgerufen am 24.8.2017 oder Mahatma Gandhi, der »bereits zu Lebzeiten zu seinem eigenen Mythos wurde«, online unter https://www.phoenix.de/sendungen/dokumentationen/mensch--mythos-a-109329.html, zuletzt abgerufen am 30.1.2020. Zum Begriff des Mythos siehe auch Roland Barthes, Mythen des Alltags, Frankfurt am Main 1964; Karl Heinz Bohrer (Hrsg.), Mythos und Moderne. Begriff und Bild einer Rekonstruktion, Frankfurt am Main 1983; Claude-Lévi Strauss, Mythos und Bedeutung. 5 Radiobeiträge, Frankfurt am Main 1980 und Hans Blumenberg, Arbeit am Mythos, Frankfurt am Main 1979.

Besuchs der Niagarafälle ein spezifischer Fall für den Ausverkauf des zum ökonomisch durchstrukturierten Disneylandmoment kulturalisierten Naturwunders.[25] Im vorprogrammierten Besuch der Niagarafälle besteht der Langeweilemoment allenfalls in einer Langeweile, der es mit Besuch und touristischer Naturvermarktung einmal zu entkommen galt: der bleiernen Ödnis des Alltags, des Alles-bereits-Kennens und Nicht-mehr-Überrascht-Werden-Könnens. Insofern hat sich diese Langeweile mit Beginn der Kulturalisierung des Naturwunders ins Spektakel – das vermeintlich Andere der Langeweile – verlängert.

Für die erörterte, ästhetische Erfahrung der zusammengetragenen Verweiszusammenhänge der Installation *You see I am here after all* ist es notwendig, sich der Wiederholungspraktik der Installation auszusetzen, sich mit Kierkegaard explizit für die Wiederholung und gegen die Erinnerung zu entscheiden, die Installation also als Iterabilität, das heißt als Andersheit und Wiederholung zu verstehen und dies auf Ebene der ästhetischen Erfahrung zu durchlaufen. Wiederholungen in der Gegenwartskunst verweisen somit auch auf den sich stetig aktualisierenden und damit verändernden Wiederholungsbegriff. Denn Wiederholung bedeutet auch immer, wie es Niklas Luhmann in *Die Kunst der Gesellschaft* feststellt:

> Wiederholung unter anderen Umständen und streng genommen: Wiederholung als ein anderer. […] Und nicht zuletzt darin liegt ein Qualitätstest der Kunstwerke: daß man sie im Bewußtsein ihrer ›Einmaligkeit‹ immer wieder anders wahrnehmen kann.[26]

4.3 Langeweile in der strukturellen Wiederholung – *Heiner Goebbels*

Mit einer differenzierenden Erfahrung von Wiederholung und Wiederkehr des Immer-gleichen arbeitet auch Heiner Goebbels in seiner ›Multimediaarbeit‹ *Die Provinz des Menschen* (2016), die als Langzeitprojekt zwischen 2004 und 2014 entstand. Wohl fast jede Arbeitsbeschreibung muss notwendigerweise hinter der synchronen Darstellung ihres Gegenstandes zurückbleiben. Das gilt für *Die Provinz des Menschen* umso

25 Zur Besprechung des Ausstellungskatalogs zum Ende der Ausstellung im DIA:BEACON vgl. Benjamin Genocchio, Letting Postcards Tell Niagara Falls' Story, in: *The New York Times* (24.2.2010), S. WE9.

26 Niklas Luhmann, Die Kunst der Gesellschaft, Frankfurt am Main 1997, S. 46.

mehr, denn diese besteht aus 54 Filmen, die auf 27 Monitoren und mit 8 Audiokanälen in 21-minütigen Loops laufen. 2016 wurde die Arbeit zum ersten und bisher einzigen Mal im Dresdner Lipsiusbau ausgestellt. Mit der Langeweile-Erfahrung verhält es sich dabei ähnlich ambivalent wie schon bei Leonards Installation: Auf den Bildschirmen von *Die Provinz des Menschen* ist zunächst ein immer gleicher, routinierter und strukturierter Ablauf zu sehen: In 54 verschiedenen Städten wurde die Heimkehr des selben Mannes aufgezeichnet: Alle 54 Filmteile wiederholen den strukturell gleichen Ablauf: Der Mann verlässt ein Theater, läuft über den Bordstein, steigt in ein Taxi, fährt los, rezitiert im Auto einen Text, steigt aus, kauft eine Flasche Wasser und geht nach Hause. Die Langeweile wird hier zum einen als dargestellte Alltagsroutine präsentiert, zum anderen in Form der strukturell sich wiederholenden Darstellung provoziert. Durch die installative Präsentationsform wird sie sogleich gebrochen. Protagonist in dieser Sound- und Videoinstallation ist der französische Schauspieler André Wilms. Das Publikum beobachtet ihn über eine in den Filmsequenzen geraffte, als solche aber nicht sofort kenntlich gemachte Zeitperiode von zehn Jahren, in denen er das strukturell identische Ritual in 25 Ländern absolviert, wiederholt. Dabei Passagen aus Elias Canettis Buch – es trägt den gleichen Titel – auf Französisch zitierend, damit Perspektiven auf die Gesellschaft kundtuend, wird er in verschiedenen Wagen durch die verschiedenen Städte gefahren. Dass es sich bei den Wiederholungen des Textes um Canettizitate handelt, bleibt den Betrachter:innen der Arbeit verborgen.[27] Begleitet werden die 54 neben- beziehungsweise aufeinanderfolgenden Filmsequenzen von einer rauschenden Klanglandschaft, die aus Geräuschen der Städte montiert wurde.

Einige der Sequenzen gehen auf Videonotizen zurück, die Goebbels seit 2004, zeitgleich mit der Musiktheaterarbeit *Eraritjaritjaka*, aufzuzeichnen begann. Schon in *Eraritjaritjaka* und den beiden vorangehenden Stücken *Ou bien le debarquement desastreux* (1993) und *Max Black* (1998) einer somit vervollständigten Trilogie sind die Genregrenzen von Oper, Film und Theater überwunden. Bereits in *Eraritjaritjaka* verschwindet der Schauspieler Wilms scheinbar aus einem Theater, wird dabei ebenfalls filmisch begleitet und vermeintlich ›live‹ in einer Videoübertragung gezeigt. Es wirkt schon dort, als verlasse er

27 Elias Canetti, Die Provinz des Menschen. Aufzeichnungen 1942–1972, Frankfurt am Main 1986.

in Echtzeit das Theater und kehre per Taxi in seine Wohnung zurück, nur um im nächsten Schritt sowohl auf der Bühne als auch auf einer dort angebrachten Videoleinwand aufzutauchen – wiederzukehren. Mithin umfassen und wiederholen die ohnehin 54-fach wiederholten Filmsequenzen aus *Die Provinz des Menschen* Fragmente der Arbeit *Eraritjaritjaka* und formen Spuren von etwas Verlorengegangenem. Eben das bezeichnet in der Sprache der Aborigines auch der Begriff Eraritjaritjaka – ein »volles Verlangen nach etwas Verlorengegangenem.«[28]

Zeitgleich mit *Die Provinz des Menschen* wurde mit *Landschaft 3* eine weitere Videoarbeit Goebbels' im Lipsiusbau präsentiert; eine mitgeschnittene Inszenierung der Eröffnungsoper zur Ruhrtriennale 2014. Auch in diesem Mitschnitt werden diverse Sinnzusammenhänge anderer ›Provinzen des Menschen‹ betont, das heißt strukturell wiederholt. Auch darin vollzieht sich die verhandelte Langeweile als vertraute Routine und als Stachel eben jener, also als deren Infragestellung. Für die Ruhrtriennale inszenierte Goebbels das Musiktheaterstück *De Materie* (1989) von Louis Andriessen. Auch von diesem war im Lipsiusbau ein Ausschnitt des vierten Akts als Mehrfachvideoprojektion ausgestellt. In dieser war im dunklen Inneren einer gewaltigen Industriehalle eine einsam zusammengezogene Schafherde gezeigt, die einzig von einem darüber schwebenden Zeppelin belagert, umkreist und beleuchtet wurde. Alle hier aufgezählten Arbeiten gemeinsam auszustellen, sie also am gleichen Ort (wieder)aufzuführen, impliziert, sie zueinander in Beziehung zu setzen: Wie die 27 Monitore in der Multimediainstallation *Die Provinz des Menschen* von einem einzigen Mann belebt sind, der dem Theater den Rücken kehrt und jener immer gleichen Struktur folgend in unterschiedlichen Städten der Welt nach Hause fährt, so sind es in *Landschaft 3* die vom Menschen domestizierten Tiere, die an einem industriellen Ort auf mechanische Weise von einem Zeppelin künstlich beleuchtet und dadurch gewissermaßen beobachtend umkreist werden. Canettis Vorstellung der Provinz – »eine kleinere geschlossene Einheit innerhalb einer größeren Totalität«[29] und das Bild einer Schafherde entsprechen einander strukturell und wiederholen sich.[30]

28 Canetti, Die Provinz des Menschen. Aufzeichnungen 1942–1972, S. 178.

29 Siehe die Besprechung zu Canettis *Die Provinz des Menschen* von Hans Mayer, Schwarze Wolke, Gift des Grams, in: *Der Spiegel* (22/1974), online unter https://www.spiegel.de/kultur/schwarze-wolke-gift-des-grams-a-faeb5081-0002-0001-0000-000041739268, zuletzt abgerufen am 22.12.2018.

30 Ähnliches ließe sich natürlich auch über Goebbels' Installation *Die Provinz des Menschen* sagen.

Der leuchtend-observierende Zeppelin, das industrielle Setting und die Stille, regelmäßig unterbrochen von hellem Glockenklingeln verweisen darüber hinaus auf das Obskure, Unheimliche und Unbekannte im vermeintlich Bekannten, Provinziellen. Langeweile in einer kontemplativen Betrachtung der Schafherde, die außer ihrer passiven Darstellerschaft innerhalb der größeren Inszenierung aber auch gar nichts vollführt, kann hier auf ganz ähnliche Weise aufkommen wie bei Betrachtung mannigfach wiederholter Schauspielerroutinen.

Dass die nur 21 Minuten dauernden Filmcollagen aus *Die Provinz des Menschen* in einer Endlosschleife präsentiert werden, ist für die hier geführte Diskussion zur Wiederholung als Praktik der Langeweile besonders relevant, denn der Loop lädt »weniger zum Rausgehen als vielmehr zum Drinbleiben« ein.[31] Er lässt eine ästhetische Erfahrung der Zeit zu, welche die modifizierten Zeitformen des Films – die dargestellte Zeit und die Zeit der Darstellung – durch Wiederholung in Endlosschleife immer weiter auseinanderfallen lässt und darüber hinaus die wahrgenommene Zeit der Betrachtung beeinflusst.[32] Im Auseinanderdriften verliert sich die Erfahrung im Unbestimmten und kann zur Stimmung der Langeweile führen. Obwohl sich stets die gleiche Struktur wiederholt, es sich immer um das gleiche Motiv handelt, müss(t)en die Besucher:innen nun weit mehr als jene 21 Minuten des geloopten Arrangements verweilen, um die Fülle dargestellter Gleichzeitigkeiten erfassen zu können. Sie müssten mithin ausgesprochen lange in den Filmschleifen verharren und sähen doch erneut nur das identische Arrangement aus 54 Sequenzen auf 27 Bildschirmen. Anders jedoch als bei Loops kürzerer Filminstallationen, bei denen Betrachtende schon nach kurzer Zeit die Handlung erfassen, die aufeinanderfolgenden Bilder überblicken und sich alsdann der je eigenen Zeiterfahrungen, der Materialität, der Gemachtheit des Films bewusst werden, wird eine derart an Kontemplation erinnernde Erfahrung durch Goebbels Arbeit lange Zeit hinausgezögert, den Betrachtenden nicht zuletzt aufgrund der Dauer, der Wiederholung und der Fülle an Sequenzen und Bildschirmen regelrecht verweigert.

Dieser Bruch mit der Möglichkeit einer bereits qua Erleben gegebenen Zugänglichkeit ist ebenfalls Teil der künstlerischen Produktion und damit einer möglichen, ästhetischen Erfahrung. Denn natürlich

31 Rebentisch, Ästhetik der Installation, S. 195.
32 Vgl. Rebentisch, Ästhetik der Installation, S. 195–200.

geht es in einer Arbeit, die der Wiederholung so frönt wie *Die Provinz des Menschen* mit ihren strukturellen Wiederholungsszenen einer über zehn Jahre 54-mal gefilmten Rückkehr aus dem Theater nach Hause, das heißt in eine der vielen ›Provinzen des Menschen‹, dargestellt auf insgesamt 27 neben- und übereinander angebrachten Monitoren, vertont mit Stadtgeräuschen und einem Klangteppich aus Rezitationen aus einem Buch mit gleichlautendem Titel durch immer denselben Sprecher, schließlich auch um den Loop als repetitiver Struktur in der Gegenwart der musealen Präsentation. Wiederholte Zeit, egal ob dargestellt, wahrgenommen, simultan oder linear-messbar, spielt eine immens große Rolle in Goebbels' Arbeit – weniger jedoch als Echtzeit denn als Zeit einer ästhetischen Erfahrung. Jeder Bildschirm spielt eine eigene Zusammenstellung der aufgenommenen Sequenzen ab, wobei Schnitte zwischen den Sequenzen auf dem je selben Bildschirm durch Schwarzblenden miteinander verbunden sind. Wie schon in Leonards Installation werden die Besucher:innen auch bei Goebbels mit einer überwältigenden Anzahl an Perspektiven auf ein immer gleiches Motiv konfrontiert. Durch Iteration ist, wie zuvor erörtert, auch hier ein ästhetisches Kontingenzerlebnis angelegt. Und ähnlich wie bei Leonard entsteht aus den vielen Aufnahmen und detaillierten Perspektiven der Wiederholung in einer Art Großaufnahme ein Gesamtbild, eine ›Multimediaskulptur‹.[33] Bei Goebbels kommt hinzu, dass aufgrund des filmischen Mediums und der sich über ein Jahrzehnt erstreckenden Produktion zeitlich nach- oder aufeinanderfolgende Perspektiven der Heimfahrt vom Theater in der Ausstellung gleichzeitig dargestellt sind. In der Installation folgt man dem Schauspieler also in ungeschnittenen One-Takes 27-mal auf ebenso vielen Monitoren, wie dieser scheinbar gleichzeitig an 27 verschiedenen Orten eine bestimmte Strecke läuft, im Taxi sitzend Canetti aufsagt, Treppen hinaufläuft, usw. Indem also der Schein einer Gleichzeitigkeit sich wiederholender Szenen ins Werk gesetzt ist und darüber hinaus auf eine weitere Zeitdimension – die der Gegenwart der Betrachtung dieser Szenen – verwiesen wird, durchdringt Goebbels die Synchronität eines polychronen Ablaufs. Als postdramatische Arbeit, also als ein bereits dem Genre nach entgrenztes Theaterstück, widersetzt sich die Inszenierung jeder teleologischen Erzählstruktur, die sonst mitunter noch auf

33 Zur Frage der Installation als Skulptur, siehe ebenfalls Rebentisch, Ästhetik der Installation.

eine chronologisch verlaufende Fortschrittsgeschichte verwiese.[34] Hier jedoch wird, anders als in Leonards Installation, auch die Monotonie des immer gleichen Ablaufs, wie sie nur individuell erfahren werden kann, deutlich. Von Interesse ist, dass diese als Langeweile erfahrene Monotonie zeitgerafft und oft nebeneinander, wenn auch nicht vollständig zeitgleich, dargestellt wird und schon auf ein Zuviel verweist, das ich im folgenden Kapitel verhandeln werde. Derart zeigt sich bereits im Darstellungsmodus parallel verrinnender Zeitlichkeiten, und gehören diese auch zu stark einander ähnelnden Abläufen, was Thomas Mann im *Zauberberg* beschrieb:

> Was man Langeweile nennt, ist also eigentlich vielmehr eine krankhafte Kurzweiligkeit der Zeit infolge von Monotonie: große Zeiträume schrumpfen bei ununterbrochener Gleichförmigkeit [...] zusammen; wenn ein Tag wie alle ist, so sind sie alle wie einer; und bei vollkommener Einförmigkeit würde das längste Leben als ganz kurz erlebt werden und unversehens verflogen sein.[35]

Langeweile ist demnach auch über die Praktik der Wiederholung des immer Gleichen fähig, die Zeitwahrnehmung einer Dauer zu verkürzen. Oder, wie es Engell prägnant für das Medium Fernsehen formuliert: »Kurzweil und Zerstreuung sind nichts als hartnäckige und mittelbare Erscheinungsformen der Langeweile.«[36] Diese Irritation der Zeitwahrnehmung, dass demnach ja auch umgekehrt »ein reicher und interessanter Gehalt wohl imstande [ist], die Stunde und selbst noch den Tag zu verkürzen und zu beschwingen«, muss dann eben reziprok betrachtet werden: Dass nämlich »ins Große gerechnet [...] dem Zeitgange Breite, Gewicht und Solidität« verliehen wird, »so daß ereignisreiche Jahre viel

34 Helene Varopoulou und Hans-Thies Lehmann beschreiben Goebbels' Arbeit als »veränderte Konzeption von musikalischer Komposition und Musikaufführung im Sinne einer ›Ästhetik der Installation‹, als ›postdramatisches‹ oder ›postspektakuläres‹ Theater. [Beides] basiert auf einer Regiearbeit, die praktisch und konzeptionell wie kaum eine andere auf der Höhe der Zeit ist und doch zugleich das Moment klassischer Kühle jenseits der Aktualität bewahrt.« Helene Varopoulou, Hans-Thies Lehmann, Lieber Heiner, in: Lorenz Anfermann, Eva Hollinger, u. a. (Hrsg.), Landschaft mit entfernten Verwandten – Festschrift für Heiner Goebbels, Berlin 2018, S. 220–227, S. 224.

35 Thomas Mann, Exkurs über den Zeitsinn, in: Der Zauberberg, Frankfurt am Main 1956, S. 94–97, S. 95.

36 Lorenz Engell, Vom Widerspruch zur Langeweile. Logische und temporale Begründungen des Fern-sehens, Bern / Frankfurt am Main 1989, S. 241.

langsamer vergehen als jene armen, leeren, leichten, die der Wind vor sich her bläst, und die verfliegen.«[37]

Doch jenseits eines solchen Zeitwahrnehmungswechsels vom Augenblick der Gegenwart auf den Rückblick aus der Gegenwart in die Vergangenheit widerspricht die Installation in ihrer gleichzeitig-ungleichzeitigen Darstellung der diversen Filmsequenzen, die immer denselben Mann bei derselben Tätigkeit an unterschiedlichen Orten zu unterschiedlichen Zeiten zeigen, der Idee einer einzigen großen Erzählung, einer in sich kohärenten und auf sich aufbauenden Geschichte.[38] So werden auf nur 27 Monitoren 54 unterschiedliche Aufnahmen der Szene dargestellt, und allein dadurch relativiert diese gleichzeitige Ungleichzeitigkeit die Erzählung einer singulären Geschichte. So wird jede einzelne Videoprojektion als eine mögliche Narration, als nur eine mögliche Perspektive von vielen erkennbar. Narrationen, welche Gegenwart zu verorten und verständlich zu machen versuchen, jedoch stets nur singuläre Versionen der gleichen und doch nie derselben Situation bleiben können. In bester postdramatischer Manier kann so der »Schiffbruch des Verstehens« erfahren werden, der Bruch mit dem Ursprung, in dem die ästhetische Erfahrung des Nichtverstehens eine je kontingente Erfahrung des Verstehens findet.[39] Und so vermittelt sich nicht in der Betrachtung einer einzelnen Filmsequenz das Verstehen, denn es geht eben nicht darum, einen Sinn in den Dingen zu suchen, sondern Sinnhaftigkeit durch den Prozess des Verstehens einzufordern.[40] Heiner Goebbels beschreibt es in eigenen Worten so:

> Viele Leute benutzen das Wort ›verstehen‹, als eine Reduktion auf das, was sie schon kennen. Und Kunst müsste eigentlich das Gegenteil sein, die künstlerische Erfahrung muss eine Erfahrung mit etwas sein, wofür wir noch keinen Begriff haben, was wir so noch nicht erlebt haben, künstlerische Erfahrung ist eigentlich die Erfahrung des Fremden.[41]

37 Mann, Exkurs über den Zeitsinn, S. 95.

38 Wie es Manns Roman *Der Zauberberg* als Großerzählung der Gegenwart betreibt.

39 Wie Hans-Thies Lehmann, Über die Wünschbarkeit einer Kunst des Nichtverstehens, in: *MERKUR. Deutsche Zeitschrift für europäisches Denken* (542/1998), S. 426–431, S. 429 es in seiner Kolumne beschreibt.

40 Vgl. Paul Ricœur, Metapher und das Hauptproblem der Hermeneutik, in: Anselm Haverkamp (Hrsg.), Theorie der Metapher, Darmstadt 1983, S. 363.

41 Goebbels zitiert aus einem anlässlich der Ausstellung von Simone Reber geführten Radiointerview: 54 Mal die gleiche Szene. Deutschlandfunk Kultur vom 14.1.2016, online unter https://www.deutschlandfunkkultur.de/multimediale-installation-von-heiner-goebbels-54-mal-die.1013.de.html?dram:article_id=342520, zuletzt abgerufen am 28.9.2018.

Canettis Buch *Die Provinz des Menschen*, auf das die Arbeit von Goebbels durch den wortgleichen Titel sowie mit den in den Szenen rezitierten Zitaten immer wieder verweist, steht exemplarisch für eben dieses Vorgehen. Als Dichter übersetzt Canetti die beschriebenen Phänomene durch Verwendung vielfältiger Aphorismen anstatt durch konkrete Begriffsdefinitionen. 1974, 14 Jahre nach *Masse und Macht* erschienen, umfasst das Buch Beobachtungen, die sich in anderer Form bereits in seinem Hauptwerk finden. Sie entsprechen dabei dem, was Canetti selbst als »Prinzip ›der Kunst‹« ausgemacht hat: »mehr wiederzufinden, als verlorengegangen ist.«[42] In Goebbels' Multimediaskulptur werden Canettis Sätze zitiert, etwa »[d]as Trennende lässt sich nur überwinden, wenn man sich auf die Suche nach neuen Wegen macht«, oder »[m]an weiß nie was daraus wird, wenn die Dinge verändert werden«, aber auch »[m]anches merkt man sich bloß, weil es mit nichts zusammenhängt«.[43] Diese neuen, veränderten und unzusammenhängenden Wege auf der Suche nach einem, so könnte man meinen, Nicht-Verstehen beschreitet Goebbels mit *Die Provinz des Menschen* einmal mehr. Er entfaltet qua Wiederholung vordergründig eine Langeweile, die im Zulassen einer Unbestimmtheit und Unverständlichkeit ästhetische Indifferenz als Interesselosigkeit und Zweckfreiheit gestaltet. Zugleich generiert die Langeweile gerade in dieser ästhetischen Indifferenz mögliche, aber unbestimmte neue, ästhetische Erfahrungsmomente.

Der Gedanke »[m]anches merkt man sich bloß, weil es mit nichts zusammenhängt« bildet zugleich den Titel für einen Aufsatz von Heiner Goebbels zu seiner Arbeit *Eraritjaritjaka*, auf deren wiederholte Aufführungen in den Metropolen der Welt die Videosequenzen in *Die Provinz des Menschen* zurückgehen.[44] In diesem Aufsatz formuliert Goebbels den Nicht-Zusammenhang als »Schlüsselformel für die Arbeit

42 Zit. n. Peter Hamm, Elias Canetti. Die Provinz des Menschen, in: *DIE ZEIT* (47/1981), online unter https://www.zeit.de/1981/47/elias-canetti-die-provinz-des-menschen, zuletzt abgerufen am 26.1.2021.

43 Canetti, Die Provinz des Menschen, S. 278ff.

44 Siehe dazu die Beschreibung der Arbeit weiter oben. Der Aufsatz von Heiner Goebbels, »Manches merkt man sich bloß, weil es mit nichts zusammenhängt« Fragen beim Bau von Eraritjaritjaka, findet sich in, Christina Lechtermann, Kirsten Wagner, Horst Wenzel (Hrsg.), Möglichkeitsräume. Zur Performativität von sensorischer Wahrnehmung, Berlin 2007, S. 141–152. Zur Arbeit *Eraritjaritjaka* vgl. Goebbels' Internetseite https://www.heinergoebbels.com/en/archive/works/complete/view/11, zuletzt abgerufen am 22.12.2020. Dort wird klar, dass *Eraritjaritjaka* in 44 Städten aufgeführt wurde, in *Die Provinz des Menschen* aber 54 Aufzeichnungen der Theaterheimkehr-Szene zu sehen sind. Es existieren somit mehr Aufzeichnungen als Aufführungsorte.

Eraritjaritjaka«.[45] Auch die in *Die Provinz des Menschen* weiterverarbeiteten Filmsequenzen aus *Eraritjaritjaka* nutzen das Motiv der Störung in Form des Nicht-Zusammenhangs, des Nicht-Verstehens und des Nicht-Anpassens. So ist aufgrund der acht synchronen Audiospuren das akustische Verständnis der Zitate aus Canettis *Die Provinz des Menschen* erschwert, zumal diese aufgrund ihrer aphoristischen Kürze in sich oft schwer zu begreifen sind und auf Französisch eingesprochen wurden. Ebenso ist das visuelle Erfassen durch die gleichzeitige Fragmentierung und Erweiterung auf 27 Bildschirminhalte gestört. Doch nicht nur dieses vordergründig körperliche Unvermögen als Nicht-Verstehen lässt sich in *Die Provinz des Menschen* erfahren. Denn die Wiederholung führt erst zur Wiedererkennung des immer gleichen Ablaufs und dann zur Irritation, weil es nicht die Wiederholung desselben Ablaufs ist, sondern nur des Gleichen – sich also unterschiedliche, in sich differenzierte und voneinander abweichende, dabei aber weiterhin ähnliche Abläufe auf eine bestimmte Weise gleichen. Die darauffolgende Sinnsuche für diese Wiederholung verläuft im Nicht-Verstehen. Die Besucher:innen bleiben im Unbestimmten eines in sich eigentlich überschaubaren, ›provinziellen‹ Settings – die immer gleiche Szenerie der kurzen Sequenzen, die vertraute und doch unheimliche Stimmung der abendlichen Städte, die kurzen Aphorismen, welche die Gesellschaft in ihrer Unbegreiflichkeit zu greifen versuchen. Aber gerade diese Unbestimmtheit im Unbegreiflichen zusammen mit der körperlichen Erfahrung des Unvermögens ist es, was die ästhetische Erfahrung als Provinz des Menschen dann ausmacht, als Gegenentwurf eines totalitär abgesteckten Gebiets, als Hinterland eines sich allzu sehr aufdrängenden, oftmals populistischen, dabei vermeintlich allgemeinen Vordergrunds. Die so gemachte ästhetische Erfahrung zeigt auf, dass es weniger die Qualität des harmonisch Schönen ist als das nicht Berechenbare, was das Ästhetische und mithin die Erfahrung der ästhetischen Langeweile in dieser Arbeit ausmacht.

Durch die endlose, da in Loops arrangierte und abgespielte Wiederholung einer theatralen Szenerie an verschiedenen Orten wird die Aufmerksamkeit von jener Szenerie, die als vordergründige Narration und Erzählstruktur einer bestimmten Dramaturgie folgt, nach und nach verschoben. Was gesehen, verstanden und vernommen werden soll wird

45 Heiner Goebbels, Manches merkt man sich bloß, weil es mit nichts zusammenhängt, in: Christina Lechtermann, Kirsten Wagner, Horst Wenzel (Hrsg.), Möglichkeitsräume. Zur Performativität von sensorischer Wahrnehmung, Berlin 2007, S. 141–152, S. 150.

daher zunehmend verunsichert. Die zunächst wahrgenommene, strukturelle Wiederholung verschwimmt mit einer lediglich selbstähnlichen Wiederholung. Auch auf Ebene der Wahrnehmung gilt, dass alle Elemente potenziell konstant und dabei bis auf weiteres auch veränderlich sind. Eine einzeln herausgegriffene Filmsequenz führt dabei in die Irre, da man ihr mit den gängigen Sehgewohnheiten folgt, ›Sinn in den Dingen sucht‹ und folglich (erst einmal) nur dem Handlungsvordergrund Beachtung schenkt. Durch die Wiederholung der Szene, die an immer anderen Orten dem immer gleichen Plot folgt, schwenkt die Aufmerksamkeit zur urbanen Umgebung, richtet sich auf die Geräusche und die Stimme, zum Hintergrund der Szenerie, die weiterhin wenig provinziell wirkt. Das Auge wandert zwischen den 27 neben- und übereinander ausgestellten Monitoren hin und her, wird darüber hinaus abgelenkt durch ein Gewirr urbaner Geräusche und fast unverständliche, französischsprachige Zitate. Nur langsam entwirrt sich das Handeln des Mannes, der zunächst in diversen urbanen Zentren und Treppenhäusern verloren scheint. Sie zeigt sich alsdann als profane Szene der Heimkehr aus den Theatern der Welt, als inszenierte Dramaturgie, die auf das Schließen der Tür des jeweiligen Theaters folgt und dadurch eine Verlängerung und Entgrenzung der theatralen Inszenierung ins alltägliche, immer gleiche Leben nach der Aufführung vorführt.

Auf den Bildschirmen vollziehen sich die Handlungen nicht immer deckungsgleich und synchronisieren sich doch häufig. Manche werden ausgeblendet, setzen wieder ein, manchmal sind dadurch einige Bildschirme dunkel, nur um das Gesamtbild sich wieder neu entwickeln und aufflackern zu lassen, bis alle Bildschirme synchronisiert kurz die dann immer gleiche Szene zeigen. In der Gesamtansicht auf alle 27 Bildschirme wird erkenntlich, dass es sich um die gleiche, wiederholende Handlung, den gleichen sich wiederholenden szenischen Ablauf handelt, dass nur die Umgebung, das Theater, die Stadt, das Taxi, der Kiosk, das Treppenhaus wechselt. Dass es immer derselbe Mann ist, der aus diesen Theatern der Welt durch die urbanen Metropolen nach Hause kehrt, macht ihn auch zu einem Wiedergänger durch die und in der Zeit – im Nebeneinander der Bildschirme wird darüber hinaus klar, dass seine Erscheinung sich leicht verändert, dass er mal einen Bart trägt, dass ältere und jüngere Versionen des selben Mannes in fast gleicher, aber doch unterschiedlicher Garderobe aus grauen Anzügen, Jacketts, Mänteln, Krawatten und Hüten nebeneinander der immer gleichen Dramaturgie folgen: das Theater verlassen, einen Bordstein entlanggehen, auf der Heimfahrt nach Hause im hinteren Teil eines Taxi sitzen, etwas rezitieren, Wasser einkaufen, eine Treppe hinauflaufen, Korridore durchqueren und eine Wohnungstür aufschließen.

Dramaturgisch bleibt die Inszenierung der Handlung konstant. Durch die zum Ritual werdende Wiederholung des immer gleich ablaufenden Heimwegs werden die unübersichtlichen, labyrinthischen Metropolen überschaubar. Ihr Besonderes wird verallgemeinert und in der Komplexität reduziert, ganz ähnlich der Erfahrung des Wiedererkennens beim Betreten eines immer gleich eingerichteten Hotelzimmers durch eine Handelsreisende. Dabei wird die Inszenierung des Alltäglichen und Allgemeinen als Besonderes zwar durch den Dramaturgen und Künstler vorgegeben, die Spannung zwischen Zeit und Raum sowie Sound und Video durch ihn arrangiert, doch das Erlebnis als Erfahrung obliegt letztlich weiterhin dem Unverständnis der Betrachter:innen. Profane Wiederholungen des immer Gleichen als Bekanntem sind der künstlerischen Arbeit Goebbels' fremd, denn er will »vermeiden, all das auf die Bühne zu bringen, was wir schon einmal gesehen haben.«[46] Wenn er also die Wiederholung als eine künstlerische Praktik einsetzt, geht es ihm nicht mehr um das Wieder-Aufführen, Re-Inszenieren, oder die technische Wiederholung einer bekannten Praktik in Kunst, Musik, Theater oder Film, sondern stets um eine differenzierte Erfahrung zwischen Intellekt und Sinnlichkeit. »Bei einem solchen Theater ist der Zuschauer eher Teil des Dramas einer Erfahrung, anstatt Zuschauer einer dramatischen Handlung zu sein.«[47]

Vermeintliche Spuren der Re-Inszenierung, der Genrebezeichnungen, der vielfältigen soziologischen und kunsthistorischen Verweise führen oft in die Irre, nur um durch die Verwirrung einen Schwebezustand des Unbegreiflichen zu erzeugen. Hier greift dann ein erfahrungstheoretischer Begriff ästhetischer Autonomie, der das ästhetische Urteil an die ästhetische Erfahrung anschließt und somit kein vernünftiges, schon Sinn implizierendes Verständnis voraussetzt.[48] Im Gegenteil

46 Klaus J. Frahm, Musiktheater á la Goebbels, in: *Gießener Anzeiger* (20.2.2018), online http://www.giessener-anzeiger.de/special/menschen-im-portraet/musiktheater-a-la-goebbels_18535300.htm, zuletzt abgerufen am 23.07.2018.

47 Heiner Goebbels, Ästhetik der Abwesenheit, in: *Theater der Zeit* (2012), S. 13.

48 Zur ausführlichen Begriffsfindung der ästhetischen Erfahrung und der Nachträglichkeit des ästhetischen Urteils vgl. Rebentisch, Ästhetik der Installation, insbesondere das zweite Kapitel ›Intermedialität‹, Frankfurt am Main 2003, S. 82–144; aber natürlich auch Christoph Menkes Kapitel zur Nachträglichkeit ästhetischer Urteile, in: Die Souveränität der Kunst, Frankfurt am Main, 1991, S. 153–171.

wird im Konzept der ästhetischen Autonomie gerade diese Idee von Verständnis infrage gestellt und mit dem Problem des Unverständnisses konfrontiert. Andere Wahrnehmungskategorien werden eingefordert, um einen Prozess des anderen Neuvernehmens einzuleiten. Dass dies auch die Künstlerintention widerspiegelt, belegt ein Dialog innerhalb eines Interviews von 2017, in dem die Interviewerin von ihrer persönlichen Seherfahrung der zweiten ausgestellten Videoarbeit im Lipsiusbau, *Landschaft 3*, berichtet, dass sie »eher keine Gedanken [hatte] und [...] in eine Art Meditation versunken« sei, worauf Goebbels antwortete, »das ist doch genau der Anfang davon, dass bei Ihnen noch ganz viel passiert.«[49] Dieser Verstehensvollzug qua ›Meditation‹ infolge fehlender Gedanken, also ein Nicht-rekurrieren-können auf bereits Gedachtes und Bekanntes, verweist zugleich auf den Prozess der Kunstproduktion. Es zeigt sich daran die Prozesshaftigkeit der Kunsterfahrung, der vom Prozess der Kunstproduktion unterschieden ist und doch in direktem Zusammenhang damit steht. Wie Luhmann sagt:

> ›Mit einem Blick‹ gewinnt man keinen Zugang, sondern allenfalls eine Art Reiz oder Irritation, die ein Anlaß sein kann, sich eingehender, ja eindringender mit dem Werk zu befassen.[50]

Das Kunstwerk der Gegenwart ist, wohl nicht erst seit Readymade, Pop- und Minimal Art, daran aber besonders verdeutlicht, auf seine Betrachter:innen und auf deren an ästhetische Erfahrungen anschließende, ästhetischen Urteile angewiesen, um ein ästhetisches Objekt zu werden. Zwar braucht man »Indikatoren, um ein Kunstwerk als Objekt zu erkennen«,[51] aber zugleich reicht es schon lange nicht mehr aus, ein mit rein äußerlichen, vermeintlich künstlerischen Attributen oder Indikatoren ausgestattetes Objekt zu erschaffen, damit es Kunst wird. Das, was Kunst überhaupt erst als solche konstituiert, liegt in der Ermöglichung der ästhetischen Erfahrung. Und erst an diese schließt sich dann das ästhetische Urteil, demzufolge etwas Kunst sei, an. Das bedeutet aber auch, dass man »an Hand des Kunstwerks [...] noch nicht verstehen [kann],

49 Zit. n. Julia Bordunov, Heiner Goebbels. ›Das Publikum ist schlauer, als man erwartet‹, in: *Moskauer Deutsche Zeitung* (24.7.2017), online https://mdz-moskau.eu/heiner-goebbels-das-publikum-ist-schlauer-als-man-erwartet/, zuletzt abgerufen am 28.7.2018.

50 Luhmann, Die Kunst der Gesellschaft, S. 38.

51 Ebd.

was beim Verstehen des Kunstwerks geschieht.«[52] Erst in der offenen Reflexion auf die prozesshafte Abfolge von erlebender Wahrnehmung, ästhetische Erfahrung und Urteilsfällung wäre das möglich. Zunächst – wie im Beispiel von *Die Provinz des Menschen* ersichtlich – gibt es kein nur nachvollziehendes Verstehen des Kunstwerks. Vielmehr liegt im Augenblick der Irritation, des Unverständnisses oft die Initiation einer ästhetischen Erfahrung. Es obliegt dabei aber nicht mehr dem oder der Künstler:in, diese ästhetische Erfahrung qua Kunstwerk schullehrerhaft zu vermitteln. Sondern es handelt sich, um nochmals auf Kierkegaards *Wiederholung* zurückzukommen, um eine indirekte Vermittlung in der Erfahrung des Kunstwerks. Wenn also in *Die Provinz des Menschen* das bereits erwähnte Canettizitat »[m]anches merkt man sich bloß, weil es mit nichts zusammenhängt« in dieser Multimediainstallation von miteinander sehr wohl zusammenhängenden Videofragmenten formuliert wird, kann dadurch beim Publikum »in Form eines verwirrenden Gegensatzes« eine unmittelbare Erkenntnis ausgelöst werden, die jedoch aus dem Bedeutungsüberschuss in der ästhetischen Reflexion selbst ausgelöst wird, mithin durch den oder die Kunstschaffenden nicht gänzlich kontrolliert werden kann, wie Kierkegaard schreibt.[53]

Die ästhetische Evidenz des Kunstwerks ist dann eigentlich die einer Erfahrung und des Aufscheinens des Unverständnisses, des Unheimlichen und Unbekannten bei den Betrachter:innen, denn die Auseinandersetzung mit dem Werk stößt einen Reflexionsprozess an, in dem eingespielte Formen des Verstehens nicht mehr greifen. Das Unheimliche ist somit nicht Attribut des Werkes, sondern Moment der Erfahrung am Werk. Eine Erfahrung, die es ermöglicht, eingespielte, als vertraut und bekannt gesetzte Verstehensmuster zu hinterfragen. Wo das Kunstwerk viele optionale Sinnzusammenhänge anbietet, müssen diese trotzdem durch die Betrachter:innen realisiert werden. Das Kunstwerk lenkt, so Luhmann, »den Beobachter auf das Beobachten der Form hin«, neben dem gesellschaftlich relevanten »Nachweis von Ordnungszwängen im Bereich des nur Möglichen«[54] durch den die Kunst erschaffenden Künstler obliegt es den Betrachter:innen, diese Nachweise, Manipu-

52 A.a.O., S. 76.

53 Sören Kierkegaard, Philosophische Brosamen und Unwissenschaftliche Nachschrift, München 2005, S. 414. Vgl. ebenso Theodor W. Adorno, Kierkegaard. Konstruktion des Ästhetischen, in: Gesammelte Schriften, Band 2, Rolf Tiedemann (Hrsg.), Frankfurt am Main, 2003, S. 9ff.

54 A.a.O., S. 238.

lationen und Indikatoren in je spezifischer Erfahrung derselben als ästhetisch zu erfahren. Wie Rebentisch in kritisch aktualisierender Lektüre der Thesen Luhmanns deutlich macht, ist Kunst autonom »in der und durch die spezifischen Struktur der *Erfahrung*«, in der die an dem ästhetischen Objekt »vollzogenen Zusammenhangbildungen selbst widerstreitend als ebensowohl evident wie kontingent erscheinen.«[55] Dass also »jede verstehende Zusammenhangbildung notwendig auf ihre eigene Kontingenz verwiesen wird,« nötigt zugleich, die Tätigkeit der Zusammenhangbildung zu reflektieren und zu hinterfragen, wieso das Kunstwerk so und nicht anders erfahren wurde.[56] Für eine Betrachtung der Multimediainstallation *Die Provinz des Menschen* als Kunstwerk bedeutet das entsprechend, dass die Wahrnehmung infrage gestellt wird: Zum einen entsteht Verwirrung über das tatsächlich Gesehene, beispielsweise ob eine Sequenz erstmalig gesehen wird oder doch bereits gesehen wurde. Zum anderen wird die individuelle Zeiterfahrung der Zeit des Loops und der einzelnen Sequenzen für sich irritiert.

Die spezifische ästhetische Eigenzeit des Kunstwerks unterteilt sich in divergente und einander widersprechende Zeiterfahrungen: die Zeit des gesamten Loops; jene dargestellte und abgebildete Zeit der einzelnen Sequenzen; die nicht-abgebildete und dadurch als fehlend wahrgenommene Zeit sowie die Zeit der Betrachtung. Die Erfahrung dieser Zeitlichkeiten vollzieht sich ebenfalls auf differierende Art: einerseits vordergründig als chronologisch im Raum sowie andererseits als eine im Kunstwerk synchron wahrnehmbare Gleichzeitigkeit.

4.4 Langeweile in der identischen Wiederholung – *Gregor Schneider*

Vieles, was sich über *Die Provinz des Menschen* sagen ließ, gilt auch für Gregor Schneiders Installation *Neuerburgstraße 21* (2014).[57] In einer Spielstätte des Schauspiel Köln, der ehemaligen (Industrie) Halle Kalk, ließ Schneider die Besuchenden seiner Installation einzeln, nach-

55 Rebentisch, Ästhetik der Installation, S. 94, (Hervh. im Original).

56 A.a.O., S. 94ff.

57 Die Installation Neuerburgstraße 21 ist online in 21 Fotografien https://www.gregor-schneider.de/ places/2014koeln/pages/20140619_schauspiel_koeln_03.htm und als Video in Standbildern unter https://www.gregor-schneider.de/places/2014koeln/video/20140619_koeln_exhibition_tour.html, beide zuletzt abgerufen am 2.10.2019 auf der Internetseite des Künstlers nachzuvollziehen.

einander und mit zeitlichem Abstand, so dass eine Begegnung möglichst ausgeschlossen war, durch eine Reihe immer gleichaussehender, kahler Badezimmer gehen: Die Besucher:innen tasteten sich durch einen dunklen Korridor zu einer Tür, hinter der sie ein Badezimmer vorfanden. Zu sehen waren dort eine verschlossene Duschkabine, Rauputz sowie abwaschbare Tapete an den Wänden, eine ein kaltes Licht ausstrahlende Lampe an der niedrigen Decke, graue Fliesen am Boden, ein kleines Entlüftungsgitter, zwei Türen, ein Spiegel gegenüber der Wand von jener Tür, durch die man eintrat, zwei (nicht funktionierende) Lichtschalter, aber keine Toilette und kein Waschbecken, jedoch am immer gleichen Ort die Anschlüsse für Wasser und Abwasser. Zwischen den Badezimmern, also hinter jeder der Türen, führte ein dunkler Korridor zu einer weiteren Tür, hinter der sich ein zum vorher betretenen Raum absolut baugleiches Badezimmer befand. Jeder dieser Räume wies die gleichen standardisierten Fliesen, Kacheln, Duschkabinen, Lichtschalter und Steckdosen auf, so wie sie in jedem Baumarkt verkauft werden. In dieser Version ihrer selbst wiederholten sich die Zimmer zig Mal. Unerkennbar war, ob es ein Ende geben würde oder ob es sich um eine Art begehbaren Loop handelte. In dieser Arbeit zeigt sich daher eine weitere Variante der Wiederholung – die identische Wiederholung, bei der dasselbe, vermeintlich mit sich selbst identische Objekt wiederholt wird. Durch dieses sich wiederholende Objekt ist es, wie schon bei Leonard und Goebbels, eine langweilige und oftmals langwierige Tendenz, welche die ästhetische Erfahrung der Iterabilität ermöglicht.

Beim Begehen dieser Installation konnte sich der oder die Besucher:in auf der Suche nach Symbol, Struktur, Dramaturgie, Sinn, also nach vermeintlichen Kunstmerkmalen, verlieren.[58] Jedes Badezimmer war völlig baugleich, grau in grau, sogar mit dem gleichen Geräusch einer tropfenden Dusche hinter einer nicht zu öffnenden Duschkabinenwand, doch trotz allem variiert das Erlebnis von Badezimmererkundung zu Badezimmererkundung im individuellen Erfahrungsraum, provoziert durch die Einheitlichkeit der Räume. Besuchende wurden entweder nervös, vielleicht panisch, oder gänzlich gelangweilt – zuvor versuchten sie auszuhalten, was da passiert, vielleicht nämlich nur scheinbar nichts. Viele liefen immer weiter und hofften, die Badezimmer unterschieden

58 Diese Erfahrungen lassen sich u. a. nachlesen in: *Kunstforum International* (229/2014), S. 270; Burkhard Riemschneider, Uta Grosenick (Hrsg.), ART NOW, Köln 2001.

sich irgendwann, dass nur durchgehalten werden müsse, bis der entscheidende Hinweis käme, die ersehnte Pointe folge.

Das Kunstwerk irritiert das innere Zeitbewusstsein. Beim Laufen durch die Badezimmer der Installation *Neuerburgstraße 21* lässt sich erfahren, dass von der Ur-Impression des ersten Badezimmers an, durch das aufeinanderfolgende Betreten der gleichen, sich also wiederholenden Badezimmer eine Aktualisierung des vorherigen Jetzt hin zu einem gegenwärtig aktuellen Jetzt an vermeintlich gleichem Ort erfolgt – es also bezüglich der Erfahrung und Wahrnehmung des ersten Badezimmers eine Diskrepanz zwischen Zeit und Ort gibt sowie durch die Erkenntnis dieser Diskrepanz auch die nun erfahrene Wahrnehmung sich verändert. In seinen *Vorlesungen zur Phänomenologie des inneren Zeitbewusstseins* erklärt Edmund Husserl, dass »[d]as zeitkonstituierende Kontinuum [...] ein Fluß stetiger Erzeugung von Modifikationen und Modifikationen«[59] sei. Die Verschiebung der Wahrnehmung des vermeintlich (oder sogar tatsächlich) exakt Gleichen durch die Wahrnehmung und Erfahrung der Wiederholung ist in der Begehung von Schneiders Arbeit überdeutlich. Sie entspricht genau Husserls Argumentation, wenn dieser schreibt:

> Vom aktuellen Jetzt aus, der jeweiligen Urimpression u, gehen die Modifikationen im Sinn von Iterationen, aber stetig vorwärts, sie sind nicht nur Modifikationen in Beziehung auf u, sondern auch der Reihe nach Modifikationen voneinander in der Reihenfolge, in der sie verlaufen.[60]

Das zugrunde liegende Phänomen führt er wie folgt aus:

> stetig bildet sich an das Jetzt, das sich zum Nicht-Jetzt modifiziert, ein neues Jetzt an, oder es erzeugt, es entspringt urplötzlich eine Quelle [...]. Wo etwas dauert, da geht a über in xa', xa' über in yx'a" usw. Die Erzeugung des Bewußtseins geht aber nur von a zu a', von xa' zu x'a", dagegen das a, x, y ist nichts Bewußtseins-Erzeugtes, es ist das Urgezeugte, das »Neue«, das bewußtseinsfremd Gewordene, Empfangene, gegenüber dem durch eigene Bewußtseinsspontanität Erzeugten. Die Eigentümlichkeit dieser Bewußtseinsspontanität aber ist, daß sie nur Urgezeugtes zum Wachstum, zur Entfaltung bringt, aber nichts »Neues« schafft.[61]

59 Edmund Husserl, Vorlesungen zur Phänomenologie des inneren Zeitbewusstseins, Hamburg 2013, S. 108.
60 A.a.O., S. 108.
61 A.a.O., S. 109.

Diese »Entfaltung« findet in der ästhetischen Erfahrung der Begehung einer Arbeit wie der von Schneider statt, scheint doch auch hier nichts ›Neues‹ geschaffen zu werden. Durch die Dauer der Wiederholung des immer gleichen Badezimmers kann ein Langwerden der Zeit als Langeweileerfahrung (a geht über in xa', xa' über in yx'a") stattfinden, zugleich in der Praktik der Wiederholung (von a zu a', von xa' zu x'a") jeweils Ableitungen, Entfaltungen von a, x, y erzeugen. Auf der Suche nach nichtexistierenden Unterschieden finden sich nur Wiedererkennungseffekte (von a zu a'). In der Erfahrung der andauernden Wiederholung des immer gleichen Badezimmers entwickelt sich eine eigene, kontingente Zeitlichkeit, die sich ebenso schwer greifen lässt, wie jene bei der Betrachtung der Installation *You see I am here after all* von Leonard oder der Multimediaskulptur *Die Provinz des Menschen* von Goebbels. Es lässt sich in jedem dieser Fälle eine Zeit abseits der linear verlaufenden Zeit erfahren. Eine Zeit, in der sich die Zeiterfahrung auffächert und zergliedert in Erinnerungen und Ahnungen an andere Zeiterfahrungen.

Husserl unterscheidet zwei Arten der Erinnerung: Retention und Wieder-Erinnerung. Die Retention funktioniert als eine stetige Aktualisierung der Erfahrung des vorangegangenen Moments und wirkt im Augenblick der Begehung der installativen Badezimmer.[62] Indem jede Badezimmerwahrnehmung die vorherige ablöst, verbinden sich die verschiedenen Eindrücke der Begehung zu einem Erfahrungszusammenhang aller betretenen und immer gleichaussehenden Orte. Sie wirken dann nicht mehr als voneinander abgelöste Kettenglieder von Einzeleindrücken: »Der Übergang ist ›qualitativ‹ vermittelt und zugleich temporal: der *quasi*-zeitliche Charakter ist ein stetiger.«[63] In der Wiedererinnerung[64] wiederum wird das vergangene Erlebnis dieser zusammenhängenden Erfahrung in einer anderen Gegenwart vergegenwärtigt und als solches Gesamterlebnis aus der Vergangenheit wieder in die Gegenwart geholt, also wiedererinnert.

Die Retention geht der Wiedererinnerung voraus, beiden ist jedoch jeweils eine eigene Zeiterfahrung zuzuschreiben – die Erfahrung der

62 Ähnlich der Wiederholung bei Kierkegaard.

63 Husserl, Vorlesungen zur Phänomenologie des inneren Zeitbewusstseins, S. 109 (Hervh. im Original).

64 Welche Husserl zufolge die eigentliche Erinnerung darstellt, im hier verhandelten Kontext jedoch mit dem Begriff der Wiederholung, wie er auch mit Kierkegaard erläutert wurde, greift.

Langeweile liegt in der sich dauernd aktualisierenden, gegenwärtigen Zeiterfahrung der Retention (»a über in xa', xa' über in yx'a"«). Mit der Wiedererinnerung wird diese Langeweileerfahrung reflektiert und dadurch irritiert. Ein ästhetisches Werturteil wiederum, das auf die ästhetische Erfahrung dieser besonderen Zeiterfahrung folgt, wird als Ganzes aus der Vergangenheit konstruiert und wiedererinnert, steht demnach also mit der Wiedererinnerung, der sekundären Erinnerung nach Husserl, in Verbindung.[65]

In der Ausstellung *never ending stories,* von Oktober 2017 bis Februar 2018 im Kunstmuseum Wolfsburg gezeigt, variierte Schneider die Installation von 2014 leicht und wiederholte das Konzept, diesmal allerdings mit 21 Badezimmern, die auf 500 Quadratmetern hintereinander als räumliche Endlosschleife aufgebaut waren.[66] Auch hier ging man durch immer gleiche aber doch nicht selbe, kahle Badezimmer, durchquerte dazwischen dunkle Korridore (und verlor sich wiederum in der Suche nach Symbol, Struktur, Dramaturgie und Sinn). Auch hier war jedes Badezimmer völlig baugleich (und auch hier variierte die Erfahrung von Badezimmer zu Badezimmer ebenfalls aufgrund der Erfahrung der Langeweile durch Wiederholung). Die Installation selbst wiederholte sich in ihrer langweiligen Praktik der Wiederholung des langweiligen immer gleichen Badezimmers. Interessant ist, dass die Besucher:innen darüber hinaus aus den Badezimmern irgendwann regelrecht ausbrechen und den Notausgang aus der Endlosschleife wählen mussten, denn dem Verstehen, dass nichts kommt, schließt sich die Entscheidung zu einer Folgehandlung an. Entweder zum Abbrechen, weil die Arbeit vermeintlich ›verstanden‹ wurde, oder es immer wieder zu wiederholen, wie es gemeint schien – und sich dabei vielleicht noch umso maßloser zu langweilen. Hier kann (das ist das Interessante, es kann eben auch nur langweilen) gerade die Bestätigung der Wiederkehr des immer gleichen Badezimmers also zur Sprengung dieser vermeintlichen Wiederholung des immer gleichen Badezimmers führen. So, dass trotz der eindeutig wirkenden Gewissheit, dass es sich bei jedem der in dieser Installation begehbaren Badezimmer um eine Kopie, eine Dopplung, Reproduktion

65 A.a.O., S. 31–49. Inwiefern man mit Husserls Begriff der Urimpression mitgehen möchte oder dieser einen transzendenten Charakter bekommt, soll hier nicht weiter kritisch erörtert werden.

66 Videobegehung der Installation online unter https://www.gregor-schneider.de/places/2017wolfsburg/video/2017_web_exhibition_view_wolfsburg.html, zuletzt abgerufen am 1.10.2019.

eben um eine identische Wiederholung des vorherigen Badezimmers handelt, die Gewissheit durch die Kunst infrage gestellt wird.

Als Gilles Deleuze 1968 seine Dissertation *Différence et répétition* veröffentlichte, beschreibt er das zugrundeliegende Phänomen wie folgt:

> Je mehr unser tägliches Leben standardisiert, stereotyp und einer immer schnelleren Reproduktion von Konsumgegenständen unterworfen erscheint, desto mehr muß die Kunst ihm sich verpflichten und jene kleine Differenz entreißen, die überdies und zur gleichen Zeit zwischen anderen Ebenen der Wiederholung wirksam ist, [...] sie muß die Illusionen und Mystifikationen, die das wahre Wesen dieser Zivilisation ausmachen, ästhetisch reproduzieren, damit die Differenz schließlich zum Ausdruck gelangt.[67]

Deleuze spricht damit bereits den zentralen Wirkaspekt der Wiederholung in Schneiders Installation an, welchen dieser jedoch mit anderen Mitteln ausdrückt: Nicht »Illusionen und Mystifikationen« werden bei Schneider ästhetisch reproduziert oder als »wahres Wesen« hinter einer Fassade des Konsums im Fordismus herausgearbeitet, sondern in seinen Arbeiten wird gerade das von allen Illusionen befreite, triviale Modell eines standardisierten Badezimmers als Vollzugsinstrument des Verstehens ästhetisch reproduziert. Natürlich erinnert auch diese Methode der Wiederholung an jene Versuche der Wiederholung von Konsumgegenständen durch fordistische Verfahren und Reproduktionslogiken, derer sich schon die Kunst der 1960er Jahre bediente. Man könnte deshalb versucht sein, die hier installativ ausgestellten, standardisierten Räume als jene »Illusionen und Mystifikationen der Zivilisation« zu identifizieren, die auch Deleuze beschreibt. Als Illusion von Zivilisation und Mystifikation eines vermeintlichen Fortschrittmythos, in denen sich dann, wiederum abseits des Blicks der Außenwelt und imaginiert durch das Publikum, das Private und oftmals wenig Zivilisierte oder sogar das Fortschrittliche abgespielt haben könnte.

Doch Schneiders Installation ist mehr als eine aktualisierte Form der Readymades. Denn im Gegenteil reproduziert er nicht die direkte Gegenwart und somit auch nicht deren direkte Illusionen oder Mystifikationen, sondern ruft eine (oftmals, aber nicht immer als beklemmend empfundene)[68] Erinnerung an standardisierte Einrichtungen der Neu-

67 Gilles Deleuze [1968], Differenz und Wiederholung, München 2007, S. 375.

68 »Dabei geht ihm längst der Ruf voraus, mit Um- und Einbauten Alpträume zu erzeugen«, wie es in einer Besprechung von Helga Meister in: *Kunstforum International* (229/2014), S. 270 heißt. »Im Zentrum steht die große und 500 qm einnehmende

bauten in den 1970er und -80er Jahre hervor. Indem er diese ambivalent konnotierte Erinnerung hervorholt, sie ohne jedwede Modifikation oder Aktualisierung als Erinnerung identisch wiederholt, scheint er mit dem ersten Badezimmer sowohl eine Brücke in die Vergangenheit hin zu jenen standardisierten Badezimmern zu schlagen als auch diese Brücke durch die Wiederholung des Badezimmers als Erinnerung, Ableitung und dadurch Entfaltung des vorherigen Badezimmer zu verfremden und in eine eigenständige, ästhetische Zeitlichkeit zu überführen.[69]

Eine Infragestellung der Gewissheit, dass es sich um das gleiche Badezimmer handelt, die Frage, ob man im Kreis gelaufen ist, oder ob es doch nur eine Ähnlichkeit und keine Gleichheit gibt, findet in der je individuellen Betrachtung sowie in der sich herausbildenden Erfahrung statt. Das Vorführen einer vermeintlichen Illusion der Gewissheit ist dabei jedoch nur ein Moment der ästhetischen Erfahrungsoptionen. Mit Wiederholung der Badezimmer sowie dem architektonischen Zwang des Kunstpublikums zur wiederholenden Durchquerung der Räume entsagt Schneider sich einem künstlerischen Regime des Neuen, das auf Reiz, Singularität und Kreativität setzt. In einer Formulierung von Reckwitz heißt es, die ästhetische Befriedigung in der Ästhetik der Wiederholung gründe »nicht im Reiz, sondern in der Erfahrung des Nichtmobilen und Nichtdynamischen.«[70] Bei Begehung der Badezimmer eine solche ästhetische Erfahrung als Befriedigung zu erleben, beinhaltet dabei die konzentrierte Wiederholung als »eine aktive – wenn auch nicht aktivistische – Tätigkeit zu begreifen, die ablenkende Reize ausblendet, um sich auf die intensive [...] Wiederholung der Akte selbst zu konzentrieren.«[71] Die wiederholten Badezimmer besitzen nicht den Charakter von Ähnlichkeiten und Äquivalenzen, weil die Feuchtzellen nicht nur ähnlich, sondern identisch, da baugleich, sind. Und doch erfahren die Betrachtenden die eigene Sinnsuche als eine Suche nach

Installation ›Bad‹ von Gregor Schneider, die beim Durchlaufen körperliches Unbehagen verursacht.«, wie es in der Ausstellungsbesprechung zu *Never Ending Stories* auch Matthias Reichelt herausstellt. Siehe: Ders., Never Ending Stories, in: *Kunstforum International* (251/2018), S. 234.

69 Darüber hinaus befindet sich die Installation in einem Kunstkontext, dessen architektonischer Rahmen eine nicht mehr genutzte Industriehalle inmitten eines städtebaulich neu zu definierenden Geländes in Köln bildet. Kurz vor anstehenden, städtebaulichen Interventionen verweigert *Neuerburgstraße 21* damit eine kitschige Erinnerung an eine Zeit des BRD-Noir schon durch die komplexe Gemengelage aus profanen Rohbaubadezimmern und Industriecharme des 19. Jahrhunderts.

70 Reckwitz, Alltagsästhetik der Wiederholung, S. 363.

71 A.a.O., S. 366.

Differenz. Sie suchen nach Unterschieden, fragen nach kunsthistorischen Vorläufern oder kritischen Intentionen. Diese stetige Suche lenkt jedoch von der eigentlichen Wiederholung ab, die eine identische Erfahrung bei der Begehung des nächsten Badezimmers verunmöglicht. Auch darauf macht Deleuze aufmerksam, wenn er sein Kapitel zur Wiederholung in *Differenz und Wiederholung* mit David Humes These einleitet, der zufolge die Wiederholung nichts am sich wiederholenden Objekt ändere, wohl aber am Geist des Betrachtenden.[72] Die aktive Entscheidung zur konzentrierten Wiederholung, das heißt auch gegen die ablenkenden Gedanken und Reize, das jeweilige Badezimmer als identisch zum Vorherigen wahrzunehmen, entwickelt mit Reckwitz die eigene Rationalität »der ›Übung‹, die anstrebt, ein befriedigendes und angemessenes Niveau zu erreichen, das nicht mehr überboten, sondern aufrechterhalten werden soll.«[73] Die Befriedigung besteht dann nach dem geistig ablenkenden Ansturm der Suche nach dem Sinnzusammenhang darin, sich der Langeweile der identisch wiederholten Badezimmer auszusetzen und also jedwede Sinnsuche als Ablenkung auszublenden. Die Betrachterin der Arbeit findet sich in genügsamer Konzentration auf die Entdynamisierung der zeitausblendenden, da nivellierenden Wiederholung wieder. Schneiders Badezimmer erlauben diese Übung und bleiben dabei dem zeitlichen Rahmen einer Übung treu, da es dem Publikum selbst überlassen ist, auszuhalten, zu durchqueren und letztlich das Ende der Übung zu bestimmen.

Aber auch gänzlich andere Erfahrungsmomente, beispielsweise die als bedrückend empfundene Gefangenschaft in dieser identischen Wiederholung, können durch die Wahl des Notausgangs abgebrochen werden. Bei diesem Erfahrungsmoment entstand zuvor ein unbefriedigtes Bedürfnis: Das Begehren nach Füllung des sinnleeren Raums wird in diesen immer gleichen, grauen Räumen nicht gestillt, zugleich kann nicht nur Langeweile, sondern auch das Gefühl von Unruhe in einem alptraumhaft-endlos sich wiederholenden Gefängnis entstehen, dem man entfliehen möchte. Das installative Kunstwerk, das begangen und erfahren werden soll, erzeugt dann ein unstillbares Begehren. Gernot

72 Gilles Deleuze, Die Wiederholung für sich selbst, in: Differenz und Wiederholung, München 1992, S. 99–118, S. 99. Humes Satz lautet: »I find that the repetition is not in every particular the same, but produces a new impression, and by that means the idea, which I at present examine.« David Hume, A Treatise of Human Nature, Oxford 1964, S. 155.

73 Andreas Reckwitz, Die Erfindung der Kreativität, Frankfurt am Main 2013, S. 366.

Böhme definiert diese Umdeutung einer erfüllbaren Bedürfnisökonomie in eine unstillbare und nur als solche steigerbare Begehrensökonomie als »ästhetischen Kapitalismus«, in dem das Subjekt der Leistungsgesellschaft dann stetig auf Leistungs-, Erwerbs- und Selbststeigerung aus ist.[74] Die zu erbringende Leistung des Subjekts bei der Begehung der Badezimmer besteht dabei jedoch nicht in einer aktiven Handlung, sondern in einer aktiven Unterlassung, nämlich, sich zunächst nicht für den Notausgang und die Veränderung der Situation, sondern aktiv für die Wiederholung derselben zu entscheiden, sich also der Erfahrung, Unruhe und Beengtheit auszusetzen, indem man immer wieder die Tür zum Badezimmer (und nicht zum Notausgang) aufstößt. Die vermeintliche Lösung einer neuen Genügsamkeit und Haushaltung der Bedürfnisse etwa in Form von Selbstbegrenzungsstrategien[75] greift jedoch zu kurz, wenn der nicht erst bei Böhme diagnostizierten Gesellschaftsentwicklung entgegengetreten werden soll.

Es sind zugleich jene Formen des Entzugs von einer übersteigerten Erwartungshaltung hin zu einer ausgeglicheneren Wahrnehmung dessen, was ist, die als Zwischenplateaus des Denkens notwendige sind, um von dort eine aktive Entscheidung für ein Entgegentreten zu ermöglichen. Auch zum Entzug bedarf es, wie die Auseinandersetzung mit den Schneider'schen Badezimmern verdeutlicht, eines aktiven Entschlusses.[76] Die Entscheidung gegen die Wiederholung, im Fall von Schneiders Installationen also anstelle der Tür zum nächsten Badezimmer jene zum Notausgang zu wählen, entspricht somit einerseits, sich erst aktiv für die Wiederholung entschieden zu haben, also in der »Übung« der Wiederholung Ruhe zu finden, und andererseits erst danach dem bewussten Abriss des Erwartungsverhaltens, nämlich vermeintlich immer weiter dem Begehren zu entsprechen und immer weitere Badezimmer zu durchschreiten. Eine aktive und durchdachte Entscheidung wird dadurch nicht entschleunigt, um genügsam weiter zu wiederholen. Vielmehr ist die Wiederholung als Transgressionserfahrung hin zur Unterbrechung zu verstehen. Die Wahl des Notausgangs beinhaltet dann zwei ästhetische Funktionen mit ganz unterschiedlichen Vorzeichen: Jene einer stoischen Selbstbegrenzung sowie jene des Bruchs mit den von außen vermittelten

74 Vgl. Gernot Böhme, Ästhetischer Kapitalismus, S. 19–23.

75 Reckwitz, Erfindung der Kreativität, S. 368.

76 Auch Kierkegaard spricht im Zusammenhang mit der Wiederholung von einer aktiven Entscheidung.

Bedürfnis- und Begehrensökonomien. Die spezifisch ästhetische Zeitlichkeitserfahrung ist dann jene, die Wiederholung als Wiederholung wahr- und ernsthaft anzunehmen, dabei von einer quälenden zu einer befriedigenden Langeweile zu gelangen, sich also einerseits jeglicher Zeitlichkeit auszusetzen, um dann bewusst in dieser ästhetischen Eigenzeit der Langeweile eine bewusste Unterbrechung einzuführen, oder sich andererseits der nur vermeintlich alternativlosen Zeitlichkeit bewusst zu entziehen. Dieser Bruch qua Wahl des Notausgangs in Schneiders Installation ist vergleichbar mit Benjamins berühmtem »Griff zur Notbremse«, den er gegen Marx bereits in den Vorstudien zu seinen Thesen *Über den Begriff der Geschichte* behauptet: Wenn Marx »die Revolutionen« noch als beschleunigte, fortschrittserhitzte »Lokomotiven der Weltgeschichte«[77] bezeichnete, also Fortschritt und Linearität proklamiert, zeigt Benjamin fortschrittskritisch auf,[78] dass diese »Revolutionen der Griff des in diesem Zug reisenden Menschengeschlechts nach der Notbremse« seien.[79] Und somit ist es die Langeweileerfahrung qua Wiederholung, die zu einer aktiven Entscheidung führt, die aber darüber hinaus bereits als Langeweileerfahrung eine selbstgemachte, selbsterlebte und selbstdurchgeführte Erfahrung qua Wiederholung ist. Natürlich wiederholt sich das Badezimmer, aber das Öffnen eines jeden neuen, immer gleichen Raums, das Durchschreiten desselben, das Verlassen und erneute Wiedereintreten in einen anderen und doch immer gleichen Raum wird durch die Betrachtenden geleistet. Es ist nicht der Künstler, der die Erfahrung für das Publikum, die Lesenden, die Betrachtenden wiederholt, wie noch beispielsweise die Surrealisten bei Benjamin sich anschickten, sondern es ist den Besuchenden überlassen, diese Erfahrung zu machen, sozusagen aktiv selbst zu erleben.

77 Karl Marx, Die Klassenkämpfe in Frankreich 1848 bis 1850, in: Ders., Friedrich Engels, Werke, Bd. 7, Berlin 1960, S. 85.

78 Wobei Benjamin nicht Marx' Proklamation von Fortschritt und Linearität kritisiert, sondern die SPD und vor allem Kautsky. Mittlerweile hat sich der Topos der Fortschrittskritik wohl stark verselbständigt und enthistorisiert. Ich danke Steffen Andreae für diesen kritischen Hinweis.

79 Walter Benjamin, Über den Begriff der Geschichte, in: Rolf Tiedemann, Hermann Schweppenhäuser (Hrsg.), Gesammelte Schriften, Band I.3, Frankfurt am Main 1991, S. 1232.

4.5 Langeweile als Wiederholung

Es zeigt sich, dass die in diesem Kapitel verhandelten künstlerischen Arbeiten auf den Aktualisierungsprozess der Subjektivierungsweisen reagieren und die darin enthaltenen Intertextualitäten, Brüche und kulturellen Verweiszusammenhänge transportieren, transformieren und als kontingent ausstellen. An Leonards Installation lässt sich verstehen, dass die Wiederholung der Erinnerung insofern entgegensteht, als dass im Aushalten der langweiligen, zig-fachen Wiederholung sowohl das Kollektive im singulär Erinnerten als auch die Differenz des Erinnerten zur Gegenwart aufscheint. In Goebbels' Multimediaarbeit eröffnet die Langeweile der strukturellen Wiederholung jene ästhetische Indifferenz, die durch die Erfahrung der Gleichzeitigkeit des Ungleichzeitigen das Fremde im vermeintlich Vertrauten als Schiffbruch des Verstehens beleuchtet. Schneiders interaktive Loop-Erfahrung wiederum lässt die Aktualisierung des disziplinierten Selbst der Spätmoderne hin zu einem sich selbst disziplinierenden Selbst der Gegenwart nachvollziehen. Denn natürlich werden die Besuchenden einerseits qua Installationsaufbau in ihrem Weg durch die Arbeit und somit in ihrer jeweiligen ästhetischen Erfahrung manipuliert. Andererseits ist es die Selbstoptimierungstendenz des Subjekts der Gegenwart, die die beschriebene Begehrensökonomie überhaupt erst hervorbringt.

Zusammenfassend lässt sich festhalten, dass sowohl Leonards als auch Schneiders serielle Installationen eine Kontingenzerfahrung anhand des darin wiederholten Motivs, der Postkarte beziehungsweise des Raums, ermöglichen. Zusammen mit der Wiederholung des immer gleichen Ablaufs der Theaterheimkehr bei Goebbels lässt sich für alle drei hier diskutierten Arbeiten eine verwandte ästhetische Erfahrung skizzieren, die auf den verunsichernden Bruch in der vermeintlichen Vorhersehbarkeit abzielt. Diese Erfahrung verlagert das ästhetische Potential hin zu neuen Formen der Nicht-Berechenbarkeit, des Nicht-Verständnisses und des Nicht-Zusammenhangs.

Hier erweist sich der Unterschied der ästhetischen Erfahrung, im ästhetischen Geschmacksurteil, zum (konsumistischen sowie bürgerlichen) Geschmacksurteil. Diese Unterscheidung ist für den nachdisziplinären Kapitalismus wichtig, da, so Christoph Menke, der Geschmack zur Voraussetzung für den Massenkonsum wird. Umgeben von Waren, die teils noch unbekannte Bedürfnisse befriedigen, passt sich das Subjekt, welches das Konsumversprechen anerkennt, qua Geschmacksurteil diesen neuen Waren an:

> Aus dem harmonischen Zueinanderpassen von Mensch und Sache, dessen sich der ästhetische Geschmack im Genuß am Schönen versicherte, wird die beständige Anstrengung zur Anpassung an die sich erneuernden Produkte. Bei all seiner Kreativität geht es dem konsumistischen Geschmacksvermögen nur mehr darum, sicherzustellen, daß man durchkommt: um bloße Selbsterhaltung.[80]

Kunst hingegen, als Ausgangsort ästhetischer Erfahrung, erweist sich dem gegenüber als widerspenstiger denn gemeinhin angenommen. Auch wenn ausgehend von Ève Chiapellos und Luc Boltanskis Künstlerkritik Soziologen und Kulturwissenschaftler wie Zygmund Baumann, Alain Ehrenberg, Ulrich Bröckling, Andreas Reckwitz oder Diedrich Diederichsen der heutigen Kreativwirtschaft bescheinigen, auf das »Reservoir der Selbstverwirklichungsdiskurse aus den Kulturrevolten und Befreiungsszenarien der Jahre ca. 65–85« zurückgegriffen zu haben, oft also angenommen wird, Kunst und Kapital seien eine Zweckehe eingegangen,[81] ist es wichtig, die begrifflichen Unterschiede in Bezug auf Geschmack und Kunst zu betonen: Wenn wir Kunst mit Menke nach Derrida als Kraft zum Streit zwischen Ding und Zeichen verstehen,[82] dann ist das konsumistische Geschmacksurteil das Andere der Kunst. Denn das konsumistische Geschmacksurteil versöhnt den erwähnten Streit zwischen Ding und Zeichen durch Anpassung. Das Andere, was als Folge diesen Streit in der Anpassung versöhnt – und damit nicht Kraft als Streit zwischen Ding und Zeichen, sondern (konsumistischen) Geschmack als Anpassungsleistung, als subjektives Vermögen ermöglicht. Für das Verständnis und die Rettung des Begriffs eines anderen als konsumistisch gewordenen, eines ästhetischen Geschmacks als Kraft ist somit wichtig, dass »der Geschmack in subjektives Vermögen und ästhetische Kraft gespalten ist.«[83] Dem folgt »der Gedanke, dass der

80 Vgl. Christoph Menke, Ästhetische Freiheit: Geschmack wider Willen, in: ders., Die Kraft der Kunst, Berlin 2013, S. 132–159, S. 142.

81 Siehe insbesondere die versammelten Aufsätze genannter Autoren im von Juliane Rebentisch und Christoph Menke herausgegebenen Band, Kreation und Depression, Freiheit im gegenwärtigen Kapitalismus, Berlin 2011. Das hier verwendete Diederichsenzitat findet sich auf S. 124.

82 Christoph Menke, Einführung, in: Gertrud Koch, Christiane Voss (Hrsg.), Zwischen Ding und Zeichen. Zur ästhetischen Erfahrung der Kunst, München 2006, S. 15–19, S. 16.

83 Menke, Der andere Geschmack, S. 236. Menke argumentiert, dass der Geschmack, als zentrale Kategorie der Ästhetik des 18.Jh. das Vermögen sei, »ohne methodische Überprüfung und argumentative Rechtfertigung, in einem Akt sinnlichen Erfassens, zu erkennen und zu beurteilen, wie es um einen Gegenstand bestellt ist« (a.a.O., S. 227).

Geschmack in sich gegenwendig ist: Der Geschmack ist immer schon dabei, seine Einbildungen in einer reflexiven Operation zu prüfen und durch Gründe einzuholen; dadurch macht er sie zu Urteilen, die aus Gründen geteilt werden.«[84] Diese Reflexion erfolgt im konsumistischen Geschmack nicht mehr.

> Dem gilt der ›Widerwille‹ (Adorno) des Geschmacks als Kraft: Die Kraft ist der Gegen-Wille, der Wille gegen den Willen, die Einbildungen des Geschmacks in einer Operation der Reflexion zu kontrollieren. Die Kraft des Geschmacks äußert sich als ›impression soudaine‹ oder ›sentiment subit‹ – als plötzliche, unerwartete Empfindung, die unvermittelt hervorbrechend den schrittweisen Gang der Reflexion unterbricht und das Subjekt unfähig zum Verfahren nach Gründen macht.[85]

Und eben das geschieht, wie an den drei besprochenen Installationen gezeigt, durch die Praktiken der Wiederholung. Denn mit Menke kann ein anderer Geschmack nur dort entstehen, »wo weder das Subjekt sich darauf verlässt, seinen Objektivitätsanspruch durch eigene Reflexionsleistung erfüllen zu können, noch das Individuum seine Kreativität auf das Erbringen von Adaptionsleistungen verwendet.«[86] Eben das passiert in den beschriebenen Installationen nicht, wenn das Betrachter:innensubjekt mit der vermeintlichen Wiederholung als jeweils anderer Iteration konfrontiert ist und »unversöhnt« zwischen Stimmungen der Langeweile und des Interesses oszilliert.

Letztlich zeigt sich, dass in der künstlerischen Praktik der Wiederholung des immer irgendwie Gleichen (und dabei auf je unterschiedliche Weise jeweils nicht Desselben) die Option der Kollision mit den Grenzen der Ordnung der Wiederholung liegt – als Demontage bisheriger Wahrnehmungskategorien. In der Langeweileerfahrung der Wiederholung liegt also die Unaufmerksamkeitsoption, die Option, das Zermürbend-Immergleiche zu einem dann nur Vermeintlich-Immergleichen zu modifizieren.

»Im Geschmack urteilt das Subjekt selbst« und der »Geschmack urteilt über die Sache selbst« (a.a.O., S. 228). Das beinhaltet eben auch, dass »die Ästhetik selbst schon den Gedanken, der über den – falschen, schlechten – Gegensatz von bürgerlich-autonomem oder konsumistisch-postmodernem Geschmack hinausführt«, enthält (a.a.O., S. 236).

84 A.a.O., S. 228.

85 Ebd.

86 A.a.O., S. 237.

5.
Langeweile als Zuviel

5.1 Einleitung – Im Abgrund des Besitzes

In den vorangegangenen Kapiteln habe ich aufgezeigt, wie sich die Stimmung der Langeweile in der Gegenwartskunst aus verschiedenen, künstlerischen Strategien entwickeln kann: der langen Weile, der Wiederholung sowie der Figur des Dazwischen. Das Urteil ›langweilig‹ kann also sowohl fallen, wenn die Sinneswahrnehmung qua langer Weilen und Wiederholungen sich mit dem vermeintlich Immergleichen zu beschäftigen hat als auch, wenn das Immergleiche, als alltäglich Gesetztes, unterbrochen wird und die Wahrnehmung mit der Unterbrechung als Warten oder der Pause konfrontiert ist. Im Aushalten der durch diese Strategien hervorgerufenen Langeweile entsteht die Möglichkeit einer anderen Erfahrung der Gegenwart. Die beschriebenen künstlerischen Positionen zeugen zugleich von Überschneidungen und Durchmischungen dieser Strategien.

Im folgenden Kapitel möchte ich aufzeigen, dass alle Arbeiten ein weiteres künstlerisches Kalkül der Langeweile beinhalten, das sich bei genauerer Untersuchung als gar nicht so neues Erfahrungsfeld konstituiert, sich jedoch als aktuelle Strategie hinzufügen lässt. In diesem vorletzten Teil der Arbeit werde ich die Langeweile aus Perspektive – und somit Strategie – des Zuviels sowie der dazugehörigen Kategorien des Überdrusses, der Indifferenz und des Überflusses beschreiben. Auch von dort aus vermag der Wahrnehmungsapparat das Verstehen in neue Bewegungen zu versetzen.

Das Zuviel bezieht sich auf eine Gegenwartswahrnehmung, die stets auch gesellschaftskritisch zu verstehen ist. Denn was die Langeweile in der Gegenwartskunst gesellschaftskritisch verhandelt, ist, dass die Langeweile an ihren Gegenständen immer auch als Kapitalismuskritik gelesen werden kann. Zugleich klingt eine Kritik am Kapitalismus oft kulturpessimistisch herbeizitiert und ist damit schon wieder ewiggestrig.

Es scheint zunächst, als gäbe es keine Wahlmöglichkeit, verleibt sich der Kapitalismus doch auch Kritik an ihm sofort ein.[1]

Im Essay *Kapitalistischer Realismus ohne Alternative?*[2] zeigt Mark Fisher anhand der Überpräsenz an Vergnügungs- und Ablenkungsmedien, wie diese Medien einen Zwang zum ständigen Verbundensein aufbauen und ausüben. Leerstellen und Lücken in der Wahrnehmung werden nicht zugelassen beziehungsweise geschlossen, ganz wie es Lepenies für die Zukunft der Langeweile in den Utopien beschreibt. Schon dort und natürlich in der gegenwärtigen, spätkapitalistischen Gesellschaft benötigt es sogar der ausgesprochenen Anstrengung, noch gelangweilt zu sein. Als Konsequenz eines Übermaßes an Zerstreuung, in dem Langeweile zur kognitiven Anstrengungsleistung wird, diagnostiziert Fisher den »depressiven Hedonismus.« In diesem bestünde das Paradox darin, bei gleichzeitiger Niedergeschlagenheit und einem Gefühl der Leere jederzeit der Vergnügungssucht nachzugeben, welche nur wieder im gleichen, als ›leer‹ beschriebenem Gefühl münde. Nach Fisher erzeuge nun aber nicht mehr die Leere einen depressiven Zustand, sondern die Fülle an Reizen und Zerstreuungsmöglichkeiten. Dieses Zuviel führe den Menschen in eine existentielle Krise: die der Langeweile. Denn es wogt im »Abgrund des Besitzes dieser Nebel der Langeweile«, wie schon Bloch festhält.[3] Jener beschreibt, dass der »erst erworbene Erwerbstrieb«[4] sich nach immer neuen Höhen der Befriedigung aufmache, um im Abgrund doch die Langeweile zu finden, die »wesentlich, wo nicht einzig, dem mechanisiert-kapitalistischen Betrieb zugeordnet«[5] ist. Gerade diese Verbindung aus einer sich immer weiter entwickelnden und immer größeren Überfluss auftürmenden Gesellschaft im Kapitalismus und der daran geknüpften Stimmung der Langeweile gilt es, für die Gegenwart nachzuspüren.

Innerhalb der spätkapitalistischen Gesellschaft zeigt sich eine Weiterentwicklung eines solchen mechanisiert-kapitalistischen Betriebs hin zum finanzialisierten Kapitalismus. Weiterhin sollen in diesem die

1 Selbst der ehemalige FAZ-Herausgeber Frank Schirrmacher beschreibt in seinem 2013 erschienen Sachbuch *Ego* den modernen Menschen als ein von kapitalistischen Algorithmen beherrschtes Subjekt, das Kritik am System zwar äußert, dieselbe zugleich aber einverleibt.

2 Mark Fisher, Kapitalistischer Realismus ohne Alternative?, Hamburg 2013.

3 Bloch, Das Prinzip Hoffnung, S. 31.

4 A.a.O., S. 41.

5 A.a.O., S. 80.

Höhen der Bedürfnisbefriedigung erklommen werden, die mittlerweile nur noch schwer mit den Maßstäben und Werkzeugen vorheriger Erfahrungsräume zu beschreiben sind, sich imaginieren lassen. Daraus folgere ich, dass es einer neuen Erfahrungs- und Erlebnisweise bedarf, einer neuen Perspektive auf vermeintlich alte, dabei aber in sich ebenfalls aktualisierte Muster der Gegenwart. Eine Perspektive, Erfahrungs- und Erlebnisweise, die unter anderem durch Kunst einzunehmen möglich ist.

Daraus ergeben sich nach der Transformation der Gegenwartskunst Fragen zu den Bedingungen der Sinneswahrnehmungen und Empfindungen. Wo einst Sontag von einer Modifikation und Programmierung qua Langeweile aus Sinnleere oder Alltags-Remodifikation und -Reenactment sprach, findet heute Sianne Ngai in der Überforderung, Ermüdung und erschöpfenden Langatmigkeit eine Langeweile, welche Grenzerfahrungen der Sinneswahrnehmung ermöglicht. So erörtert Ngai zunächst, wie bei Kant das Erhabene mit einer Erfahrung des Naturschönen in Verbindung steht.[6] In der Gegenwart findet die Konfrontation jedoch weniger mit der Natur denn mit dem Künstlichen, Gemachten statt. Und eben dieses ›Gemachte‹ konfrontiert uns mit jenen Formen der Langeweile, auf die die hier im Folgenden zu besprechenden Künstler:innen verweisen. Ngai nennt diese andere Form der ästhetischen Erfahrung, in Erweiterung des Kant'schen Erhabenen (sublime), das ›Dumm-Erhabene‹ (stuplimity), welches sie definiert als:

> a concatenation of boredom and astonishment—a bringing together of what ›dulls‹ and what ›irritates‹ or agitates; of sharp, sudden excitation and prolonged desensitization, exhaustion, or fatigue. While the Kantian sublime stages a competition between opposing affects, in which one eventually supersedes and replaces the other […] stublimity is a tension that holds opposing affects together.[7]

Nur vordergründig hat der Begriff der Langeweile (und seine vielfältigen Synonyme) sein Gegenteil im Mobilitäts-, Kreativitäts-, Optimierungs- und Produktivitätsanspruch der postfordistischen Lebensverhältnisse. Solche Verweiszusammenhänge und Anrufungen verbinden sich vielmehr hervorragend mit einer Stimmung der Langeweile. Anhand

6 »But Kantian sublimity remains the wrong aesthetic concept, as well as the wrong concept of feeling […] to account for the affects […] such as the fact that Kant limits his concept of the sublime to ›rude nature‹.« Sianne Ngai, Ugly Feelings, Cambridge, MA 2005, S. 265.

7 A.a.O., S. 271.

paradigmatischer Kunstwerke Cosima von Bonins, Anne Imhofs und Camille Henrots werde ich daher die Kategorie der ›Langeweile als Zuviel‹ entwickeln. In allen Arbeiten zeigt sich ein Oszillieren zwischen Langeweile und Interesse, welches das vordergründige Gegensatzpaar interessant/langweilig aus einer antonymischen Struktur rückt und so Fragen nach den Bedingungen der Gegenwart qua Erfahrung der Gegenwartskunst sichtbar werden lässt. Denn unter Langeweile fallen gerade auch die körperlichen Erfahrungen großer Ermüdung oder Erschlaffung, die in einem Dahin-dämmern münden können. Im langweiligen Dämmerzustand findet sich jedoch keine Regeneration, sondern nur weitere Langeweile. Eine angespannte Langeweile, die einer auf Leistung, Unterhaltung, Produktivität oder Spektakel ausgerichteten Gesellschaft entspringt, welche sich im Zwang der stetig zu erfolgenden Selbstverwirklichung immer auch selbst diszipliniert.

Diese Form der Langeweile existiert jedoch nicht nur als rein negative Erfahrungsweise, etwa als jene des von Fisher konstatierten depressiven Hedonismus. Positivere Lesarten sind durchaus möglich. In diesem Sinne werde ich aufzeigen, dass eine zum Zuviel hin aktualisierte Version der Langeweile schon in den zuvor besprochenen künstlerischen Arbeiten angelegt ist. In einem ersten Schritt werde ich die Arbeiten vorheriger Kapitel dahingehend befragen, inwiefern sie schon auf den Aspekt des Zuviels verweisen, um in einem zweiten Schritt, jeweils mit den Arbeiten *Fatigue Empire* von Cosima von Bonin, *Angst II* und *FAUST* von Anne Imhof und *Grosse Fatigue* von Camille Henrot, drei Unterkategorien des Zuviels zu entwickeln. So ergibt sich aus der Praktik der langen Weile durch Verlangsamung (2. Kapitel) das Paradox des gestörten Zeitbewusstseins eines Zuviels, das zugleich ein Zuwenig zu sein scheint und sich in *Fatigue Empire* besonders gut fassen lässt. In der freien und leeren ›Zwischen-Zeit‹ des Unterbrechens, Pausierens und Verweilens (3. Kapitel) wiederum liegt eine Zumutung, die mit einer Art der Überforderung verbunden ist. Sie entspricht einem Zuviel an Erwartung, das mit Formen zeitgenössischer Indifferenz beantwortet wird. Insbesondere Imhofs performative Arbeiten lassen diese Kategorie aufscheinen. Die Langeweileerfahrung der Wiederholung beinhaltet die Erfahrung eines Zuviels sowohl im Übersteigen des Auffassungsvermögens der Betrachterinnen als auch in der Entgrenzung der Genres (4. Kapitel). Diese Erfahrung von Fülle, die Stimmung der Erschöpfung, Müdigkeit und Langeweile am Zuviel werde ich in und mit der Videoinstallation *Grosse Fatigue* herausarbeiten.

5.2 Zu viel als Überdruss – *Cosima von Bonin*

Die Langeweile in der ästhetischen Erfahrung einer wie im zweiten Kapitel erörterten langen Zeit scheint nicht unmittelbar mit dem Modus des Zuviels zusammenzugehen. Ist doch anscheinend gerade die Verlangsamung der Zeit Garant dafür, dass das, was vermeintlich zu viel und zu schnell ist, nun, im Modus der langen Weile, wieder kontemplativ erfasst werden kann. Und doch weisen alle drei besprochenen Arbeiten nicht nur trotz, sondern gerade wegen der Verlangsamung weiterhin auf eine Ambivalenz des gegenwärtigen Achtsamkeitskapitalismus. Denn wenn die Verlangsamung als Praktik eines als zu schnellen, zu viel gewordenen Alltags wahrgenommen wird, ist ihr damit zumindest kurzzeitig eine entlastende Funktion zugeschrieben. Langfristig wendet sich diese Entlastung jedoch in entgegengesetzte Richtung. In einer verlangsamten Zeit kann nun nicht nur das, was bereits zu viel war, erledigt werden, sondern noch viel mehr – so dass wieder das Zeitmanagement übernimmt. 1963 fasste Arnold Gehlen dieses Phänomen wie folgt zusammen:

> Je wirksamer man nun in diesem Sinne plant, kalkuliert und die Daten bereits im Vorhinein auf Abruf abklärt, je rationaler man verfährt, um Störungen und Zufälle auszuschließen, um so mehr leere Zeit schafft man in der Zukunft, in die neue Ereignismassen einrücken können. Ein Prozeß dieser Art reißt den Menschen in die Zukunft hinein, und läßt ihn nicht zum ruhigen Gefühl der Gegenwart, zum Sichsammeln kommen. Zeit hat man natürlich jetzt nicht, die hat man allenfalls später; mit der Zeit in der Zukunft kann man aber schlechterdings nichts anderes anfangen, als sie zu verplanen, denn leben in ihr kann man nicht. Da man aber früher schon immer genauso verfuhr, so ist auch die Gegenwart ›ausgelastet‹. Kraft dieser Gesetzlichkeit leben wir daher der Gegenwart vorweg, und zwar mit nicht mehr steigerungsfähigem Tempo, und diese Gegenwart bekommt einen wesentlich negativen Zug: sie besteht im Abhaken, im Erledigen des für jetzt Vorwegarrangierten. Quer in diesen Strom schießen aber die unvorhergesehenen Begebnisse ein, die aus unbestimmt großen Räumen einfallen und sofort beantwortet, beurteilt, beschieden werden müssen.[8]

Das Paradox, dass sich aus diesem versch(r)obenen, oder wie Gehlen seinen Aufsatz nennt, »gestörten«, Zeitbewusstsein ergibt, besteht darin,

8 Arnold Gehlen, Das gestörte Zeit-Bewußtsein, in: *Merkur* (182/1963), S. 313–321, S. 314.

dass die lange Weile als ästhetische Praktik einer gedehnten, langen Zeit in der Gegenwartkunst auf ein Zuviel, das zugleich ein Zuwenig zu sein scheint, verweist.

Wie ich im zweiten Kapitel für Lockharts Arbeit argumentiert habe, kann das verlangsamte Bild aufgrund der Fülle an in der Langsamkeit aufscheinenden möglichen Auseinandersetzungen regelrecht zu schnell vergehen. Durch die Verlangsamung stellt sich also erst die Wahrnehmung eines zu schnell vergehenden Zuviels ein. Ein Zuviel, welches die Betrachter:innen nicht bewältigen können und bei denen diese Überforderung folglich eine Art Überdruss hervorruft, wie er auch in Serras *El cant dels ocells* erfahrbar wird, wenn die auszuhaltende lange Weile der Echtzeit, in der die drei Protagonisten ziellos durch Landschaften irren, den Zuschauenden eine unverhältnismäßige Ausdauer abverlangen – »to the point of enervation.«[9] Unverhältnismäßig ist sie dort in Bezug auf einen Wahrnehmungshorizont durchschnittlicher Erfahrungsdauer und Sehgewohnheit. Unverhältnismäßig ist sie aber auch in Bezug auf ein Verhältnis zwischen interessant und langweilig, da Serras Film mit Umkehrungen und Wendungen arbeitet, indem er das Unvertraute zwar vertraut, zugleich das Ungriffige greifbar, dabei weiterhin noch nicht begreifbar macht und das Verhältnis der Gegensätze von interessant und langweilig weit gegeneinander verschiebt.

Hier wird ein Kontingenzerlebnis ermöglicht, da die Wahrnehmung, über die enervierende, langatmige und oftmals langweilige Darstellung, dahingehend erweitert wird, dass das im Film dargestellte und verhandelte Geschehen auch gänzlich anders hätte geschehen können. So beinhaltet dieser Film insbesondere das Zuviel des potenziell Möglichen. Ein solches Zuviel schließlich, das Sugimoto in seinen Langzeitbelichtungen sowohl einfängt als auch in ein visuell nochmals anders gewendetes Kontingenzerlebnis transformiert, wenn das, was auf seinen Bildern als weißes leeres Rechteck erscheint, ein Zuviel an belichtetem cineastischen Geschehen darstellt.[10]

Es scheint, als sei dem Gefühl des Überdrusses formal wie inhaltlich oftmals nicht anders beizukommen, als mit der (ver)langsam(t)en oder vermeintlich fast stillgestellten Darstellung eines langweiligen Zuwenig – um darin jenes Zuviel zu entfalten, dessen unmögliche

9 Romney: In Search of Lost Time, S. 43–44.
10 Vgl. das zweite Kapitel der vorliegenden Arbeit.

Wahrnehmung wiederum umschlägt in die Wahrnehmung des Zuwenig, des Langweiligen.

Ich werde daher im Folgenden argumentieren, dass sich die formale und inhaltliche Nähe zwischen langweilig und interessant im Überdruss einer Gesellschaftsform des Konsums zeigt, die vom fordistisch organisierten Massenkonsum der 1950er zum finanzialisierten und singularisierten Spätkapitalismus reicht. So definierte bereits 1956 der eher konservative, technikkritische Sozialökonom Wilhelm Röpke »Langeweile als Produkt der heutigen Industrie- und Massengesellschaft, möge sie nun marktwirtschaftlich oder sozialistisch organisiert sein.«[11] Wenn er darüber hinaus den seinerzeit preisgekrönten Schriftsteller Georges Bernano paraphrasiert, dass Langeweile jener feine Staub sei, »der sich in unserer Zeit auf alles legt und gegen den sich die Menschen mit all ihrer aufgeregten Geschäftigkeit zu wehren suchen«[12], beschreibt er bereits das entstandene und dabei nur vermeintlich antagonistische Verhältnis zwischen (Neo)liberalismus und Langeweile. Daraus ergibt sich eine Art psychologische Abhängigkeit des Subjekts von Geschäftigkeit, Unterhaltung und Spektakel, also Konsum, deren Wirkung im Vertreiben der Langeweile aber nicht andauern könne und somit erneut Langeweile und so den Kreislauf des Konsums erzeuge.[13]

Cosima von Bonin: *Fatigue Empire*

Eine von Colm Brogan 1946 umrissene, unermesslich gelangweilte Gesellschaft im Überfluss und Überdruss könnte in jenes *Fatigue Empire* münden, das 2010 als Ausstellung der Künstlerin Cosima von Bonin im Kunsthaus Bregenz in Szene gesetzt war. Die Besucher:innen dieses Erschöpfungsreiches mussten einige Zeit und Kraft, vor allem aber eine lange Aufmerksamkeitsspanne investieren, um die über 50 Werke

11 Wilhelm Röpke, Langeweile als Sozialphänomen, in: *Schweizer Monatshefte. Zeitschrift für Politik, Wirtschaft, Kultur* (36,5/1956), S. 329–336, S. 333. Röpkes konservatives Idealbild abseits der Massenkultur, im Bild des Kindes in der ländlichen Idylle der Schweiz eingefangen, kann jedoch nicht die Utopie sein, um die es mir hier bestellt ist.

12 Ebd.

13 Röpke zitiert im Weiteren Colm Brogan: »Eine Gesellschaft, die den materiellen Genuß zum Mittelpunkt aller Dinge macht, wird zugleich ungeheuer produktiv und ungeheuer steril, satt und hungrig, geschäftig und unermeßlich gelangweilt sein.« Colm Brogan, The Democrat at the Supper Table, London 1946, S. 171, zitiert und übersetzt von Röpke, Langeweile als Sozialphänomen, S. 334.

der Ausstellung zu betrachten: Übergroße Stofftiere lagen in gar nicht kuschlig anmutender Betonwandatmosphäre auf Tischen, Stühlen, Bühnen und dem Boden, aus Plexiglashalbkugeln tönte eigens komponierter Dub-Techno von Moritz von Oswald – dem Namensgeber der ersten Etage des Kunsthaus Bregenz. Neben diversem Bühnenequipment, T-Shirts, Autos, Stühlen, Tischen und einem Kneipp-Wasserbecken hingen bestickte Stoffbilder am Beton. Ein Fernsehinterview mit Thomas Bernhard lief als Referenz und Metakommentar nebenher. Außerdem bot die Künstlerin ›Einkaufstouren‹ durch ihre Ausstellung an und offerierte eigene Editionen.[14]

Die Überforderung der Gegenwart, die keinesfalls mit jener luxuriösen Müdigkeit der historischen Epoche des Empire zu verwechseln ist, sich aber ebenfalls aus einem Überfluss zu entwickeln scheint, außerdem die Untiefen der weiterhin existierenden, gern als Lebensaufgabe getarnten Lohnarbeit beinhaltet, wurde in Bregenz über drei Etagen ausgebreitet: In *The Oswald Empire*, *The Kippy Empire* und *The Hippie Empire* sind die drei Etappen des Ausstellunghauses unterteilt, wobei im letzten Stockwerk, dem *Hippie Empire*, nachgerade zum Konsum der Kunst eingeladen wurde. Denn das, was diese Müdigkeitsgesellschaft ausmacht, wird in der Kunst nicht einfach ›weg-ästhetisiert‹, sondern zum Kipppunkt: Zwischen Rezipieren und Konsumieren besteht keine eindeutige Trennung. Das kann kritisch gelesen oder auch als pure Zeitdiagnose aufgefasst werden. Der von Röpke beschriebene Kreislauf zwischen Konsum und Langeweile zeigt sich in von Bonins *Fatigue Empire* sowohl repräsentativ über die ausgestellten und installativ gesetzten Figuren, Gegenstände, über Referenzen an diese gelangweilte Konsumgesellschaft und auch performativ im Konsumieren der Kunst – einerseits als Gegenstand der Betrachtung, andererseits als tatsächlich zum Verkauf angebotene Ware.

Dass diese negativ verstandenen Erfahrungen der emotional aufgeladenen Erwartungshaltung durch das spätmoderne Gesellschaftsmodell erst erzeugt werden, erklärt Röpke als den der »modernen Massengesellschaft eigenen Erscheinungen des Gemeinschaftsverlustes, des Schwundes an Mannigfaltigkeit und Spontanität, der Leere und der ›Vereinzelung‹«. Ein Zustand, der auch eine treffende Beschreibung für Bonins Stofftiere ist, würde man versuchen, deren Ausdruck oder

14 Cosima von Bonin Ausstellung *Fatigue Empire*, vom 18.7. bis 3.10.2010 im Kunsthaus Bregenz.

Wirkung zu umschreiben. Röpke proklamiert, dass erst die Erwartungshaltung geeignet ist, »Langeweile als – natürlich oft krampfhaft versteckte – Massenreaktion hervorzurufen.«[15] Doch zugleich ist es eben jenes Sozialphänomen, dass er für den überbordenden Konsum verantwortlich macht. Dass es also die Langeweile sei, »die uns wie unerlöste Seelen umhertreibt und uns nach allem greifen läßt, was sich als Füllmaterial in das große Loch unseres Lebens stopfen läßt.«[16] Dieses nicht zu füllende Loch, das der Überdruss an Überfluss produziert, offenbart, dass Überfluss nicht ausreicht und weiterhin als ein ›zu Wenig‹ wahrgenommen wird. Überdeutlich zeigt sich daran, wie innig Konsum und Langeweile miteinander verstrickt sind.

Dimensionen, zumal übersteigerte, spielen auch bei von Bonin eine prominente Rolle. So sind die Kuscheltiere in *The Fatigue Empire* entstellt und überdimensional groß, ganz so, als wären sie eben auch Kuscheltiere für ›die Großen‹, deren Bedürfnisse (nach Nähe, Berührung und Sicherheit) sie jedoch trotz allem nicht zu befriedigen imstande sind. Kuscheltiere, oft als Übergangsobjekte in der Kindheit zur Ersatzbefriedigung des Nähebedürfnisses benötigt,[17] stehen hier also für jene Funktion der Ersatzbefriedigung, welche die Konsumgegenstände im Kapitalismus übernehmen. Allein die Überdimensionierung der Kuscheltiere ist dann die unbefriedigende Antwort auf den von Röpke beschriebenen Gemeinschaftsverlust und die Vereinzelung in der Masse. Nicht nur die Kuscheltiere, sondern die gesamte Ausstellung *The Fatigue Empire* ist derart überdimensioniert, dass Besucher:innen den Überblick verlieren, überfordert sind, Sinn und Zusammenhang nur schwer herstellen können. Denn die in diesem gattungsübergreifenden Werk vielfältig auftauchenden, künstlerischen Bezüge sind ihrerseits wieder Referenzen: nicht nur an eine sich, einerseits, immer weiter ausdifferenzierende Kunstwelt, in der Kunst, Kritik und Konsum sich, andererseits, wieder bis zur Ununterscheidbarkeit verschmelzen, sondern sie beinhalten in sich bereits jenen hier auszuarbeitenden Überforderungsmoment einer immer komplexer werdenden Gegenwart. Dieser oszilliert zum einen zwischen positiver Inspiration und negativer Über-

15 Röpke, Langeweile als Sozialphänomen, S. 334.

16 A.a.O., S. 336.

17 Donald W. Winnicott, Übergangsobjekte und Übergangsphänomene. Eine Studie über den ersten, nicht zum Selbst gehörenden Besitz, zuerst als Vortrag 1951 und verschriftlicht in: *Psyche Zeitschrift für Psychoanalyse* (23,9/1969), S. 666–682.

forderung, zum anderen produziert er vermehrt Subjekte, die allesamt müde sind. Oftmals zu müde, um sie selbst zu sein.[18]

Und so bevölkern seit über zwei Jahrzehnten erschöpfte Textilfiguren und erschlaffte Objekte die Ausstellungen Cosima von Bonins: Ob es die mit Stoff überzogene Schaumstoffstange (diverse als *BOO* betitelte Arbeiten seit 1998) ist, die zusammengesackt in den Ausstellungen an der Wand lehnt, die *Weichen Zäune* (2000), deren durchhängende Latten das Gesamtkonstrukt nur geradeso aufrecht halten und fast in sich zusammensacken lassen oder die überdimensionierten Hasen, Krabben, Hunde und Vögel, allesamt aus Stoff, die lustlos die Bonin'schen Ausstellungsorte füllen. Bei diesen Objekten handelt es sich stets um handwerklich präzise, aus Designertextilien geschneiderte Einzelstücke, deren hochwertige Machart auf individuelle Ansprüche an sich selbst und auch an andere verweist.

Das Werk von Bonins antwortet auf eine veränderte Lebensrealität, die sich in den vergangenen Jahren immer weiter individualisiert und also singularisiert hat, woran die Künstlerin sich in ihrer stets kollaborativen Praxis des so von ihr geäußerten »Ich bin Viele« abgearbeitet hat. Dabei untersucht sie sowohl die positiv als auch die negativ konnotierte Erschöpfung durch die Bewegung fortlaufender Singularisierung. In Gesellschaften, in denen es vermehrt um die Beschäftigung mit dem eigenen Selbst geht und gehen kann, produzieren diese Auseinandersetzungen zwar zum einen erschöpfte Singularitäten, zum anderen aber neue kollektive Zusammenhänge, aus denen dann auch wieder neue Singularitäten hervorgehen. Gehlens Diktum, ein »Prozeß dieser Art reißt den Menschen in die Zukunft hinein, und läßt ihn nicht zum ruhigen Gefühl der Gegenwart, zum Sichsammeln kommen«, erhält so eine aktuelle Perspektive: Nicht das sich Sammeln, sondern der Zustand der Erschöpfung ist der Imperativ des Individuums der Gegenwart: Wer nicht erschöpft ist, war zuvor nicht tätig und das bedeutet heute, nicht kreativ. Natürlich schöpft dieser Imperativ aus dem Ursache-Wirkungs-Mechanismus, doch anstatt jenen Mechanismus kritisch zu hinterfragen, wird die Konsequenz der Erschöpfung zum Leitmotiv erhoben. Innerhalb dieses Prozesses, der das individuelle Subjekt in eine Überforderung mit sich selbst wie mit den es umgebenden Anrufungen führt, erscheinen die Subjekte der Gegenwart, als wären

18 Siehe Alain Ehrenberg, La Fatigue d'être soi. Dépression et société, Paris 1998.

sie lieber nicht mehr aktiv Teil, sondern passiv Objekt – eines jener absurd großen Kuscheltiere in von Bonins Ausstellungen.

Als Identifikationsfiguren scheinen jene Stoffhasen, Plüschkrabben und Kuschelhummer ohnehin gut zu funktionieren. In deren ambivalentem Charakter zwischen flauschiger Anmut und abstoßender Haltung befindet sich das Subjekt der Gegenwart in bester Gesellschaft, oft jedoch ohne darüber Bewusstsein erlangt zu haben. Es sind dann auch diese Kuscheltiere, die in den auf *Fatigue Empire* folgenden Ausstellungen immer wieder einen Platz finden. In der Ausstellung *Thing 1 + Thing 2* (2020) zum Beispiel gehen sowohl das überdimensionierte Kuscheltierküken als auch der riesige Stoffhase mit der Aufschrift ›SLOTH‹ auf den Pfoten auf *Fatigue Empire* (2010) zurück.[19] Jene weichen, zum Anfassen verleitenden Kuscheltiere sind es dann auch, die einer Schwerpunktsetzung auf dem Haptischen in der Warenästhetik in Produktdesign, Werbung und sozialen Medien der Gegenwart entsprechen.

Die Begegnung mit diesen Stofftieren führt dabei trotz des über die Jahre einsetzenden Wiederholungs- und des daraus hervorgehenden Wiedererkennungswerts zu einer Irritation, die sich aus Wiedererkennen, Identifikation und Abstoßung speist. Denn zum einen scheint der Niedlichkeitsfaktor der Kuscheltiere vor der Spirale aus Überförderung, Ironie und Zynismus zu bewahren. Die flauschig-niedliche Haptik erscheint als Garant für körperliche Involviertheit durch Anfassen und Eingreifen, wo doch das Hashtag *#cute* – niedlich – mehr als 500 Millionen Mal auf der Plattform Instagram gepostet wurde.[20] Darüber hinaus stehen die Kuscheltiere für eine romantisierte Kindheit aus Kuscheltieren und Zonen flaumiger Sicherheit. Allerdings sehen die Figuren zugleich adoleszent, überfordert und wahlweise abgekämpft aus, im wahrsten Sinne des Wortes angekotzt, aber auch lasziv, traurig und einsam. Wesen also, deren Haptik zunächst unmittelbar zum Streicheln animiert, deren Installation als erschöpft, gelangweilt und angewidert schon im darauffolgenden Blick dem ersten Impuls zuwiderläuft. Das Besondere an diesen Kuscheltieren ist folglich ein Spiel mit der ironischen Distanzierung des Publikums, indem qua flauschiger Haptik eine kuschlige Vereinigung angeregt und so die Möglichkeit

19 Cosima von Bonins und Claus Richters Ausstellung *Thing 1 + Thing 2* war vom 15.2. bis 26.7.2020 in der Kunsthalle Nürnberg zu sehen.

20 Die Rolle der Niedlichkeit in Ästhetik, Kunst und Kapitalismus umriss zum Beispiel die Ausstellung *#CUTE* (NRW Kunstforum Düsseldorf, 9.10.2020–10.1.2021).

distanzierter Ironie unterwandert, dann aber sofort durch abstoßende Affekte gebrochen wird. Dann allerdings ist das Publikum schon affiziert – übrigens sogar gänzlich, ohne die Kuscheltiere anfassen zu müssen oder sie angefasst zu haben.

Damit verwandt hat Sianne Ngai herausgearbeitet, dass sich das Geschmacksurteil ›Niedlich‹ durch eine innere Ambivalenz der Auf- wie Abwertung auszeichnet und somit durchaus gewalttätige Züge besitzt.[21] Auch im *Fatigue Empire* speist sich die Ambivalenz nicht nur aus dem einfachen Gegensatz flauschiger Kuscheltiere und installativer Performance, sondern vollzieht sich bereits im Flauschig-niedlichen selbst: »For in its exaggerated passivity and vulnerability, the cute object is as often intended to excite a consumer's sadistic desires for mastery and control as much as his or her desire to cuddle.«[22] Ngai argumentiert in ihrem 2012 erschienen Buch *Our Aesthetic Categories* in Auseinandersetzung mit Marx und Jameson, was sie bereits in ihrem 2005 erschienen Buch als *Ugly Feelings* diagnostizierte: inwiefern eine Stimmung der Ambivalenz in den (Geschmacks-)Urteilsstrukturen der Spätmoderne diese spätmoderne Gegenwart und deren Möglichkeiten bestimmt und wie stark die spätkapitalistische Gesellschaft dazu beiträgt. »The commodity's irresolvable split between phenomenon and fungibility thus provides the best explanation of why cuteness activates both our empathy and our aversion.«[23] Emphatische Anziehung und unangenehme Abstoßung wirken gleichermaßen auf das Publikum ein. Im Unbestimmten liegt dann auch die Quintessenz der hier ästhetisch vermittelten Überforderung, die sich aber erst in der ästhetischen Erfahrung entfaltet. Sie ist in der reflexiven Vergegenwärtigung sogar noch größer als zuvor angenommen. Das Selbst dieses *Fatigue Empire* tritt als scheinindividuelle Rekonstruktion eines in einer ungeheuer produktiven, erfolgreichen und geschäftigen Gesellschaft agierenden Subjekts im Kommerzkreislauf der eigenen Selbstverwirklichung auf.[24] Die Beschäftigung mit dem Selbst, gleich ob jene des Subjekts, der Kunstwelt oder gar des dazugehörigen (Kunst-)Markts, vollzieht sich dabei im Graubereich

21 Ngai benutzt u.a. den Begriff des ›sadistischen Begehrens‹.

22 Sianne Ngai, The Cuteness of the Avant-Garde, in: *Critical Inquiry* (31,4/2005), S. 811–847, S. 816.

23 Sianne Ngai, The Cuteness of the Avant-Garde, in: Our Aesthetic Categories, 2012 London, S. 53–109, S. 66.

24 An dieser Stelle wäre an den Film *Anomalisa* (2016) von Charly Kaufman und Duke Johnson zu erinnern, der den Gedanken wunderbar ausführt.

zwischen notwendiger Reflektion und egozentrischer Nabelschau. Auch hier gehen interessant und langweilig, das ›zu Viel‹ und das ›zu Wenig‹, eine Symbiose ein, die vorderhand nicht absehbar war.

Zugleich wäre eine derart einseitig-negative, ernüchternd verstandene Version der Erschöpfung, Überforderung und des Überdrusses in Cosima von Bonins Werk zu kurz gegriffen. Die hier assoziierte Stimmung trifft trotz allem auf ein Publikum, welches sich weder völlig identifizieren noch völlig distanzieren kann. In der adressierten wie produzierten Ambivalenz des gelangweilten Überdrusses, ob nun im ›Fast‹ der Identifikation oder im ›Fast‹ der Differenz gefangen, findet sich das Subjekt inmitten zwar meist negativ erfasster Erfahrungen, die als emotionale Aggregatzustände der Langeweile des hedonistischen Kapitalismus verstanden werden. Ob es sich dabei aber um Kritik oder Beschreibung der Gesellschaft und Kunstwelt handelt, obliegt zum einen dem Ermessen der Betrachter:innen, die sich dem Erfahrungsraum aussetzen und die vielfältigen Bezüge, Zitate und Verweise in die eine wie andere Richtung lesen können – aber nicht müssen und vielleicht auch nicht können. Zum anderen lässt sich inmitten dieser Stimmung kein definitiver Außenstandpunkt einnehmen, von welchem mit Blick auf Kunst die Welt erklärt oder gar verbessert werden könne.

Eine solche, oftmals in den Werken relationaler Ästhetik oder in der Partizipationskunst eingenommene Position ist exemplarisch für das, was Robert Pfaller als »Interpassivität«[25] bezeichnet: Dabei wird in der Kunst eine Widerständigkeit in distanzierenden Anführungszeichen performt, im weiterhin existierenden Außen der Kunst(-welt) – dort also ohne Anführungszeichen – regelrecht vermieden. Anders als im Falle solcher Phänomene sind Bonins Kuscheltiere aber nicht gewollt beziehungsweise explizit politisch. Sie rufen zu keinem Widerstand gegen eine erschöpfende Welt auf. Von Bonins Arbeit ist vielmehr indirekt politisch, da sie dem betrachtenden Subjekt reflexiv ermöglicht, sich all jene Involviertheiten zu vergegenwärtigen, wenn im Erleben der dargestellten Stimmung der Lageweile die ambivalente Niedlichkeit überhaupt erst in der Fülle der Ambivalenz zum Tragen kommt. Unabhängig von produktiv-positiven und negativen Konnotationen der Langeweile erscheint dann möglich, dass aus der Form der Langeweile eine andere Wahrnehmungsweise erwächst. Die Frustration am Überdruss, welche in eine Stimmung der Langeweile umschlägt, kann im

25 Robert Pfaller, Ästhetik der Interpassivität, Hamburg 2008.

Aushalten derselben, im Passierenlassen und im Durchschreiten jener Passage des Passierens das Verständnis für den jeweiligen Augenblick wohlwollender gestalten. Mit Blick auf die ästhetische Qualität der Arbeiten von Bonins haben Bennett Simpson und Diedrich Diederichsen angedeutet, dass »es sich bei der Rezeption von Kunstwerken um ein Hindurchgehen handeln kann [...] des Durchgehens und Durchmüssens zur Versöhnung«[26], einer, so muss wohl hinzugefügt werden, mit Adorno gebrochen zu erfahrenden Versöhnung, in einer mit sich selbst grundlegend unversöhnten Gesellschaft. Im Aushalten der ästhetischen Erfahrung der Langeweile qua Überdruss erlangt das Subjekt eine Erkenntnis über eigene Erfahrensstrukturen seines ambivalenten Interesses, in diesem Fall stellvertretend an den Kuscheltieren, ihrer flauschig-haptischen Anziehung und dem körperlichen Unbehagen ob ihrer installativ-inszenierten Überforderung.

Die Bewegung der Ambivalenz wird am Selbst nachvollzogen: von der instinktiven Anziehung, die vielleicht einem verklärten Bild von Kindheit, Sicherheit oder Geborgenheit geschuldet ist, zu einer fast körperlichen Ablehnung, die einem gesellschaftlich wie individuell geschuldetem Imperativ zu Energie und Lebenslust folgen könnte, hin zur Erfahrung der gespaltenen Identifikation mit diesen ambivalenten Figuren, von denen sich dieses Selbst doch einerseits angezogen, andererseits abgestoßen fühlt. In dieser sich selbst nicht mehr vertrauten Atmosphäre vollzieht sich in der Beschäftigung des Selbst (mit sich selbst) somit eine doppelte Bewegung der Sichtbarkeit – das Selbst erhält schärfere Konturen und bewegt sich zugleich, im Verhältnis zu sich, in einen Bereich der Unschärfe.[27]

26 Diedrich Diederichsen in Bezug auf Bennett Simpsons Text »Heeling«, in: Ann Goldstein (Hrsg.) Cosima von Bonin: Roger and Out, Ausstellungskatalog The Museum of Contemporary Art Los Angeles, Köln 2007, S. 48–55, zit. n. Diedrich Diederichsen, Cosima von Bonin: The He(e)aling Festival, in: Karola Kraus (Hrsg.), Cosima von Bonin. Hippies Use Side Door. Das Jahr 2014 hat ein Rad ab, Ausstellungskatalog, Köln 2015, S. 17–21, S. 21.

27 Félix Guattari beschreibt, dass das Subjekt als Produkt der Singularisierung »Resultat kollektiver Wirkungszusammenhänge ist, die nicht nur eine Vielheit von Individuen, sondern auch eine Vielheit von technologischen, maschinistischen und ökonomischen Faktoren implizieren – eine Vielheit von Faktoren der Empfindung.« Diese Vielheit von Faktoren der Empfindungen wird je individuell von einer Vielheit von Individuen erfahren, so dass in dieser individuellen Vielheit trotz allem auch eine Beziehung möglich erscheint, die sich aus dieser je individuellen Erfahrung speist. Diese Beziehung könnte jene »Mutation von Subjektivität« sein, die nach Guattari »eine Mutation der menschlichen Beziehungen« ermöglicht. Felix Guattari, Über zeitgenössische Kunst. Ein Interview mit Oliver Zahm, in: ders., Schriften zur Kunst, Berlin 2016, S. 194–214, S. 195 u. 201f.

Ohne dass Cosima von Bonin hier Intentionen äußert oder ihr Werk auktorial kommentiert, besteht das den Arbeiten innenwohnende Potential in der ästhetischen Erfahrung einer vermittelten, langweiligen Gestimmtheit des Überdrusses: Hier wird das unmittelbare Erfahren (und damit ein vermeintlich sofortiges Verstehen) ausgesetzt. Es muss ausgehalten und ästhetisch durchschritten werden, um reflexiv zu vergegenwärtigen, was vorab nicht erfahrbar (und also auch nicht verständlich) war. Von Bonins Kuscheltiere verweisen auf etwas, das sie auch ästhetisch erfahren lassen: dass Überdruss eine erschöpfende Langeweile evoziert. Doch selbst diese negative, erschöpfende und damit durchaus kritisch zu betrachtende Langeweile muss ausgehalten werden, um zu einer neuen Erlebnisweise und Erfahrung zu gelangen.

Die ästhetisch reproduzierte erschöpfende Langeweile bildet somit ab, was nicht aushaltbar ist aber ästhetisch zu verarbeiten möglich wird. In der ästhetischen Erfahrung wird das Subjekt auf sich selbst zurückgeworfen, erfährt individuell sich selbst – die jeweils persönlichen Konnotationen in Bezug auf die Kuscheltiere ebenso wie die jeweils individuell erfahrene Ambivalenz. Diese affektiv vermittelte Ambivalenz verunmöglicht eine kritische Distanzhaltung gegenüber dem Objekt der Kunst und überschreitet affektiv die Grenze zwischen Objekt der Kunst und Subjekt der Betrachtung. Das wohlmöglich nervenaufreibende Immer-wieder-Auftauchen der Kuscheltiere in den Ausstellungen und kollaborativen Arbeiten Cosima von Bonins (allein über die vergangenen zehn Jahre hinweg) ermöglicht es, in dieser wiederkehrenden Überschreitung die individuell gemachte ästhetische Erfahrung als »singulär-plural-sein« zu erfahren.[28] Die Kontingenz, die im Begriff dieses Singulär-Plural-Seins ausgedrückt ist, lässt sich folglich erst im Aushalten des Überdrusses als ästhetische Erfahrung wahrnehmen.

5.3 Zuviel als Indifferenz – *Anne Imhof*

Die Versuchung, zuvor erörterte und neue Erfahrungsweisen in eine althergebrachte Distanznahme zur Welt kippen zu lassen, ist vermutlich weiterhin groß. Mitnichten geht es hier aber um derartige Verkürzungen, sondern um das ästhetische Hindurchgehen und Überwinden eben solcher Distanz. Dieses Hindurchgehen verweist zugleich auf jenes

28 So bezeichnet es Jean-Luc Nancy in: ders., singulär plural sein, Berlin 2004.

Dazwischen, dass ich bereits im dritten Kapitel besprochen habe. Weil sich in den dort diskutierten Arbeiten im zeitlichen und räumlichen Dazwischen ebenfalls ein Zuviel konstatieren ließ, mache ich das dritte Kapitel zum Ausgangspunkt nun folgender Überlegungen zur Indifferenz als Unterkategorie des Zuviels. Zunächst liegt in der freien und leeren Zeit des Unterbrechens, Pausierens und Verweilens eine Zumutung, der sich das Subjekt entziehen möchte. Diese Zumutung geht mit einer Überforderung einher, einer aufmerksamen Gebannt- und Gespanntheit, die einem Zuviel an Erwartung entspricht. Beantwortet wird diese Gespanntheit nicht nur mit der Stimmung des Überdrusses und der Lethargie, wie vordergründig bei den Figuren Cosima von Bonins wahrnehmbar, sondern auch mit Formen der Indifferenz.

Ein solches Gefühl der Unentschiedenheit, welches Naumans *Mapping the Studio I (Fat Chance John Cage)* befördert, wenn qua profaner Kreativität vermeintlich nichts gezeigt wird, nur Aufnahmen aus dem nächtlichen, leeren Atelier des Künstlers zu sehen sind, dabei aber gerade im Zeigen der Abwesenheit von künstlerischer Produktion Kunst hergestellt wird, verkörpert eine ästhetische Indifferenz. Sie manifestiert sich auf Seiten der Betrachtenden, die in irritiertem Unbehagen verweilen, unentschieden, ob sie ihre freie Zeit länger mit einer Betrachtung der Videoinstallation der leeren Räumlichkeiten eines Künstlerateliers verbringen sollen. Eine solche, ästhetische Indifferenz ist weniger durch Gleichgültigkeit denn durch Unentschiedenheit gekennzeichnet. Auch das Fragmentarische in de Boers Videoarbeit *An Experiment in Leisure*, das, psychoanalytisch gespeist, auf eine Erfahrung von Ziellosigkeit und Ungerichtetheit abzielt, beinhaltet eine verwandte Form der Indifferenz. Diese zeichnet sich jedoch dadurch aus, dass sie Entfremdungstendenzen der Gegenwart mitverarbeitet und somit auf ein Zuviel an Entfremdung und Überforderung antwortet. Auch im Leervolumen, der Fülle an räumlich konkreter Stille in den Kompositionen des Ensembles Wandelweiser und in Enos generativer Musik, zeigt sich eine ästhetische Erfahrung der Unverfügbarkeit und Unabschließbarkeit, die sich ebenfalls auf die Erfahrung eines gewollten Zuviels an Leerstellen und rechnerisch möglichen Kombinationen stützt. Es ist eine Musik des Zwischenraums, der jedoch nicht gefüllt, sondern klanglich geschaffen und offengehalten wird.

Bevor ich im Zuge meiner Argumentation zur ästhetischen Indifferenz in einer weiteren Detailstudie auf Anne Imhofs Arbeiten *FAUST* und *ANGST II* eingehe, sei eine zusätzliche Gemeinsamkeit hervorgehoben, welche sich bei allen in diesem Abschnitt besprochenen Künstler:innen – Imhof, das Kollektiv Wandelweiser, Nauman, de Boer – aufzeigen lässt und die ihrerseits das Thema der Indifferenz betrifft: In allen diskutierten, künstlerischen Arbeiten des Dazwischen ist ein indifferentes Verhältnis zur Idee des Künstlergenies angelegt. Imhof etwa erscheint zum einen gerade als jenes Künstlergenie, das für das Neue und Andere im Rahmen der Kunst steht, wenn ihre Performance-Arbeit *FAUST* als »a powerful and disturbing installation that poses urgent questions about our time«[29] beschrieben wird, wie es 2017 in der Begründung der Jury zur Verleihung des Goldenen Löwen für eben jene Arbeit hieß. Erneut ist beim gleichen Anlass auf den Geniegedanken rekurriert, wenn Imhof »zum Nachdenken über Grenzen und Möglichkeiten von Kunst und Gesellschaft«[30] verhelfe, so Sigmar Gabriel, seinerzeit in Funktion des Außenministers und damit für den Deutschen Pavillon zuständig. Ganz ähnlich ist es um die diversen Methoden Naumans und die der Edition Wandelweiser bestellt: Wie im dritten Kapitel dargelegt wirken auch diese unbestritten verstörend und entgrenzend auf das Publikum. Und auch de Boer verfügt über eine individuelle Formsprache, die, wie bei den anderen Künstler:innenkollegen, als ›Handschrift zum unverwechselbaren Stil‹ gehört. Allerdings arbeitet Imhof, ähnlich wie Cosima von Bonin, schon immer im Kollektiv. Ihr ist die Zusammenarbeit mit den Tänzer:innen, Musiker:innen, Performer:innen nicht nur als Hintergrundteam wichtig, sondern diese wird geradezu aktiv in den Vordergrund gerückt, beispielsweise, wenn Billy Bultheel als Komponist oder Eliza Douglas als Gesicht, Stimme und Körper der Imhof-Performances gilt. Elke aus dem Moore, Leiterin der Kunstabteilung des Instituts für Auslandsbeziehungen, beschreibt Imhofs performative Installation *FAUST* anlässlich der Auszeichnung in Venedig wie folgt:

> Ihre Installation ist eine eindringliche Auseinandersetzung mit den brutalen Realitäten unserer Zeit. Die von Anne Imhof inszenierten Bilder und Situationen lassen uns durch ihre Intensität nicht mehr los. Die Künstlerin hat im Deutschen Pavillon mit einer klaren formalen Sprache einen Raum geschaffen, der ein fragiles Dazwischen ermöglicht – ein Hin und

29 Nachzulesen online unter https://www.labiennale.org/en/art/2017/awards-biennale-arte-2017, zuletzt abgerufen am 24.8.2018.

30 Nachzulesen in der Pressemitteilung des Auswärtigen Amtes vom 13.5.2017, online unter https://www.auswaertiges-amt.de/de/newsroom/170513--bm-goldener-baer/289916, zuletzt abgerufen am 24.8.2018.

> Her zwischen der Geborgenheit des Individuums in der Gemeinschaft und deren harten Abgrenzungs- und Ausgrenzungsmechanismen. Ein radikales Statement zu der Zeit, in der wir leben![31]

Von eben jener Inszenierung des Dazwischen, zwischen Individualität und Gemeinschaft, handeln viele der performativen Arbeiten Imhofs. Darüber hinaus erzeugen sie eine allzu vertraute Atmosphäre des Unvertrauten, Unheimlichen, indem sie scheinbar die vierte Wand einreißen und eine Trennung zwischen Produzent:in, Performer:innen und Publikum aufheben, indem das (fotografierende, herumsitzende, wartende und mit dem eigenen Smartphone beschäftigte) Publikum zu notwendigen Teilnehmer:innen avanciert. Ein »externes Publikum« existiert in den Arbeiten von Imhof nicht, »sondern nur *Teilnehmer* und *Mitspieler*«, wie es Reckwitz in der Charakterisierung der »profanen Kreativität« beschreibt.[32] Teilnehmer:innen sind dann alle beteiligten, im Raum anwesenden Menschen, Mitspieler:innen wiederum die Performer:innen Imhofs. Diese profane Kreativität:

> findet sich in der Alltäglichkeit individueller, scheinbar banaler Verrichtungen, die ganz ohne Zuschauer auskommen [...]. Löst man die kreative Praxis von der Beurteilung durch ein externes Publikum, dann genügt es, dass sie von den Teilnehmern selbst als neu und anders empfunden wird.[33]

Auch Nauman hat seit jeher Fragen nach dem produktiven Künstlergenie in seinen Arbeiten mitverhandelt.[34] So stellt er in *Mapping the Studio I (Fat Chance John Cage)* die tätige Untätigkeit am produktiven Ort des eigenen Künstlerateliers als Ereignisort nicht nur als künstlerische Produktivität aus. Er verweist qua Titel auch auf eine Inspirationsquelle, die wiederum das Geniehaft-Neue seiner Arbeit bereits im Titel an existierende, künstlerische Arbeiten knüpft und damit die eigene, individuelle Schöpfungskraft als in Abhängigkeit zu vorangegangenen,

31 Elke aus dem Moore, Leiterin der Kunstabteilung des ifa, zit. n. *Kulturexpress* (13,19/2017), S. 3.

32 Reckwitz, Profane Kreativität, S. 359.

33 Ebd.

34 Siehe von Bismarck, Hinter dem Studio, S. 38–43 und Ursula Frohne, Maßlose Langeweile. Zur Produktion von Passivität und Leere in Bruce Naumans Videoinstallation Mapping the Studio I (Fat Chance John Cage), in: Doris Schuhmacher-Chilla, Julia Wirxel (Hrsg.), Maß oder Maßlosigkeit. Kunst und Kultur in der Gegenwart, Oberhausen 2007, S. 227–250.

künstlerischen Produktionen befindlich begreift. Ganz ähnlich stellt es sich bei von Bonins referenzgetränkten Arbeiten dar.

Exemplifiziert wird die Gleichgültigkeit gegenüber Geniekonzepten ebenfalls durch das Ensemble Wandelweiser mit der in allen Selbstbeschreibungen auftauchenden Referenz zu John Cage. De Boers Arbeit *An Experiment in Leisure* thematisiert sogar ganz explizit Aspekte des (Künstler)Genies, fragt sie doch nach dem Ursprung von Kreativität und Schöpfungskraft. Die leeren Arbeitsräume und Schärenlandschaften in der Videoarbeit scheinen keine besondere Eigentümlichkeit zu besitzen und definieren eine vermeintliche Banalität und Leere. Gerade im scheinbar fehlenden Besonderen kann ein Urteilen gegen sich selbst, also gegen das eigene, als interessant befundene ästhetische Urteilsvermögen erzeugt und darin, im »Bewußtsein der Aporie des Urteilens« zum ästhetischen Urteilen werden.[35] Mit Fokus auf etwas im Überfluss Vorhandenes wie Leere, Stille, aber auch alltägliche Praktiken und Abläufe, die völlig uninteressant und langweilig erscheinen, kann eben jenes Uninteressante doch interessant werden. Reckwitz erklärt,

> Kreativität ist in einer solchen Konstellation kein ›knappes Gut‹, um das ein Aufmerksamkeitswettbewerb stattfindet, sondern ein immer im Überfluss vorhandenes öffentliches Gut, das sich etwa in jeder musikalischen, kulinarischen, handwerklichen oder kommunikativen Tätigkeit einstellt. Die Unterscheidung zwischen kreativen Akten und Routinepraktiken, gegen die diese sich abgrenzen lassen, bricht damit zusammen.[36]

Auch das ist eine der Folgerungen der Indifferenz, die wortwörtlich eine Nicht-Differenz ist, die also keine Differenzen, keine Wertunterscheidungen trifft.[37] Wobei wiederum selbst in dieser Indifferenz gegenüber der künstlerischen Schöpfung die Arbeiten und Künstler:innen indifferent bleiben. Oder wie Harry Lehmann ausführt: »Indifferenz bezeichnet die Unentschiedenheit eines Unterschieds.«[38]

35 Siehe Menke, Geschmack wider Willen, S. 148.

36 Reckwitz, Profane Kreativität, S. 360.

37 Harry Lehmann, Neutralisierte Indifferenz. Das zentrale Bezugsproblem der aktuellen Kunstphilosophie, in: Patrick Frank (Hrsg.), Limina. Zur Indifferenz in zeitgenössischer Kunst und Musik, Saarbrücken 2007, S. 99–123.

38 A.a.O., S. 101.

Anne Imhof: *FAUST* und *ANGST II*

Mit Blick auf eine solche ›Unentschiedenheit des Unterschieds‹ lassen sich hinsichtlich der Performances *ANGST II*[39] sowie *FAUST*[40] von Anne Imhof vielfältige Aspekte beobachten: Bewegten sich Imhofs ›Mitspieler:innen‹ bei *ANGST II* in der großen Ausstellungshalle des Hamburger Bahnhofs für vier lange Stunden durch künstliche Nebelschwaden, so gestaltete sich die Performance bei *FAUST* im deutschen Pavillon der Venedig Biennale zeitlich noch ausgedehnter. Sie fand dort zwar nicht im ununterscheidbar machendenden, Differenzen auslöschenden Nebel statt, dafür aber unter einem auf Podesten gelagerten, doppelten Boden aus Panzerglas, der im Ausstellungsraum in den Gardini eingezogen war, ganz so, als handele es sich bei dessen Fußboden um ein zu konservierendes, archäologisches Gut. Durch diese Eingriffe in den Raum erhielt die je lange Dauer der Aufführungen bereits postdramatisch anmutende Wahrnehmungsrahmungen. Die Zeit macht sich im Raum bemerkbar, entfaltet sich. Der Nebel im Hamburger Bahnhof und auch die Glasböden im Pavillon in Venedig verändern jenen dem Publikum meist bekannten Ausstellungsort, modifizieren seine Raumkoordinaten und Größenverhältnisse bis weit ins Ungewisse hinein. Diese Ungewissheit ist sowohl mit dem Gefühl des angespannt Unentschiedenen verbunden als auch mit einer großen Erwartungshaltung, in der alles gleich möglich, in der alles gleich gültig ist.

Ob wabernder Nebel oder panzerhartes Glas, beides scheint als reflexive Zwischenebene zu operieren, die den klaren Durchblick hindert, das unterscheidende Sehen aufhält, filtert. So definierte der gläserne Boden bei *FAUST* einerseits eine Bühne für die ›Teilnehmer:innen‹ – also für jenes reduzierte Publikum, das es trotz zahlenmäßiger Zugangsbeschränkungen, streng limitierter Aufführungszeiten und anderer Ausschlussprinzipien der Kunstwelt geschafft hat, an der Performance teilzunehmen. Andererseits markieren die transparenten Zwischenebenen das Unentschiedene des Unterschieds: Denn dort, wo jeweils von unten nach oben die ›Teilnehmer:innen‹ und von oben nach unten die ›Mitspieler:innen‹ zu verorten sind, reflektiert das Glas auch die je im Hintergrund liegende geteilte Wirklichkeit. Bei *FAUST* zu Beginn

39 *ANGST II* von Anne Imhof vom 14.-25.9.2016 im Hamburger Bahnhof Berlin.

40 *FAUST* von Anne Imhof im Deutschen Pavillon auf der 57. Venedig Biennale 2017, Venedig.

›glas-klar und durchsichtig‹ getrennt, in *ANGST II* durch den Nebel verhangen, bewegen sich Mitspieler:innen und Teilnehmer:innen in ihren räumlich definierten, separierten, doch langsam verschwimmenden Wirklichkeiten. Vielfältige Wirklichkeiten, die die Übrigen nie eins zu eins reproduzieren oder gar ersetzen, sondern aufgrund des verbindenden und gleichermaßen trennenden Materials – Glas oder Nebelschwaden – durch eine gemeinsame Erfahrung verändern. In ihrer Besprechung zu Imhofs *FAUST* im Katalog der Venedig Biennale beschreibt Rebentisch das wie folgt:

> [Hier] geht es nicht einfach um eine Abschaffung oder Ersetzung der lebendigen Wirklichkeit, sondern um deren Veränderung—so, wie die Opferung nach Bataille das Opfer verändert, zerstört, tötet, aber nicht gleichgültig gegen es ist. Die lebendige Wirklichkeit der Performer ist—once art has done its magic—da, ohne da zu sein: untot.[41]

Wie in gläserne Sarkophage hinein schaut das Publikum mit oftmals sezierender Geste der Ausstellungsbesucher:innen auf die Tänzer:innen herab, fotografierend Mobiltelefone in distanzloser Nähe zwischen sich und den Performer:innen zückend. Oben die im Verlauf der wenigen Performancetage immer ununterscheidbarer werdende Masse aus Teilnehmer:innen. Unten die mitspielenden Performer:innen, lebendige Menschen als Kunstausstellung, exponierten, künstlerischen Objekten gleich, voneinander getrennt und in der Uniformierung der Kunstwelt doch den Teilnehmer:innen ähnlich, ebenso konserviert, »untot.«[42] In einem Zwischenraum, wie in abwesender Anwesenheit, bewegten sich die ›Mitspieler:innen‹ in *FAUST* auf gläsernen Podesten an den Wänden des zuvor seit 1938 architektonisch unveränderten deutschen Pavillons entlang, wirken wie Standfiguren oder Wasserspeier den Blicken zugleich ausgesetzt und entzogen, sind architektonisches Ornament und Zentrum des dargestellten Kunstwerks. In *ANGST II* wandeln die ›Mitspieler:innen‹ bald zwischen den ›Teilnehmer:innen‹ umher, vermischten sich und beendeten, warteten oder begannen erneut ihre Choreografien. Im Hamburger Bahnhof durchspannte auch ein Drahtseil die Halle, auf dem die ›Mitspieler:innen‹ in einem »untoten« Zwischenbereich entlangbalancierten.

41 Juliane Rebentisch, Dark Play. Anne Imhofs Abstraktionen, in: Susanne Pfeffer (Hg.), FAUST, Katalog des Deutschen Pavillons Venedig 2017, herausgegeben vom Institut für Auslandsbeziehungen, S. 25–33, hier S. 26.

42 Ebd.

Beide Aufführungen zeichnen zugleich Entgrenzungen und Zusammenführungen unterschiedlicher Genres aus: Oper, Tanz, Malerei, Film, Performance, Skulptur und fotografische Szenerien verbinden sich zu einer Art malerisch-performativem Gesamtkunstwerk, das dabei weder den Anspruch auf einheitliche Geschlossenheit hat noch lediglich einem der Genres entspricht, sich gar unterwerfen will. Sowohl im fragmenthaften Spiel der Genres bleibt Imhof selbst und für ihr Publikum gegenüber formalen Ordnungen indifferent als auch in Hinblick auf jenen Teil der Kunstwelt, der auf Geschlossenheit und Identifikation bedacht ist. Doch die »Bande der Tradition«, so schreibt es Lehmann, »verlieren für den Großteil der Bevölkerung ihre Verbindlichkeit.«[43]

So bricht natürlich auch die Gegenwartskunst mit tradierten Mustern, geht es ihr weniger um identifizierende Zuordnungen als um eine zwischen ›nicht-ganz-zugehörig‹ und ›nicht-ganz-nicht-zugehörig‹ schwankende Vieldeutigkeit. War es bisher die Entgrenzung der Künste, scheint nun der vielfache Bruch und das Zusammensetzen der daraus entstandenen Fragmente die Gegenwart und Zukunft ästhetisch als ein ›pluralistisches Eins‹ zu erfassen. Dass dies dabei getragen ist von einer auch gegenüber den eigenen Anteilen gleich-gültigen Wertschätzung, beinhaltet keine Gleichgültigkeit im Sinne der Interesselosigkeit, sondern im Gegenteil eine Annäherung mit gleichwertigem Interesse, das sich aus der Erfahrung der Indifferenz erst zu speisen vermag. Kehrseite dieser Betrachtungsweise – Instabilität, Fragilität, Offenheit – wäre dabei weniger das Bewusstsein um mögliche, externe, penetrierende Angriffe oder verzweifelte, interne Zusammenbrüche. Ihr anderes hat die Indifferenz nicht in der Verletzlichkeit, welche zu Zerfall und Auflösung führen kann. Vielmehr besteht die Kehrseite im Wissen um ein der Verletzlichkeit begegnendes, konservatives Versprechen der Restabilisierung, der petrifizierten Sicherheit und identifizierenden Vereinheitlichungen. Solche Versprechen gehen aber von einem subjektzentrierten Autonomieverständnis aus, das Unabhängigkeit von Welt und anderen Subjekten proklamiert und letztlich der Entwicklung zur pluralen Singularisierung reaktionär entgegensteht. Im Weiteren führt jedes derart konservative Versprechen nur zu verhärteter Abschottung und Verachtung unter den einander gar nicht mal unähnlichen Subjektzusammenhängen. Wichtig wäre für eine sich als plural begreifende Welt also, die gleich-gültigen Wertigkeiten stärker zu beleuchten, überhaupt zu stärken.

43 Lehmann, Neutralisierte Indifferenz, S. 103.

Im Spiel dieser gleichermaßen gültigen Wertigkeiten der Indifferenz scheint sich der Wert im Immateriellen zu verlieren. Das erweist sich jedoch als Trugschluss. Auch wenn es vordergründig weniger haptisch und optisch wahrnehmbar ist, bleibt das Materielle der Kunst existent. Letztlich kann nur qua Materie Zeit und Raum erfahrbar werden. Erst daran sind die Begriffe registrier- und wahrnehmbar – zugleich existieren sie auch dort, wo keine Materie vorhanden ist. Eben das ist die dialektische Antwort auf den Versuch von Vereinheitlichungsprozessen, die ihrerseits versuchen, undialektische Antworten auf eine dialektische Gesellschaft zu geben. Natürlich bleibt das Materielle (der Kunst) im Immateriellen (Ästhetischen) enthalten, beziehungsweise bedingen das Materielle und Immaterielle einander auch im Ästhetischen.

Da die materielle Bedingtheit der Wahrnehmung von Raum und Zeit bereits im dritten Kapitel zum ›Dazwischen‹ behandelt wurde, soll hier eine Referenz auf Naumans *Mapping the Studio I* genügen, denn dort habe ich den Verweiszusammenhang zu Zeit und Raum ausgeführt, der auch für Imhofs Arbeiten gilt. Aufgrund des performativen Charakters ist hier aber umso mehr darauf hinzuweisen, dass unter Verwendung des Zwischenmoments von Zeit und Raum mitnichten immaterielle Kunst aufgeführt wird, sondern dass im Gegenteil gerade die besonders lange Dauer der Aufführung die Wahrnehmung der Eigenzeit in eben jene Indifferenz der nicht mehr klar definierbaren Zeitwahrnehmung überführt. Gerade das sich Hingeben und Aushalten der langen Dauer führt in eine Neubewertung und ästhetische Eigenzeiterfahrung der verschiedenen performativen Fragmente. Erst in der Erfahrung der Langeweile als gleichwertigem Zeitabschnitt, als zu erfahrende Indifferenz, stellt sich eine Erfahrung von Zeit als ästhetischer Eigenzeit ein. Das bedeutet nicht als eine Zeit, die vergeht und an der es stets mangelt, wie es noch Gehlen für das gestörte Zeitbewusstsein definiert, sondern als eine Zeit, die im Überfluss vorhanden ist. Natürlich zeigt sich die Indifferenz auch in den einzelnen Teilstücken der fragmentierten Gesamtperformances. So waren die Protagonist:innen allesamt schwer auseinanderzuhalten, ob als Individuen, in ihrer Genderzugehörigkeit oder in ihren so ähnlichen Rollen als ›Mitspieler:innen‹ oder ›Teilnehmer:innen‹. Keine vierte Wand trennte die Teilnehmenden in Zuschauende und Performende, keine Mitmachkunst fordert zur Partizipation auf, Anwesende im Raum waren gleichermaßen zugehörig und allein. Sie wirkten oftmals gelangweilt, einsam und teilnahmslos, aber auch angespannt, entrückt und dabei indifferent zwischen selbstständig lebendig und subaltern abhängig. Dass die lebendige Wirklichkeit der Performer:innen dabei vorhanden ist, ohne wirklich da zu sein, sondern untot, zeigen auch die durchschnitts-kargen, aus banalen Marken-Accessoires der Gegenwart entlehnten Jedermannsrequisiten: iPhone, kalorienfreie Pepsi, Marlboro- und E-Zigaretten, Drohnen, Wegwerfbecher, Gillette-Rasierschaum oder die Normcore-Kleidung der ›Mitspieler:innen‹. Alles ›Dinge‹, die zu den alltäglichen Hilfsmitteln in Zeiten der Hypervisibilität gehören, ohne die das Überleben im Rahmen eines bestimmten, hier zu identifizierenden wie identifizierten Lebensstils der Gegenwart nicht möglich erscheint. Rebentisch schreibt, dass die:

> Figur dieser endlosen Besetzbarkeit durch Bedeutung [...] nicht der Clown [ist], sondern das Model. Und zwar nicht nur weil es alles sein kann, sondern weil es nichts an ihm gibt, das sich der Möglichkeit seiner Fetischisierung entziehen könnte.[44]

Es sind jene modelhaften ›Mitspieler:innen‹, die »gerade in ihrer herausgestellten Singularität ein Allgemeines vertreten,«[45] die als Repräsentant:innen für die Kommodifikation der Gegenwart stehen, die dabei singulär und einzigartig stets nur erscheinen. Wo Lehmann von der Indifferenz als Unentschiedenheit des Unterschieds schreibt, liest man bei Rebentisch: »Die Differenz ist gezähmt.«[46] Die Indifferenz der Imhof'schen Arbeiten zeigt sich dann gerade nicht in einem Raum politischen Verweisens qua formaler Setzungen, sondern im »Raum ästhetischer Latenz«, welcher sich in den »dialektischen Bildern« der Imhof'schen Installation auftut. Wenn mit Benjamin das dialektische Bild fähig ist, Ungleichzeitigkeiten aufzudecken, schafft es Imhof nicht nur in den performativen Zwischenräumen der auszuhaltenden Latenzphasen in den eingefrorenen Bewegungen der ›Mitspieler:innen‹, sondern unter anderem auch im diskursiven Zwischenbereich von zu viel Bedeutung und zu viel Oberflächlichkeit einen reflexiven Fortschritt im vermeintlichen Stillstand zu erarbeiten. Die Indifferenz zwischen Bewegung und Stillstand, Tiefgang und Oberfläche zeigt sich hier, nochmals mit Lehmann, als »das Ästhetische«, als »eine ästhetische Lebensform, aus deren Perspektive die ethischen Wertunterschiede ihre Unterscheidungskraft einbüßen, gleich gültig und in diesem Sinne ›indifferent‹

44 Rebentisch, Dark Play. Anne Imhofs Abstraktionen, S. 27.
45 Ebd.
46 Ebd.

werden.«[47] Mit dem eingangs zitierten Gehlen kann man »den unfrohen Gesamtanstrich der außerhalb der Arbeitshast zum Zeitvertreib verurteilten Menschheit von heute, in der selbst die jungen Mädchen einen maulenden Stil pflegen, in den Zusammenhang dieser Erscheinungen«[48] des von ihm konstatierten gestörten Zeitbewusstseins stellen, in dem die in der Gegenwart zu verplanende Zukunft ein Beschäftigungsgebot ausspricht, das die Option der Unbeschäftigtheit als Zuviel an Leere wahrnehmen lässt und eine Stimmung erzeugt, die in gleichen Teilen als Bedrohung wie als Leerlauf wahrgenommen wird: als Indifferenz. Dass diese Stimmung des gestörten Zeitbewusstseins auch verstörend ist, zeigt Imhof mit der ambivalenten Atmosphäre ihrer Arbeiten deutlich, wie Rebentisch im Katalog zu *FAUST* eindrücklich schreibt:

> Die Entfremdung, um die es hier geht, ist nicht mehr die zwischen den Subjekten und den Dingen, sondern eine zwischen dem Subjekt und ihm selbst als handelndem. Das derart zur Selbstökonomisierung angehaltene Subjekt ist faustisch, rastlos in seinem Streben, sich selbst immer voraus oder hinterher: Ein solches Subjekt hat keinen ›erfüllten Augenblick‹. Die einseitige Ausrichtung nach seinen vermeintlich endlosen Möglichkeiten verkehrt ihm vielmehr die Zukunft zur Gegenwart und verdammt die eigene Gegenwart zu geschichtsloser Zeitlosigkeit. Darin bereits zeigt sich das ökonomische als unglückliches Bewusstsein. Überdies aber ist das Postulat gelebter Unendlichkeit, sofern das Subjekt nicht umhin kann, in einer konkreten Welt mit konkreten Beschränkungen zu leben und die Konsequenzen für seine Handlungen zu übernehmen, zum Scheitern verurteilt.[49]

ANGST II bestand (ähnlich wie *FAUST*) aus Fragmenten in sich dekontextualisierter Situationen, die alle in Verbindung mit der Stimmung der namensgebenden Angst stehen:[50] Das vorsichtige und langsam ausgeführte Balancieren auf einem Drahtseil, das gegenseitige Rasieren mit Einwegklingen, die über den Köpfen aller Beteiligten schwebende Drohnengefahr, die stummen Schreie der Tänzer:innen während der Kontakttanz-Nichtberührungsbewegungen, das Steigen auf einer im Nichts endenden Wendeltreppen, die Linie, die an die Wand gesprüht wurde und der sich mit dem Drahtseil eine weitere, ins Leere laufende

47 Lehmann, Neutralisierte Indifferenz, S. 103.

48 Gehlen, Das gestörte Zeit-Bewußtsein, S. 320.

49 mit Verweis auf Hans Christoph Binswangers Deutung von Faust II bei: Rebentisch, Dark Play. Anne Imhofs Abstraktionen, S. 29.

50 Situationen, die bei den Zuschauer:innen in erster Linie als Performance und somit nicht als real wahrgenommen wurden.

Unterscheidungslinie hinzugesellt, die starrenden, auf ihren Mobiltelefonen tippenden, E-Zigarette-rauchenden und zuckerfreie Softdrinks konsumierenden ›Mitspieler:innen‹, die Leere des stillen Augenblicks. Insbesondere die undurchsichtige Situation in einem Raum, mit einer Masse an ›Teilnehmer:innen‹ vereint im Nebel, erzeugte ein Unbehagen, das aus Ununterscheidbarkeit und Indifferenz der gleich gültigen Zuschreibungen und Interpretationen erwächst. Die Stimmung all dieser Szenen gleicht einer Bedrohung, die stärker dem englischen Begriffskonzept des Wortes Angst entspricht, als der gleichlautende deutsche Begriff es zu fassen vermag. Im Englischen bezeichnet ›Angst‹ eine ständig gefühlte, existentielle Bedrohung, die wie eine gesellschaftsübergreifende Psychopathologie in die alltägliche Atmosphäre der Einzelnen Einzug hält.[51] Die Vereinzelung in der Masse, das zugleich Coole und Einsame, macht Imhofs Arbeiten wiedererkennbar, verbindet sie in ihrer Atmosphäre des Abgeklärt-Singulären zu einer gemeinsamen Erfahrung, ähnlich einer Reihe von Berghain-Besuchen, deren je singuläre Erfahrung gerade in dieser Atmosphäre des Einsamen und Coolen als verbindende Masse ihren spezifischen Wiedererkennungswert besitzt.

Der von Bultheel für Imhofs Performances arrangierte Soundtrack hallt atmosphärisch-verstörend aus den Lautsprechern und erzeugt eine nahezu sakrale Atmosphäre. Einzelne Songtexte[52] fallen in die akustischen Sphären und bestimmen immer wieder aufs Neue mögliche, szenische Anfangspunkte innerhalb der Langzeitperformances. Wenn ›Mitspieler:innen‹ musikalische Leitmotive auf ihren iPhones abspielen oder qua akustischer Individuation auffallen, erahnt man die Einheit des Vereinzelungsprozesses qua digitaler Medien. Die Verbindung aus Massenerfahrung und Vereinzelung, gewonnen aus dem rastlosen Streben nach Vollzug der endlosen Möglichkeiten, definiert die Stimmung der letzten Arbeiten Imhofs. Als vermittelte Grunderfahrung existiert sie aber auch schon in Goethes gleichnamiger Tragödie. Bei Imhofs *FAUST* spitzt sich dieses Gefühl derart zu, dass sich die postmodernen Subjekte der Indifferenz als aktualisierte Zeitgenossen Fausts darstellen, immer strebend, nicht jedoch wissend wohin, nicht örtlich, nicht ›zugehörig‹. Die ›Mitspieler:innen‹ sowie die oftmals kaum davon zu

51 Siehe dazu das Lemma zum Begriff *Angst* u. a. im Cambridge Dictionary, online unter https://dictionary.cambridge.org/de/worterbuch/englisch/angst, zuletzt abgerufen am 1.11.2019.

52 Verfasst von Imhof sowie den Performer:innen Franziska Aigner, Billy Bultheel, Eliza Douglas.

unterscheidenden ›Teilnehmer:innen‹ sind solche faust'schen Charaktere. Alle befanden sich auf einer Ebene, begegneten sich auf Augenhöhe (bei *ANGST II* in den gleichen Nebel getaucht). Zuschauer:innen oder Protagonist:innen standen herum, gingen rauchend umher, fotografierten und speisten die Feeds des Internets von ihren leuchtenden Mobiltelefonbildschirmen mit Bildern, Likes, Tweets. Der Einbezug technischer Kommunikationsmöglichkeiten in Imhofs Arbeit ist kein Surplus, sondern konstitutiver Teil der Performance. Nicht in der Zukunft wird über die Gegenwart als Vergangenheit berichtet, sondern aus der Gegenwart heraus wird die Zukunft gestaltet, ge- und verplant, mit Gehlen aber auch gestört im Bewusstsein über das, was Zeit ist.[53] Im gleichzeitig abwesenden Anwesend-sein, im Bespielen der ›Sozialen Medien‹ nehmen ›Teilnehmer:innen‹ wie ›Mitspieler:innen‹ an der Zeitlosigkeit teil, indem sie im Vorgriff auf die Zukunft die Gegenwart ihrer Zeit entleeren. Schon durch die lange Dauer gemeinsam an den Aufführungsorten verbrachter Zeit wurden Zuschauer:innen und Tänzer:innen zu fast ebenbürtigen Protagonist:innen der Performance, so dass sich die Masse der Anwesenden nur noch vermeintlich in Teilnehmer:innen und Mitspieler:innen unterteilen ließ: Haben sie sich nicht bereits nach wenigen Minuten oder Stunden wieder entfernt, weil sie vermeintlich alles gesehen und verstanden hatten, verweilten sie – teilweise – sitzend, wartend, vielleicht auch gelangweilt auf dem Boden. Bei *FAUST* standen sie herum, anfänglich gespannt wartend, je länger sie blieben desto stärker reduzierte sich die Anspannung, gaben sich die Zuschauer:innen der Performance des indifferenten Unbehagens hin und scrollten beispielsweise durch ihre Mobiltelefone. Sie waren präsent vor Ort und doch abwesend, reagierten nach und nach immer weniger, minimal bis überhaupt nicht mehr auf ihre Umgebung oder distanzierten sich in einer Art selbstgeschaffener Indifferenz eines kulturbeflissenen Publikums.[54] Der zu Beginn mystisch oder sogar bedrohlich wirkende

53 Der ökonomische Bezug ist evident: Und so ist Faust in Binswangers Lesart Kolonialunternehmer. Er macht »die Zukunft zur Gegenwart, denn der Kapitalwert ist der Gegenwartswert der Gewinne«, und dadurch wird die Gegenwart zeitlos, denn der Gegenwartswert der Gewinne »bleibt immer der gleiche. Die Zeit kann ihm nichts anhaben«. Hans Christoph Binswanger, Geld und Magie. Eine ökonomische Deutung von Goethes Faust, Hamburg 2005, S. 159.

54 Dass die Strategie der ›Coolness‹ eine kunsthistorische Dimension aufweist, beweist die Minimal Art der 1960er Jahre, in der als »›cool‹ zum einen eine künstlerische Haltung bzw. Strategie erscheint, mit der eine bestimmte Rezeptionsanordnung einhergeht, und zum anderen eine den Objekten ihrer formalen und materialen Eigenschaften zuge-

Nebel bei *ANGST II* ermöglichte durch die vergehende Zeit und die dadurch entstehende Anpassung an die Situation eine geradezu private Atmosphäre, da er ein Nichterkennen des Anderen, ein Verschleiern von Anfang und Ende sowie von klaren Grenzen bewirkte. Die Privatheit des sichtbaren Raums bedingte zugleich, dass das Fremde, der Andere in den Dimensionen des nichtsichtbaren Raumes verschwand. Was ungesehen bleiben musste, wurde auch aus den Wahrnehmungskategorien geblendet, das Sichtbare aber wurde privat. Bei *FAUST* spitzte sich das derart zu, dass die durchsichtigen Panzerglasscheiben die ›Teilnehmer:innen‹ zu jener distanzierten Intimität und übergriffigen Distanziertheit verleitete, dass sie die ›Mitspieler:innen‹ frontal wie beim Selfie, getrennt nur durch die Stärke des Panzerglases, fotografierten als seien ihre Gegenüber keine Subjekte, sondern untote Kunstobjekte. Erst die Dauer der Performance ermöglichte aber diese Verschiebung der Grenzen: sowohl der oben beschriebenen zeitlichen Grenzen zwischen Vergangenheit, Gegenwart und Zukunft als auch jener zwischen privat und öffentlich, zwischen innen und außen und somit zwischen ›Teilnehmer:innen‹ und ›Mitspieler:innen‹, zwischen vertraut und unheimlich, lebendig und untot. Im Durchleben einiger Szenen könnten die Zuschauer:innen verstanden haben, dass nichts passiert, dass auch weiterhin nichts passieren, kein Zweck erfüllt, kein Sinn im Sinne der Erwartungshaltung gestiftet werden wird. Zeit vergeht, Situationen und Szenen wiederholen sich, Interaktivität wurde nicht gefordert, im Gegenteil: Passivität, Ermüdung und darüber hinaus wirkliche Langeweile (der Mitspieler:innen, der möglicherweise darzustellenden Gesellschaft, sowie vor Ort der Teilnehmer:innen) war Teil des Konzepts. Und auch das ist zutiefst indifferent und deprimierend:

> Das Symptom des neoliberalen Versuchs, die […] Idee einer abstrakten Unendlichkeit tatsächlich im Raum der Praxis zu installieren, ist denn auch die Verkehrung des euphorischen Möglichkeitssinns in ein Gefühl innerer Leere.[55]

Hieran zeigt sich, dass das *Fatigue Empire* von Cosima von Bonin und Anne Imhofs Performances auf eine Gegenwart verweisen, in der Langeweilebekämpfung gar nicht mehr stattfindet. Das gelangweilte Subjekt,

sprochen Qualität«. Sigrid Ruby, »Kühle Kuben. Die Coolness der Minimal Art«, in, Annette Geiger, Gerald Schröder und Änne Söll (Hrsg.), Coolness – Zur Ästhetik einer kulturellen Verhaltensstrategie und Attitüde, Bielefeld 2010, S. 185–200, S. 185.

55 Rebentisch, Dark Play. Anne Imhofs Abstraktionen, S. 29.

Zuschauer:in oder Protagonist:in, ist hier austauschbar, empfindet dabei zugleich Indifferenz wie auch Überwältigung. Die Ambivalenz dieser Stimmungen des Zuviels ist notwendiger Teil der erzeugten Atmosphäre. Erst in einer derart erfahrenen Irritation der eigenen Wahrnehmung werden die Besucher:innen für eine Gegenwart sensibilisiert, in der Kontingenz auszuhalten nötig ist, damit die Vielfalt des Möglichen gleich–gültig nebeneinander wahrgenommen werden kann.

5.4 Zuviel als Fülle – *Camille Henrot*

Zur Erlebnisweise der Langeweile gehört eine grundlegende Ambivalenz, die es verunmöglicht, ihr lediglich mit dem vermeintlichen Gegenteil zu begegnen. Weder Verzicht noch die in den Kapitelüberschriften vorgeschlagenen zweideutigen Gemeinplätze der Achtsamkeitspraktiken – jene der Langsamkeit, des Dazwischen und der Wiederholung – scheinen geeignet, die neue Erlebnisweise der Langeweile adäquat und vollständig zu erfassen. Ein Verweilen im Gegensatzpaar aktiv/passiv bliebe dabei noch immer bestimmend für die Begriffsbildung. Und doch öffnet sich, insbesondere mit Blick auf die bereits besprochene ästhetische Praktik der Wiederholung, ein aktiv-passiver Raum des rasenden Stillstands, der jene Veränderung der Wahrnehmungs-, Erlebnis- und Erfahrungsweise ausdrückt, die es benötigt, um den verwandelten Gegenwartskonditionen zu begegnen. Denn in der Wiederholung liegt bereits jene aktiv-passive Bewegung der »Veranderung«[56], wie sie auch mit dem Begriff der Iterabilität beschrieben werden kann, – die »die Wiederholung mit der Andersheit verknüpft.«[57] Hier werden die Differenzen der Gegenwart zur Vergangenheit mitverhandelt. Und diese Differenzen umfassen insbesondere den vorhandenen und sich stetig erweiternden Überfluss an künstlich hergestellten Produkten und Inhalten, so dass zu jedem gegenwärtigen Zeitpunkt mehr von fast allem existiert als vor diesem Zeitpunkt vorhanden war. Also zeigt sich, dass auch der

56 Julia Reuter hat den Begriff des ›Otherings‹ mit ›Veranderung‹ übersetzt. Sie versucht so das aktive, weil performative Fremd-Machen, das zum Anderen-Machen, begrifflich zu fassen. Gerade die ästhetische Praktik der Wiederholung, wie im 4. Kapitel dieser Arbeit erläutert, zeigt prominent anhand Kierkegaards Protagonisten Constantin Constantius, wie die ästhetische Erfahrung zur möglichen und zugleich unmöglichen Erfahrung der Unmöglichkeit von Wiederholung werden kann.

57 Derrida, Signatur Ereignis Kontext, S. 24.

Überfluss aus der Wiederholung gespeist wird.[58] Eine Langeweileerfahrung in der Wiederholung des Immergleichen, die die Betrachterin der tausenden Postkarten in Zoe Leonards *You see I am here after all* erfährt, die die Besucherin von Gregor Schneiders *Neuerburgstr 21* erduldet oder die in der Betrachtung von Heiner Goebbels *Die Provinz des Menschen* aufkommt, ähnelt der Erfahrung des Überflusses nicht nur, weil die Vielzahl der ausgestellten Artefakte das Auffassungsvermögen bei weitem übersteigt.[59] Einigen der verhandelten Arbeiten ist darüber hinaus eine Art Auflösung der Genregrenzen gemein. Eine Entgrenzung, welche die Möglichkeit der Erfahrung sofort mit einem Zuviel an Verweiszusammenhängen überfrachtet. Die Wiederholung selbst verweist andererseits auf eine im Prozess befindliche Erfahrung von Fülle, aus der wiederholend kreativ geschöpft werden kann. Greta Wagner hat diesen Prozess für das Subjekt der Gegenwart treffend als »buddhistischen Geist des Kapitalismus« definiert. Dieser Geist fungiert als Schlüsselkompetenz im flexiblen Netzwerkkapitalismus und wird als »Glaube in das eigene unerschöpfliche Potential« verstanden.[60] Dieser buddhistische Geist scheint genau jenen neuen Praktiken im Umgang mit noch unbekannten Erfahrungs- und Erlebnisweisen zu entsprechen, wie sie für die Kunst bereits 1965 von Sontag im Essay *One Culture and the New Sensibility* eingefordert wurden. Anders jedoch als in der durch den buddhistischen Geist buchstäblich legitimierten sozialen Ordnung der Gegenwart kann die ästhetische Praktik der Langeweile qua Zuviel und Überfluss als »Instrument zur Modifizierung des Bewußtseins […] zur Entwicklung neuer Formen des Erlebens«[61] beitragen und eben dadurch helfen, dass das Subjekt der Gegenwart in eine

58 Das Artensterben, Konsequenz des post-industriellen Überflusses, wäre als andere Seite der gleichen Medaille zu nennen. Hier, im biologischen Produktionsbereich, gilt die umgekehrte Rechnung, dass zu jedem Zeitpunkt weniger Arten existieren als zuvor. Laut der Bundeszentrale für politische Bildung »übersteigt die derzeitige durch menschliches Handeln verursachte Aussterberate die natürliche um den Faktor 100 bis 1000.« Vgl. Artensterben. Rückgang der Artenvielfalt an Land, online unter https://www.bpb.de/gesellschaft/umwelt/anthropozaen/256780/artensterben, zuletzt abgerufen am 2.2.2021.

59 Postkarten (Leonard), Badezimmer (Schneider), Bildschirme und Filmsequenzen (Goebbels), vgl. 4. Kapitel.

60 Greta Wagner, Arbeit, Burnout und der buddhistische Geist des Kapitalismus, in: *Ethik und Gesellschaft. Ökumenische Zeitschrift für Sozialethik* (2/2015), S. 13, Internetzeitschrift, online unter: http://dx.doi.org/10.18156/eug-2-2015-art-2, zuletzt abgerufen am 2.2.2021.

61 Susan Sontag, Die Einheit der Kultur und die neue ästhetische Erlebnisweise, in: Kunst und Antikunst, Frankfurt am Main 1982, S. 342–354, S. 345.

kritisch-anteilnehmende Distanz zu dieser sozialen Ordnung tritt. Das bedeutet, dass im Modus des Ästhetischen im Aushalten der Langeweile (qua Überdruss, Indifferenz und Überforderung) das Subjekt sowohl distanzierter als auch sensibilisierter wird.

Camille Henrots: *Grosse Fatigue*

Eben jene Stimmung der Erschöpfung, Müdigkeit und Langeweile am Zuviel, die Wagner in ihren soziologischen Feldstudien beschäftigt, wird auch in Camille Henrots Videoarbeit *Grosse Fatigue* (2013) thematisch.[62] Henrot versammelt dort verschiedenste Mythen der Weltschöpfung in einer eigenen, neu zusammengestellten Videoarbeit. Auch hier verweist schon der Titel zum einen auf die verhandelte Langeweile des Zuviels qua Fülle: *Grosse Fatigue* kann übersetzt werden als große, dicke, fette Müdigkeit, Erschöpfung, Überanstrengung oder Überdruss. Zum anderen lässt die Arbeit die Verwobenheit des Subjekts in der erschöpfenden Schöpfung selbst erfahren – als erschöpfende Fülle, welche wiederum zu jener *Grosse Fatigue* führt, die somit nicht nur dargestellt, sondern überhaupt erst ausgelöst wird. Die 13-minütige, im Loop gezeigte Videoarbeit beginnt mit dem Desktophintergrund eines Apple Computers, welcher ein Bild jener der Milchstraße nächstgelegenen Spiralgalaxie, dem Andromedanebel, zeigt. Zugleich ist ein Beat, ein tiefes Ein- und ein Ausatmen zu hören. Auf dem Computerschreibtisch sind Symbole mehrerer Festplatten angeordnet. Neben diesen als »HISTORY_OF_UNIVERSE«, »HISTORY_OF_UNIVERSE_2«, »LaCie 1,5TB«, »DATA«, »DATA 2« usw. benannten Icons sogenannter Massenspeicher findet sich die Final Cut Videoschnittdatei »GROSSE_FATIGUE_«. Als entspringe es dem Zentrum der hintergründigen Galaxie, öffnet sich in der Mitte des Screens das File und mit ihm zugleich zwei Videoplayer, darin: Hände mit grünen und roten Fingernägeln, die zwei Bildbände – einen zu Keith Harrings farbigen Labyrinthen und ein Fotoband zu ähnlich aussehenden Körperbemalungen in Afrika – durchblättern. Daraufhin, in einem weiteren Videoplayer im Vollbild, ein Gang mit Schließfächern, an die gelehnt eine junge Frau etwas auf einem Post-it

62 Camille Henrot, *Grosse Fatigue*, Farbvideo, 13 min, Sound komponiert von Joakim Bouaziz; Sprecher: Akwetey Orraca-Tetteh; Text in Kollaboration mit Jacob Bromberg, Produzent: Kamel Mennour mit zusätzlicher Unterstützung durch Fonds de dotation Famille Moulin, Paris, Silex Films, 2013.

notiert, davor ein Browserfenster mit einer Google-Suchmaske, in die »history of the universe« getippt und dann der Eintrag zum Wikipedia-Artikel zur Comic-Buchreihe *History of the Universe* durchscrollt wird.[63] Formal abgelöst werden diese Clips von immer weiteren, anderen Videodateien. Kurzzeitig im Vollbildvordergrund abgespielt, fungieren sie alsbald temporär als Hintergründe, vor denen dann wiederum neue, kleine Fenster sichtbar, andere geschlossen, neu geöffnet und, teils geometrisch, übereinander angeordnet werden. Manches Gezeigte erscheint wie Found-Footage-Material aus dem Internet, das gemeinsam mit den anderen Aufnahmen in verschiedenen Rahmen einander überlagert, nebeneinandersteht, geöffnet und verschoben wird und, dabei stets erkennbar, einen Computerscreen bespielt: »[D]ie Benutzeroberfläche ihres Computers wird zum Hauptschauplatz von ›Grosse Fatigue‹.«[64]

Während des Aufenthalts im Rahmen eines Forschungsstipendiums in Washington D.C. durchsuchte Henrot die Archive des Smithsonian Institute (einer Forschungseinrichtung, zu der neben 19 Museen und Galerien auch der Nationalzoo in Washington gehört) nach Antworten auf die Frage, wie, woraus und warum die Welt entstanden ist – und was sie zusammenhält. Sie sammelte dort Bildmaterial zu Erzählungen aus einer Vielzahl von Kulturen und Epochen, filmte aber auch die Institution der Aufbewahrung all dieser Ursprungsmythen, den Ort ihrer (möglicherweise nur temporären) Endlagerung. Die Erzählungen wurden durch Henrot mit teils selbstgeschaffenen Videos (Malerei mit schwarzer Tinte in klarer Flüssigkeit vor gelbem Hintergrund), teils vorgefundenen Bildern (gefilmte Artefakte aus den Museen), Grafiken

63 Vgl. Larry Gonick, The Cartoon History of the Universe, Internetseite des Autors und Illustrators, online unter: http://www.larrygonick.com/titles/history/cartoon-history-of-the-universe/, zuletzt abgerufen am 22.12.2018.

64 Vgl. Katharina Hausladen, *Grosse Fatigue*, in der Ausstellungsbroschüre des Westfälischen Kunstvereins zur Ausstellung *Camille Henrot – The Pale Fox* im Westfälischen Kunstverein in Münster im Jahr 2015, in deren Rahmen auch *Grosse Fatigue* gezeigt wurde. Die Arbeit *The Pale Fox* arbeitet die in *Grosse Fatigue* begonnene Auseinandersetzung mit der Verbindung zwischen Katalogisieren und daraus entstehendem Chaos, sowie dem unerschöpflichen Kreativen weiter aus. Oder wie es Kristina Scepanski beschreibt: Camille Henrot erkennt »in der Figur des Blassfuchses auch ein Symptom unseres digitalen Zeitalters wieder: den von eifriger Begeisterung und Neugier getriebenen Menschen, auf dessen blässlichem Teint sich das Licht des Computers spiegelt, durch den hindurch er des Nachts aus seinem Fuchsbau auf die Welt blickt.«, vgl. Kristina Scepanski, The Pale Fox, in: Ausstellungsbroschüre des Westfälischen Kunstvereins zur Ausstellung *Camille Henrot – The Pale Fox* (2015), online unter https://www.westfaelischer-kunstverein.de/fileadmin/user_upload/ausstellungen/2015/camille-henrot/201504_Henrot_Booklet_Screen.pdf, zuletzt abgerufen am 20.2.2020.

und visuelle Symboliken zu der Videoarbeit zusammengefügt. Während sie auf dem Computerbildschirm die Fülle an Bildmaterial zusammenträgt, ordnet und scheinbar assoziativ Strukturen herstellt, erscheint *Grosse Fatigue* nach und nach als Ertrag künstlerischer Forschung zu den Geschichten des Universums. Anfangs vielleicht nur, um die Mythen vergleichbar zu machen, um die Möglichkeiten und Fragen rund um eine Handhabbarmachung des Wissens in Anlehnung an Aby Warburgs Bilderatlas zu ergründen oder aber um zu zeigen, dass Fakten und Mythen weniger klar voneinander abgegrenzt sind als gemeinhin angenommen, wie natürlich auch Latour und Lévi-Strauss immer wieder betonen. Möglicherweise aber auch, um eine eigene, große Erzählung über die Schöpfungsmythen als noch größere Erschöpfung, als *Grosse Fatigue*, zusammenzustellen.

Die gesammelten Fundstücke aus den Archiven des Smithsonian Institutes erhalten in dieser Zusammenstellung eine nicht gänzlich neue, aber eine andere Geschichte. Eine eigene, große, ästhetische Erzählung, denn Henrot verbindet einzelne Sätze aus den von ihr recherchierten Mythen in einer anderen, abweichenden Erzählung. Darin vielen der Schöpfungsmythen ähnlich ist auch *Grosse Fatigue* keine logisch kohärente Narration, sondern ähnelt eher einem Gedicht, das dann auch in der Soundspur des Videos zu hören ist. Der Musiker Akwetey Orraca-Tetteh vertonte dafür einen von Henrot und Jacob Bromberg aus Schöpfungsnarrationen montierten Text, einer Mischung aus Verzweiflung und Erstaunen, zu einer weiteren großen Erzählung. Sound und Bilder begleiten einander, ohne dass Hierarchien zwischen Bild- und Tonebene erkennbar wären. Was für den Sound gilt, trifft auch auf Bildebene zu: Beide sind zusammengesetzt, fragmentiert, assoziiert. Hier wie dort leiten Analogien, Überschneidungen, Ähnlichkeiten und Muster die Montage. Streng im Rhythmus des Beats und Textes öffnen sich immer neue Browserfenster und Videoplayer, welche Bilder, Filme, Grafiken oder auch filmische Aufnahmen aus den Archiven und Kellern des Smithsonian Institutes präsentieren. Standbilder, Fotografien und Videoaufnahmen von Tieren, lebenden Zebras, konservierten Insekten, Fotos von namenlosen, nackten Menschen, auch ein Porträt von Robert Oppenheimer ohne seine Bombe, von diversen Präparaten aus der anthropologischen Sammlung des Naturkundemuseums, Grafiken von Zellen und immer wieder selbstgedrehte Aufnahmen der Mitarbeiter:innen, von deren Handarbeit in den Archiven, Aufbewahrungsschränken, im Forschungsinventar, durch Türen hindurch, an Arbeitstischen oder über

Schubladen aufgenommen. Darüber hinaus gibt es Aufnahmen naturwissenschaftlicher Experimente, von biochemischen Vorgängen aber auch von der Produktion von Kunstwerken, zusätzlich Browserfenster, in denen Wikipedia-Seiten geöffnet werden. Die vielfältigen Analogien und Assoziationen liegen zum einen bei der Autorin der Arbeit, müssen aber andererseits von den Betrachter:innen als Analogie erkannt und enträtselt, vielleicht dabei noch weitergedacht werden.

Der schnelle Rhythmus sowie der massenhafte Wechsel von Bildern im Beat, überhaupt die Fülle des Gezeigten und Gemeinten, übersteigt bei weitem die Auffassungsgabe der Zuschauenden, ähnlich wie es schon bei den Arbeiten Leonards und Goebbels' der Fall war. Im Angesicht der künstlerischen Arbeit erfährt die Betrachterin Form und Inhalt der Arbeit im Ausstellungsraum zugleich. Es findet eine erschöpfende Überforderung statt und auch hier ist also eine mehrfache physische Begegnung mit Formen und Inhalten nötig, um, buchstäblich nach und nach, der anfänglichen Überforderung begegnen zu können. Interessant an *Grosse Fatigue* ist, dass der eigentliche Ursprung – also das auf den Bildern Dargestellte, Gezeigte – aufgrund der Aneignung in imitiertem Found-Footage-Look aus seinem Kontext gehoben ist. So rückt das Dargestellte der Bilder zunächst in den Hintergrund. Die Gemachtheit, das Eingebettetsein und der Archivcharakter hingegen kommen vordergründig zum Tragen. Auf diese Weise wird weniger der Inhalt präsentiert denn das Internet in seinen vielfältigen Optionen der Wissensaneignung, der Be- und Verarbeitung von Material in Form von Assemblage, Montage und Collage auf einer »Benutzeroberfläche.«[65] Zwar wird es so ausstellbar, nie jedoch gänzlich erfassbar. Denn der schiere Überfluss an Optionen und Angeboten, an Informationen und Perspektiven, übersteigt und erschöpft bei weitem alle dem Menschen gegebenen, perzeptiven Fähigkeiten. Der Link als Querverweis auf und in einem Hypertext wird hier zum charakteristischen Merkmal einer Wissens- und Informationsgesellschaft. In seiner synchronen, da weniger horizontalen denn vertikalen Ausrichtung, in seiner metaphorischen Vielfalt und gleichzeitig in seinem Potential zu kognitiver Erschöpfung wird er in *Grosse Fatigue* ausgestellt. Darüber hinaus wird in der physischen Begegnung mit dem Film im Museums- oder Ausstellungskontext das vermeintliche Found-Footage, die bildhaften

65 Ebd.

und grafischen Querverweise aus dem Internet herausgehoben und qua Montage in den neuen, künstlerischen Zusammenhang gestellt.

Erst bei wiederholtem, genauerem, längerem Hinsehen wird deutlich, dass das allermeiste Filmmaterial von der Künstlerin in Eigenregie im Smithsonian Institute produziert wurde. Die Inszenierung des Materials als Found-Footage weist ihrerseits auf den konstruierten Charakter der Großerzählungen, auf das Zitat, die Aneignung und Kopie, die Wiederholung sowie auf all die in der Gegenwart wachsenden Zweifel an Authentizität, Natürlichkeit oder Ursprungslogik. In den bildlichen Überlagerungen stellt *Grosse Fatigue* eine disjunktive Mimikry aus, denn die zusammengestellten Assoziationen in der durch Henrot vorgenommenen Anordnung und Überlagerung weisen zugleich auf Unterschiede und ihre Ähnlichkeiten zueinander hin: »In the beginning there was an explosion. In the beginning, a dark ocean washed on the shores of nothingness and licked the edges of night«, hört man Orraca-Tetteh im Video rappen. Währenddessen ist auf dem Bildschirm Brandungsschaum zu sehen, den eine leichte Welle über den Sand spült und wieder zurückzieht. Darüber öffnet sich ein Browserfenster, in dem zwei Hände mit blau lackierten Fingernägeln viele Kugeln und Murmeln in unterschiedlichen Farben, Größen und Formen über eine graue Oberfläche rollen lassen. Von nicht sichtbaren Rändern werden sie zurückgespielt.

Beide Aufnahmen – spülen und spielen – haben scheinbar wenig miteinander gemein, handeln von unterschiedlicher Materie, von menschengemachter und natürlicher Bewegung, von singulären kleinen Kugeln und einem riesigen Ozean. Und doch überlagern und ähneln sie sich in ihrer metaphorischen Aussage, als zusammenhängendes Ganzes, als solches in der Bewegung durch ein ›Außen‹ gesteuert und geregelt, zugleich in den Teilen einer gewissen Kontingenz unterworfen. Selbst im Bild der rollenden Kugeln scheinen die lackierten Fingernägel die Farben der Murmeln aufzugreifen, Subjekt und Objekt zueinander in Beziehung zu stehen. Was hier also als disjunktiv auf der inhaltlichen Ebene vermittelt wird, setzt sich formal fort, knüpft auf dieser oder auf sprachlicher Ebene möglicherweise aneinander an. Bilderfluten, die das Wissen abbilden und ordnen sollen, überlagern sich, werden mal minimiert, mal maximiert, mal irgendwohin ›abgelegt.‹ Sie verweisen ihrerseits auf die permanent im Wachsen begriffene Komplexität der Welt. In jedem weiteren Bild steckt zugleich eine umso größere Überforderung, ein Exzess: Zuviel an Bildern, an Informationen, an Metaphern, an Zuschreibungen, an Wissen, an Komplexität.

Aus dieser Überforderung extrahiert Henrot in der großen Erzählung *Grosse Fatigue* eine Welt als Mögliches. Gerade daraus lässt sich eine andere, neue Welt hervorbringen. Der Computer als rahmender Ort und Spielfeld von *Grosse Fatigue* ist jenes Hypermedium, welches es ermöglicht, die überwältigende Masse und Diversität »of views, practices, and the multiplication of individuals, along with the visual and textual traces they generate«[66] zu bündeln. Auf dessen digitaler Oberfläche ergießt sich der Wissensfluss in eine neu zusammengesetzte Erzählung. So, im Paradox der Schöpfung aus der Erschöpfung, lässt sich Henrots Arbeit als weiterer Schöpfungsmythos lesen und zeigt die Welt als Mögliches im Sinne Jean-Luc Nancys, wenn er zur Schöpfung schreibt:

> Die Welt ist ein Mögliches, bevor sie ein Wirkliches ist, was die Perspektive vom Gegebenen zum Gebenden umkehrt, vom Hergekommenen zum Herkommenden (ohne jedoch zu vergessen, daß es keinen Geber mehr gibt). Die ›beste aller möglichen Welten‹ ist ein Ausdruck, der vor allem auf jene Aktivität verweist, durch die diese Welt aus dem Innersten der Unendlichkeit der Möglichen gezogen wird (oder sich selbst herauszieht).[67]

Im schöpfenden Moment von *Grosse Fatigue* liegt, dem Myse en Abyme gleich, die ausgestellte und zu erfahrende Erschöpfung der Schöpfung. Der Gedanke des unerschöpflich Kreativen im eigenen Selbst erscheint zugleich unheimlich, denn angesichts des ruhelosen »Exzess von Bildern und Wissen«, dem wir stetig ausgeliefert sind, ist uns das »Gefühl der Ruhelosigkeit, […] angesichts des stets verfügbaren Wissens der Welt nur zu gut vertraut.«[68] Die Bildsprache in *Grosse Fatigue* verweist deutlich darauf: Als Hintergrund sind wir mit dem Desktop beziehungsweise mit Wikipedia, mit Fensteroberflächen und einer Masse an zugleich geöffneten Browserfenster konfrontiert. Im Zwischenmoment eines nicht heruntergefahrenen, nur in den Ruhezustand versetzten Computers sehen wir uns gegenüber Bildschirmschonern doch nicht in Ruhe. Die ständige Verfügbarkeit und Greifbarkeit von Wissen wird anhand der Hände, die Artefakte präsentieren, Buchseiten umblättern,

66 Camille Henrot im Gespräch mit *Cinema Scope* (2013), online unter https://cinema-scope.com/columns/tiff-2013-preview-grosse-fatigue-camille-henrot-franceusa/, zuletzt abgerufen am 20.02.2020.

67 Jean Luc Nancy, Über die Schöpfung, in: Die Erschaffung der Welt oder die Globalisierung, Zürich-Berlin 2003, S. 75–88, S. 75f.

68 Scepanski, The Pale Fox.

Experimente durchführen, die produzieren, herstellen und schöpfen, im Video ausbuchstabiert. Potenziell könnte jederzeit weitergemacht, anderes geklickt, das Wissen erweitert werden. Und gerade dieses, mit Wagner, »buddhistische Versprechen unbegrenzten Potentials«[69] gilt es in der Gegenwart einer sich stetig selbst optimierenden Leistungsgesellschaft scheinbar immer weiter auszuschöpfen. Als unbegrenztes Potential im Selbst bedeutet das, dass die Überforderung nun nicht mehr, wie noch im industriell-mechanisiert-kapitalistischen Betrieb, aufgrund einer Anforderung des Außen an das Subjekt zustande kommt, sondern dass das Erschöpfungspotential gewissermaßen aus sich selbst schöpft. Henrot verweist bereits im Titel darauf, dass auf den kreativen Schöpfungsakt die Ermüdung folgt, die zwar konstituierend ist, die es dabei aber nicht unerschöpflich auszubeuten gilt. Sie beschreibt dies selbst, wenn sie sagt:

> I wanted to insist on the un-glorious aspect of it in the title. Fatigue is mentioned in a lot of creation myths. It's the loss of energy, the entropy principle, which is the founding principle of the creation of the universe.[70]

So ist es weniger das vermeintlich unerschöpfliche Potential eines permanenten aktiv-kreativen Schaffensprozesses, sondern das Aushalten und Annehmen des Entropieprinzips, der Erschöpfung, der ›Grosse Fatigue‹, welche im Zustand des Chaos und der Unordnung so etwas wie eine Sensibilisierung ermöglicht, im erschöpften Zustand feinfühlig zu werden – und nicht abgestumpft. Anders als in den lebensrealen Momenten der Diagnose Burnout, in denen gerade nicht Leichtigkeit, sondern Schwere das bestimmende Gefühl ist, erscheint dies im Augenblick der Kunst somit reflexiv durchaus möglich. Henrot erklärt, dass es ihr darum geht, »to think about creation myths in relation to the creation of an artist and take this as another version of a creation myth, with lightness«.[71] In *Grosse Fatigue* verbindet sie Anfang und Ende der Schöpfung, indem sie auf den Beginn und Auslöser dieser großen Erschöpfung hinweist, die Geschichte der Menschheit, die Geschichte des ganzen Universums – denn der Desktophintergrund, auf dem alles startet, zeigt nicht die Milchstraße, sondern die Andromedagalaxie.

69 Wagner, Arbeit, Burnout und der buddhistische Geist des Kapitalismus, S. 13.
70 Henrot im Gespräch mit *Cinema Scope*.
71 Ebd.

Den Schöpfungsmythen von Menschheit und Universum begegnet Henrot auch mit naturwissenschaftlichen Praktiken, anthropologischen Artefakten, Objekten und Bildern. Dabei sollen die Mythen jedoch weniger mittels naturwissenschaftlich-archivierter Objekte verifiziert oder widerlegt, als vielmehr schöpferisch angereichert werden, so dass in der Fülle der Eindrücke in der erschöpfenden Übersättigung der angebotenen Erzählungen diverse Verstehenszusammenhänge möglich werden: Sei es entlang der großen Fragen nach Formen des Erzählens und Zeigens, des Archivierens, Aufbewahrens und Ausstellens, sei es geleitetet durch Fragen zur historischen Verantwortung der Menschen in jeweiliger Gegenwart. Oder seien es gegenüber mündlichen, schriftlichen und bildlichen Formen die Überlegungen zu noch anderen Arten der Aufbewahrung und Überlieferung.

Darüber hinaus fragt Henrot nach den vermeintlich alles verbindenden, großen Erzählungen der Religionen, Gesellschaftstheorien und Wertesystemen, die stets doch nur Konstruktionen und Zusammensetzungen aus anderen Fragmenten darstellen. Das Ausstellen der Archive und Sammlungen des Smithsonian, die darin aufbewahrten und katalogisierten Objekte und Artefakte werden als zirkulierende Objekte einer von ihnen entfremdeten Gegenwart dargestellt, indem sie in unserer beobachtenden Anwesenheit herausgeholt und als zusammengeklappte Flamingos oder katalogisierte Vögel in einer überbordenden Fülle an taxonomischen Informationen klassifiziert werden. Der Zusammenhang zwischen Ordnung und Unordnung, so wird in *Grosse Fatigue* deutlich, existiert nicht als Gegensatz, sondern als ein sich wechselseitig bedingender, verschachtelter Bereich. Diese ineinander aufzufindenden Pole von Ordnung und Chaos bilden jenes Mise en Abyme, das Henrot bereits als Eröffnungsbild präsentiert: Ein Desktop, auf dem die Schnittdatei »GROSSE_FATIGUE_« geöffnet wird – jene Datei, die wir im Betrachten der Arbeit aber bereits anschauen. Die Beats, der Text als Spoken Word sowie die rhythmisch geöffneten und geschlossenen Videos, Bilder und Browserfenster reißen die Zuschauer:innen in einen Sog, der eine ästhetische Eigenzeit entwickelt, dabei allerdings weniger Kontemplation denn Ermüdung verheißt. Im Versuch, die Schöpfungsmythen als einzelne oder als große, zusammenhängende Erzählungen zu erfassen, scheitert die Betrachterin. Ein solches Scheitern, diese große Erschöpfung, sogar eine gewisse »anxiety«, ist vollends intendiert: »it was my aim for the film to reflect the anxiety generated by the open nature of the world and its excessive dimension.«[72] Der digitale Raum des Internets und Computers gibt dabei nur Hilfestellungen, aber kein objektives Ordnungssystem, das Selektion und Fokussierung überflüssig machen würde. Ohne Fokus verlöre sich das Subjekt der Gegenwart in den vielfältigen, optionalen Angeboten. So verweist eine aufgerufene Wikipedia-Seite in *Grosse Fatigue* nicht zufällig auf den Eintrag zu Schizophrenie.

Mit Jonas Cohn stellt Henrot einerseits die Frage, was sich hinter der Grenze der Erkenntnis und dem Wunsch, diese zu überschreiten, verbirgt, um dann wohlmöglich das große sinngebende Muster hinter allem zu verstehen. Andererseits verweist sie (mal mehr mal weniger subtil) auf die subjektiven Grenzen dieses Unterfangens.[73] Das hier eröffnete Gedankenspiel zu einer alles umfassenden und begründenden großen Erzählung mündet in, beziehungsweise entspringt der titelgebenden *Grosse Fatigue*: Ein tiefes Ein- und ein tiefes Ausatmen bildet den Rahmen, den Anfang und das Ende des Films. Zugleich ist ein Atemzug nicht genug, weder für eine Schöpfung noch für das aus dieser Schöpfung entspringende Leben, sondern intendiert die andauernde Wiederholung (im Loop): So steht der Beat für den Herzschlag, für das Ein- und Ausatmen, für das Schöpfen wie das Erschöpfen. Darin, in der immerwährenden Wiederholung des Schöpfungsakts, besteht eine weitere Lesart der Arbeit: Ausgehend von diversen Schöpfungsmythen, oftmals:

> als Resultat einer abgeschlossenen göttlichen Handlung [,] geht man zur Schöpfung als Aktivität und als letztlich unaufhörliche Aktivität dieser Welt in ihrer Singularität (Singular der Singulare) über.[74]

So liegt in der ästhetischen Erfahrung dieser Arbeit ein unbegrenzt schöpferisches Potential – noch oder sogar im eigentlich erschöpften Selbst. Das Aushalten der Erschöpfung als Erfahrung der ästhetischen Langeweile fungiert hier nicht als politisch-akute Anrufung zum Aushalten,[75] sondern als politisch-ästhetische Sensibilisierung. Erneut

72 Ebd.

73 Jonas Cohn, Geschichte des Unendlichkeitsproblems im abendländischen Denken bis Kant, Leipzig 1896. Im Vorwort entschuldigt sich Cohn dafür, dass ihm zwar bewusst sei, wie viel seiner Arbeit »zu einer vollständigen oder auch nur annähernd vollständigen Behandlung des Themas« fehle, er wolle sich aber »mit den Grenzen meiner Kraft entschuldigen«.

74 Nancy, Über die Schöpfung, S. 71.

75 Denn als solche ließe sich die Anrufung nur als purer Sarkasmus verstehen.

handelt es sich um eine Sensibilisierung, die das Publikum schult, im kritisch reflektierten Verstehen ebenso wie im sensiblen Mitfühlen. Anders jedoch als das rein Erhabene bei Kant umfasst diese Sensibilisierung deutlich differenziertere, unangenehm-negative Gefühle. Dass Kants Konzept des Erhabenen für viele Arbeiten der Gegenwartskunst nicht mehr greift, zeigt in *Ugly Feelings* bereits Ngai auf:

> [T]he sublime cannot be properly mobilized to account for the affective response elicited by enormous, agglutinative works […], since here the initial experience of being aesthetically overwhelmed involves not terror or pain (eventually superseded by tranquility), but something much closer to an ordinary fatigue—and one that cannot be neutralized, like the sublime's terror, by a competing affect.[76]

Sie argumentiert, dass es notwendig ist, eine andere Weise des Nachdenkens darüber zu entwickeln, was es heißt ästhetisch überwältigt zu sein, um auf die ästhetische Erfahrung zu verweisen, in der sich Staunen und Langeweile paradoxerweise verbinden. Sie nennt diese spezielle Form der ästhetischen Erfahrung ›stuplimity‹.[77] Mit dem ›Stuplimen‹ bezeichnet sie einen »Synkretismus aus Langeweile und Erstaunen; aus dem, was abstumpft und dem, was irritiert oder aufregt; aus übermäßiger Erregung und extremer Desensibilisierung oder Ermüdung.«[78] Dieses Stuplime ist gefeit vor jener emotionalen Desinteressiertheit, die die Erfahrung des kantianisch verstandenen Erhabenen vermittelt. Im Gegenteil ist das, was das Stuplime ausmacht, seine »anti-auratische, antizynische Langeweile, die zuweilen bewusst riskiert, stumpf zu erscheinen, anstatt Ansprüche auf spirituelle Transzendenz oder ironische Distanz zu erheben.«[79] Kritisch, zugleich mit und gegen Kant, zeigt Ngai am ästhetischem (Wert-)Urteil auf, dass das ästhetische Urteil unserer Gegenwart nur dort besteht, wo ein Vergleich stattfindet.[80]

›Interessant‹ ist heute ein Kunstwerk erst dann, wenn es mit einem anderen Objekt verglichen oder anhand einer existierenden Kategorie, Beschreibung, Definition abgeglichen werden kann. In der Gegenwart

76 Ngai, Ugly Feelings, S. 270.

77 Vgl. a.a.O., S. 271.

78 Vgl. Sianne Ngai, Stuplimity. Shock and Boredom in Twentieth-Century Aesthetics, in: *Post-modern Culture* (2/2000), online http://pmc.iath.virginia.edu/text-only/issue.100/10.2ngai.txt, zuletzt abgerufen am 20.2.2020.

79 Ngai, Ugly Feelings, S. 278. Und es ist eben jener Unterschied, dass das Stublime, ähnlich des Ironie-Begriffs bei Rorty, nicht mit der distanzierten Haltung zusammenfallen lässt, sondern bewusst diesen Fallstricken zu entgehen vermag.

80 Sianne Ngai, Our Aesthetic Categories, Cambridge / London 2012, S. 26, 149.

müsse die alte Prämisse vom Kopf auf die Füße gestellt werden, denn schon mit Kant ließ sich über Geschmacksurteile ganz vortrefflich streiten. Das ›Interessante‹ als ästhetisches Werturteil oszilliert bei Ngai stets zwischen den Werturteilen ›interessant‹ und ›langweilig‹ und besitzt keinen definitiven Zustand – jederzeit kann etwas Interessantes langweilig werden – und umgekehrt! Denn bei beiden Wahrnehmungsarten gibt es eine Art der Ungewissheit, »nicht genau zu wissen, was wir fühlen.«[81] Diese »affektive Unsicherheit ist eindeutig die Quelle der Assoziation des Interessanten mit Ambivalenz, Coolness oder Neutralität.«[82] Eben jene Coolness, Neutralität und Ambivalenz sind die umgekehrte Version des Zuviels. Als reziproke Strategien, Überdruss und Interesse, Indifferenz als Gleichgültigkeit und gleiche Gültigkeit, sowie Überfluss und Apathie als Reizüberfluss oder Reizarmut der Langeweile fungieren sie in den Arbeiten von Cosima von Bonin, Anne Imhof und Camille Henrot. Nun wirkt es, als sei alles gleichwertig interessant und ebenso gleichwertig uninteressant. Ganz ähnlich können sich die Betrachter:innen der hier verhandelten Arbeiten fühlen: Ermüdet, entweder von der Masse an Eindrücken oder auch dem Verzicht daran. Sowie zugleich überfordert und gelangweilt ob der, oftmals nicht sofort verständlichen, künstlerischen Arbeiten, mit denen oftmals eine lange Weile an Aufmerksamkeitsanforderung einhergeht. Darüber hinaus, und da setzt Ngai an, ist diese wahrgenommene Stimmung der Langeweile eine, die uns erneut die ›modes of attention‹ erforschen lässt. Ngai fragt »what ways of responding our culture makes available to us, and under what conditions«?[83] Eine Frage, die von jenen, die zu Beginn dieser Arbeit Sontag geleitet haben, einerseits nicht so unterschiedlich scheint. Andererseits hat sich in Auseinandersetzung mit den hier besprochenen künstlerischen Arbeiten gezeigt, dass auch Langeweile einer sich aktualisierenden Transformation unterliegt.

81 A.a.O., S. 135.
82 Ebd.
83 Ngai, Ugly feelings, S. 262.

6.
Langeweile aushalten

6.1 Chronologische Diskontinuitäten

In den vorangegangenen Kapiteln habe ich beschrieben, wie im Nachgang zu und in Aktualisierung mit Susan Sontag im Spiel mit der Langeweile der Rezipierenden eine ästhetische Strategie steckt, welche neue Aufmerksamkeitsstrukturen erprobt. Diese Aufmerksamkeitsstrukturen sind wie die sich dazu verhaltende ästhetische Langeweile stets an ihren jeweiligen gesellschaftlich-historischen Kontext, an die jeweiligen Rezeptions- und Wahrnehmungsgewohnheiten ihrer jeweiligen Gegenwart geknüpft. Das bedeutet, dass sich im Laufe der Zeit die Wahrnehmungsstrukturen verändern. Generell versucht das Spiel der Langeweile in der Kunst den vertrauten Rezeptions- und Wahrnehmungsgewohnheiten zuwider- und entgegenzulaufen, um über das Aushalten der ästhetisch vermittelten Langeweile eine kritisch-involvierte, hierbei also weiterhin anteilnehmende Distanzhaltung zu ermöglichen. Ich habe gezeigt, dass diese Distanzhaltung sich sowohl von Formen der Ironie oder des Sarkasmus als vermeintliche Haltung des un-involvierten Außenseins als auch von Momenten der Empathie als zynischem »Sozialhilfesüßstoff«[1] unterscheidet und sich hier Möglichkeiten zur Sensibilisierung, Anteilnahme und Solidarität eröffnen. Die ästhetische Langeweile oszilliert somit zwischen Anspannung und Erschlaffung, zwischen Illusion und Realität und ermöglicht als ästhetisch ausgehaltene Stimmung sowohl Distanz als auch Sensibilisierung.

Darüber hinaus habe ich herausgearbeitet, dass sich diese Stimmung der Langeweile in den vergangenen 100 Jahren selbst aktualisiert hat. Langeweile ist nicht wegzudenken von jenem mechanisiert-kapitalistischen Prinzip, in dessen Abgrund der Nebel der Langeweile wogt, wie

1 Siehe dazu den schönen Beitrag von Thomas Edlinger, Die Kunst der Einfühlung, in: *Der Standard*, 22.4.2017, online unter: https://www.derstandard.at/story/2000056307744/die-kunst-der-einfuehlung, zuletzt abgerufen am 25.10.2023.

Bloch es formulierte. Dass der Kapitalismus seit Bloch sich verändert hat und mit diesem die von ihm durchdrungene Gegenwart, zeigt sich nicht zuletzt darin, dass das mechanisiert-kapitalistische Prinzip nicht mehr nur mechanisch, sondern digitalisiert ist. Und das bedeutet, dass nicht mehr nur die weiterhin bestimmende Logik des Kapitals, sondern auch die des finanzialisierten Kapitalismus der Selbstinvestition – mithin oftmals gerade ohne materielle, realwirtschaftliche Produktionsprozesse – die Gegenwart bestimmen. Dem habe ich im vorliegenden Buch Rechnung getragen, indem ich drei bereits seit dem beginnenden 20. Jahrhundert bekannte Stimmungsvarianten der Langeweile als sich aktualisierende Ausprägungen beschrieben habe: Langeweile lässt sich also als lange Weile einer bannenden Leere, als leere und freie Zeit eines Dazwischen sowie in verschiedenen Formen der Wiederholung finden. Darüber hat sich gezeigt, inwiefern diese drei Varianten in ihren Aktualisierungen ebenfalls mit einer vierten Ausprägung der Langeweile korrespondieren, welche in dieser mechanisch wie finanzialisierten kapitalistischen Gegenwart dazukommt: Jene Form des erschöpfenden Zuviels als Überfluss, Indifferenz und Überdruss.

Mit den im Verlauf dieser Arbeit ausgestellten Formen, Aktualisierungen und Transformationen der Langeweile hat sich gezeigt, dass im Aushalten der jeweiligen ausgestellten Langeweile ästhetische Kritik mehr erfahren werden kann als bloße Kritik und objektivistische Erklärung. Im Aushalten der Langeweile offenbart sich ihre Dialektik, dass in ihr nicht weniger als in der Kurzweil geschieht, sondern oftmals weit mehr. So lassen sich, nicht zuletzt mit Walter Benjamin, in der ästhetischen Langeweile die chronologischen Diskontinuitäten als materialistische Geschichtsschreibung finden, so dass eine Irritation des chronologischen Selbstverständnisses und dadurch eine Jetztzeit, als Plural mehrerer Jetzt-Zeitpunkte, als anachronistische Gleichzeitigkeit(en) erfahren werden kann: Für Walter Benjamin besitzt die materialistische Geschichtsschreibung ein messianisches, das heißt errettendes, Moment. Das Rettende besteht darin, dass in ihr Variationen vergangener Zukünfte geborgen und aufbewahrt werden. Wenn wir uns dieser Variationen der vergangenen Zukünfte gewahr werden, können daraus zukünftige Vergangenheiten entstehen, da hier die Jetztzeit mit der eigenen Kontingenz konfrontiert wird. Die Aktualisierung der Vergangenheit in der Gegenwart besitzt somit transformativen Charakter: auf die jeweilige Jetztzeit als auch auf die daraus resultierende Zukunft. Hier zeigt sich, dass das Messianische dabei weniger als religiöse, denn als chronotopische Figur fungiert, welche die bestehende Ordnung von Raum und Zeit neu aufzuteilen fähig ist. So wird nicht die Zukunft als erlösende Zeit herbeigerufen, sondern die verschiedenen Splitter der Vergangenheit sind in der Gegenwart fähig, sowohl jene Gegenwart als auch Vergangenheit und Zukunft zu beeinflussen. Als »Splitter« tritt bei Benjamin das Messianische in die kausal verkettete Zeit und unterbricht sie in ihrer Kontinuität. Das Messianische schreitet dazwischen und irritiert ein nur eindimensional ablaufendes Zeit- und Geschichtsverständnis.[2] Die gängige Auffassung von Kausalität und Fortschritt wird durch diesen Splitter für eine Perspektive der Kontingenz der Gegenwart gestört. Die darin verborgen liegende Auffassung von Geschichte versteht diese nicht als vergangene, linear abgelaufene und somit nur auf diese Art erzählbare Meta-Geschichte, sondern als kontingenten Modus gesellschaftlicher Beobachtung des Geschehens. Die durch diese Kontingenz ermöglichte Erfahrung ist radikal: Weil eine andere Geschichte geschrieben werden kann, ist auch eine andere Gegenwart und Zukunft möglich.[3]

6.2 Das dialektische Bild der Langeweile im Zwischenraum

Zugleich führt Benjamin die Erfahrung des Unbewussten und des Traumzustands der Langeweile in die Geschichtsphilosophie ein. Heinz-Dieter Kittsteiner stellt in seinem Kapitel *Erwachen aus dem Traumschlaf* fest, »dem Historiker fällt die Aufgabe der Traumdeutung zu«.[4] Mit Benjamin ist die Langeweile ein Zustand zwischen Schlafen und Wachen, zwischen Träumen und Denken. Langeweile vermittelt demnach im Erwachen die Doppelseitigkeit des grauen Tuchs, »*das innen mit dem glühendsten, farbigsten Seidenfutter ausgeschlagen ist*«.

2 Benjamin, Über den Begriff der Geschichte, in: Rolf Tiedemann und Hermann Schweppenhäuser (Hrsg.), Walter Benjamin. Gesammelte Schriften, Band I.3, Frankfurt am Main 1991, S. 691–706, S. 704 (Anhang A).

3 Vgl. Reinhard Blänkner, Geschichte und Geschehen. Zur Historizität der ›Geschichte‹ als Wissensform, in: Friedrich Wilhelm Graf, Edith Hanke, Barbara Picht (Hrsg.), Geschichte intellektuell. Theoriegeschichtliche Perspektiven, Tübingen 2015, S. 38–55, S. 52, sowie Reinhart Koselleck, Vergangene Zukunft. Zur Semantik geschichtlicher Zeiten, Frankfurt am Main 2000.

4 Vgl. Heinz Dieter Kittsteiner, »Erwachen aus dem Traumschlaf«, in: ders., Listen der Vernunft. Motive geschichtsphilosophischen Denkens, Frankfurt am Main 1998, S. 150–182, hier insbesondere S. 162–164.

Langeweile ist also jener Zustand, der im ›Erwachen aus dem Traumschlaf‹ ermöglicht, jenes dialektische Bild zu erkennen, das sich aus der doppelten Erfahrung zwischen Wachwelt und Traumwelt manifestieren kann. Das Nicht-mehr des Traums ragt in das Noch-nicht des Wachzustands der Vernunft hinein und kann hier diese vermeintliche Logik der Vernunft als Versuch der Verfügbarmachung von Geschichte als rückwärts erzählte Vernunftsnarration infrage stellen. So verstanden, sollte der Historiker nach Kittsteiner keine Geschichte mehr erzählen, sondern sie im Moment des Erwachens als Kontingenzerfahrung deuten. Die Unverfügbarkeit der Geschichte, die sich sowohl im Historisch-unbewussten als auch im subjektiv Psychologisch-unbewussten niederschlägt, zeigt sich im Zwischenzustand der Langweile, in der die Wahrnehmung des grauen Außen ebenso wie die des farbig-schillernden Innenfutters in Zweifel gezogen werden kann.

Erneut zeigt sich die Unzulänglichkeit der Dichotomie von Vernunft und Unvernunft, Sinn und Unsinn, Wachen und Träumen, aktiv und passiv. Die Formen der Langeweile bei Benjamin, im *Konvolut D* des *Passagen-Werks* prominent betitelt unter *Die Langeweile, ewige Wiederkehr*, sind oft als Figuren des reinen Inaktiven – und damit im Gegensatzpaar aktiv-passiv verweilend – missverstanden worden, weil Benjamin von einer Schwelle, einem ›Übergang‹ schreibt.

Diese Denkfigur des Schwellenzustands, der notwendigen Leere eines Dazwischen, zeigt sich schon in Benjamins Frühwerk immer wieder: So versucht er in *Zur Kritik der Gewalt* in einem ersten Schritt sowohl die als logisch vorausgesetzte Dualität von Recht und Unrecht durch den von ihm (und Georges Sorel) ausgearbeiteten immanenten Widerspruch von Recht und Gewalt auszuhebeln, wenn er aufzeigt, dass Rechtsetzung und -erhaltung sich der Gewalt bedienen, so dass »ein dialektisches Auf und Ab in den Gestaltungen der Gewalt als rechtsetzender und rechtherhaltender«[5] Kraft stattfindet. In einem zweiten Schritt zeigt er darüber hinaus und für die behandelte Thematik umso passender, dass der proletarische Generalstreik,– er differenziert hier mit Sorel in proletarischen und politischen Generalstreik –, eine Unterlassung der Rechtssetzung darstelle und somit eine anarchistische, nicht auf neue Rechtsetzung ausgelegte »Unternehmung« sei. Wichtig ist hierbei, dass

5 Walter Benjamin, Zur Kritik der Gewalt und andere Aufsätze, 1965 Frankfurt am Main, S. 63.

es Benjamin um den Akt, das »reine Mittel«[6], des Unterlassens und der daraus folgenden Leergelassenheit geht, wenn im proletarischen Generalstreik die Staatsmacht und der Staat als solches aufgehoben werden sollen.

»Im Anschluss an gelegentliche Äußerungen von Marx weist Sorel [und damit auch Benjamin, der ihn hier zitiert] jede Art von Programmen, Utopien, mit einem Wort von Rechtsetzungen für die revolutionäre Bewegung zurück: »Mit dem Generalstreik verschwinden all diese schönen Dinge; die Revolution erscheint als eine klare, einfache Revolte und es ist ein Platz weder den Soziologen vorbehalten noch den eleganten Amateuren von Sozialreformern, noch den Intellektuellen, die es sich zum Beruf gemacht haben, für das Proletariat zu denken.«[7]

Es geht Benjamin hier also um die Notwendigkeit des revolutionären Moments, nicht bereits ein anderes System als zu ersetzendes zu intendieren, sondern die Leergelassenheit des Moments zu erlangen. Werner Hamacher erfasst unter dem Begriff des ›Afformativen‹ eben diese Denkbewegung Benjamins und erklärt, dass »Afformative keine Untergruppe der Performativa bilden. Vielmehr ist afformative, also reine Gewalt die ›Bedingung‹ jeder instrumentellen, jeder performativen Gewalt und zugleich diejenige, die deren Erfolg prinzipiell suspendiert.«[8]. Auch wenn es missverständlich sein kann, hier weiterhin den Begriff der ›Gewalt‹ zu nutzen, auch wenn es als »reine Gewalt« geschieht, die sozusagen der unreinen, weil gewalttätigen Gewalt gegenübersteht, so zeigt diese Begriffsfindung des Afformativen eben jene Voraussetzung auf, welche der Leergelassenheit der Langeweile auch bei Benjamin zu eigen ist. Diese Voraussetzung ist eben jene Grundstimmung, die es zu wecken gelte, noch bevor das Aktive, das Performative überhaupt stattfindet. Somit ist auch das Afformative nicht als Gegensatz zum Performativen zu denken, sondern als dem Vor-ausgehend.

Langeweile ist damit ein Momentum der Un-Zeitlichkeit, mit dem es möglich wird, die Gegenwart und ihre (Ohn-)Machtverhältnisse überhaupt erst zu betrachten. Eine Erfahrung, welche die hier verhandelten künstlerischen Arbeiten ästhetisch ermöglichen, indem Langeweile konzeptuell, mithin also strukturell wie als verhandeltes Sujet,

6 A.a.O., S. 50.

7 A.a.O., S. 52.

8 Werner Hamacher, Afformativ, Streik, in: Christian L. Haart Nibbrig, Was heißt ›Darstellen‹?, Frankfurt am Main 1994, S. 340–374, hier S. 359.

ästhetisch aufscheint. Im Aushalten dieser konzeptuellen Langeweile können die Betrachter:innen über eine erste vordergründige Aussage und Erfahrung weitere und vermeintlich gegensätzliche Wahrnehmungen von Raum und Zeit, abseits der logisch ablaufenden Zeit, erfahren. Im Zustand der Langeweile wird somit etwas noch nicht Mögliches, weil bisher nicht als möglich Wahrgenommenes, ermöglicht. Langeweile versetzt demnach in einen Zustand der (Vor-)Kontemplation, der aus der produktiven Lebensführung enthoben zu sein scheint, mithin dem Handeln und Nicht-Handeln vorausgeht. Die vorangegangenen Kapitel haben gezeigt, dass sich die Betrachter:innen in Konfrontation mit den künstlerischen Arbeiten in Benjamins Tuch gehüllt wiederfinden können: eingebettet in einen Zeitverlauf, der objektiv zeitlich messbar und zugleich subjektiv der Messbarkeit entzogen ist – und somit als Aussetzen der Zeit wahrgenommen wird. Diese Erfahrung durch den Zustand der Langeweile führt mit dem anderen Denker der Langeweile aus Benjamins Zeit, Martin Heidegger, in einen Bereich, »dessen die einzelne Person, das öffentliche individuelle Subjekt, nicht mehr mächtig ist«.[9] Mit Heidegger verbleibt das Individuum in der Erfahrung der Langeweile letztlich in einer Art Ohnmacht, da es die Erfahrung des Aussetzens der Zeit, »diese tiefe Langeweile unseres Daseins nicht wie einen Tatbestand registrieren«[10] könne. Im Zwischenraum zweier nicht zu erreichender Extreme ermöglicht die Langeweile »das Schwingen zwischen der Weite dieser Leere und der Spitze des Augenblicks«[11]. Und durch diesen Möglichkeitsraum, dem Zwischenraum von Leere und Augenblick, gehen die Betrachter:innen der hier verhandelten künstlerischen Arbeiten hindurch und können die Erfahrung machen, »dass alles gleich viel und gleich wenig gilt«[12].

9 Martin Heidegger, Erster Teil. Viertes Kapitel. Die dritte Form der Langeweile: die tiefe Langeweile als das ›es ist einem langweilig‹, in: ders., Grundbegriffe der Metaphysik, Frankfurt am Main 2010, S. 199–249, hier S. 205–206.

10 Heidegger, Die tiefe Langeweile, S. 247.

11 Ebd.

12 Ebd.

6.3 Radikale Kontingenz

Die hier besprochene, gegenwartspezifisch aktualisierte Langeweile ermöglicht, wie ich gezeigt habe, die Erfahrung der radikalen Kontingenz. Radikal ist diese Erfahrung in der Kunst aufgrund des widerspenstigen, weil in sich gegenwendigen Charakters der Kunst: Hier zeigt sich, dass, wo eine andere Geschichte geschrieben, eine andere Ordnung imaginiert werden kann, auch eine andere Gegenwart und Zukunft möglich sind. Darüber hinaus habe ich mit Christoph Menke umrissen, dass die Transformation der ästhetischen Erfahrung der Langeweile nicht gleichzusetzen ist mit der Anpassung des (konsumistischen) Geschmacksurteils. Dieses passt sich zum Ziel der Versöhnung und zum Zweck der Selbsterhaltung an und zeigt in dieser Anpassungsleistung sein subjektives Vermögen. Die ästhetische Erfahrung der ästhetischen Langeweile in den hier verhandelten Kunstwerken hingegen zeigt sich in jener ästhetischen Kraft, die als »plötzliche, unerwartete Empfindung [...] den schrittweisen Gang der Reflexion«[13] unterbricht, sich demnach jenseits einer reflektiert vermittelten Anpassungsleistung vollzieht.

Langeweile, welche die Stimmung der Wahrnehmung der hier verhandelten künstlerischen Arbeiten bestimmt, ist, wie auch die Stimmung des Erstaunens, eine Art Innehalten, dass sich aus den notwendigen Begrenzungen eigener Wahrnehmungsmodalitäten speist. Diese Wahrnehmungsmodalitäten haben sich im Laufe der Zeit verändert, sind durch die Erfahrung der Gegenwart modifiziert worden und haben sich den gesellschaftlichen Umständen angepasst. Die künstlerischen Arbeiten der Gegenwart knüpfen an die mit Sontag eröffnete Diskussion um die Stellung der Langeweile aktualisierend an. Wieder lässt sich fragen, wie etwas wahrnehmen, das die Wahrnehmung überfordert. In den hier diskutierten künstlerischen Arbeiten fasse ich dieses Zuviel der Wahrnehmungsüberforderung als Erfahrung der radikalen Kontingenz, die sich aus der Dialektik der ästhetischen Langeweile ergibt. Das ambivalent berauschende Gefühl des Stuplimen[14] wird im scheiternden Versuch, allem gleichermaßen gerecht zu werden und alles in Gänze darzustellen, erfahrbar und verweist mithin auf die überwältigende Ohnmacht gegenüber der Unerfahrbarkeit der Gegenwart. In dieser Ohnmachtserfahrung, mithin der Erfahrung der dialektischen Lange-

13 Menke, Der andere Geschmack, S. 228.

14 Siehe Kapitel 5.4.

weile, erscheinen die Charaktere in ihrer Potenzialität. Ihre Fähigkeit, eine »andere« Wirklichkeit vorzuführen, wird erfahrbar – und damit die Kontingenz der herrschenden Wirklichkeitsanordnung. Es scheint hier eine Art Gemeinsinn auf, der gerade dadurch politisch ist, dass er »Sitz einer radikalen Gleichgültigkeit ist«.[15]

Durch die Dialektik der ästhetischen Langeweile vermitteln die diskutierten Kunstwerke unsere Gegenwart, machen sie erfahrbar.[16] In nur beschreibender, politisierender Interpretation wäre diese, sich immer weiter differenziert selbst wahrnehmende, vielgestaltige Gegenwart oft nur unzureichend herauszuarbeiten. Im Aushalten des Stuplimen aber – in der Ohnmacht gegenüber einer Überforderung, die zwischen dem Wissen der Welt und der Begrenztheit der Erfahrbarkeit derselben oszilliert – können sich Zeit und Raum einer gesellschaftlichen Vorstellungskraft ergeben und eröffnen, um andere Formen des Lebens, Arbeitens, Produzierens und Konsumierens zu denken. Das Aushalten ist Agens und Movens dieser Dialektik der ästhetischen Langeweile. Denn einerseits erscheint die Langeweile in den Theorien der im Rahmen dieser Arbeit diskutierten Autor:innen sowohl als Ausgangspunkt als auch als Ziel innerhalb der beschleunigten neoliberalen Gesellschaft. Andererseits liegt die Möglichkeit des Bruchs mit der kapitalistischen Logik im Aushalten der Langeweile und zugleich im Ertragen der Ambivalenz jener Wiederholung von Langeweile im Kapitalismus, der Figur des Ouroboros gleich. Die zunächst binären Unterscheidungen der Langeweile in eine pejorative und eine meliorative Version ließen letztlich jene dritte Figur der Langeweile aufscheinen, in der die beiden anderen – weniger sich gegenseitig ausschließend als nebeneinander

15 Jaques Rancière, Die Aufteilung des Sinnlichen, herausgegeben von Maria Muhle, Berlin 2008, S. 79. In der Einleitung zu diesem Buch beschreibt Maria Muhle konzise, inwiefern Rancière die Frage nach dem Politischen der Künste überflüssig macht, weil, »wenn sich Kunst in der Spannung und im Herzen eines Dissenses zwischen einer Aufteilung des Sinnlichen und einer anderen Aufteilung des Sinnlichen bewegt, ist sie grundlegend mit dem verbunden, was Rancière als politisch versteht.« Siehe Maria Muhle, Einleitung, in: Rancière, Die Aufteilung des Sinnlichen, S. 17.

16 Die künstlerischen Arbeiten sind dabei nicht aufgrund ihres Sujets von vornherein politisch, weil sie eine spezifische Misere, spezielles Unrecht oder allgemeines Leid der anderen anprangern und damit festschreiben. Das Politische liegt somit explizit nicht in der Darstellung der sozialen Zustände begründet. Und es gibt dezidiert sehr gute künstlerische Arbeiten, die das explizit tun und deren politischer Wert trotzdem nicht in dieser Darstellung begründet liegt! Zu nennen wären da die Filme von Pedro Costa und Harun Farocki, ebenso wie Octavia Butlers Sci-Fi-Literatur oder die genreübergreifenden Arbeiten Christoph Schlingensiefs.

existierend – enthalten sind. Die pejorative, in den Theorien der Langeweile als ›falsch‹ oder ›vulgär‹ bezeichnete, Langeweile ist dabei jene, die in Zeitvertreib, Zerstreuungssucht, gesättigter Unerfülltheit sowie innerer Unruhe und Überdruss mündet. Konsequent folgt darauf, was Mark Fisher »depressive Hedonie« nennt: die Unfähigkeit, »irgend etwas anderes außer dem eigenen Genießen zu verfolgen«, also stetig auf der Suche nach Genuss zu sein, ohne schlussendlich genießen zu können, denn es bleibe eine »vage Ahnung, dass ›irgendetwas fehlt‹.«[17] Das Fehlen drückt sich dann darin aus, dass etwas wiederum als langweilig wahrgenommen wird und den Kreislauf so am Laufen hält.

> Sich zu langweilen, bedeutet schlicht, nicht an die kommunikative, die Sinne stimulierende Matrix aus SMS, YouTube und Fast Food angeschlossen zu sein; es bedeutet die Verweigerung eines kurzen Moments des konstanten Flusses der zuckersüßen Befriedigung on-Demand.[18]

Daraus entwickelt sich die reizbare, aufgewühlte Interpassivität der depressiven Hedonie.[19] Linke wie rechte Theoretiker:innen verweisen darüber hinaus auf den Zeitaspekt der sowohl verplanten Zukunft der Betriebsamkeit als auch auf jenen der mit der Zukunftsplanung beschäftigten Gegenwart.[20] Diese Chronopathologien der Überforderung als Gegenwartsdiagnose einer Zeit, die quantitativ wenig und qualitativ fragmentiert sei, entspricht demnach einer kapitalistischen Logik, welche die Langeweile nicht abschafft, sondern sie aufhebt, »um sie in einer neuen Synthese zu erhalten«.[21]

In einer solchen Synthese hätte die ›richtige‹, die meliorative Langeweile des *dolce far niente* keine Zeit. Doch findet sich bei so unterschiedlichen Autoren wie Gehlen und Fisher auch die Möglichkeit einer Langeweile, die jenseits des Lustprinzips, jenseits des Kults der Zerstreuung agiert,[22] als ein »erfülltes und wunschloses, die Gegenwart ein- und ausatmendes Nichtstun«.[23] In dieser Version der Langeweile

17 Mark Fisher, Reflexive Ohnmacht, Immobilisierung und liberaler Kommunismus, in, ders.,: kapitalistischer realismus ohne alternative?, S. 30–40, S. 31.

18 A.a.O., S. 33.

19 A.a.O., S. 34.

20 Arnold Gehlen, Martin Heidegger, Hartmut Rosa, Greta Wagner, Luc Boltanski, Ève Chiapello, Byung Chul-Han, Judy Wajcman, Franco Beradi oder Mark Fisher seien hier stellvertretend genannt.

21 Mark Fisher, Zeitkriege: Für eine Alternative zur neokapitalistischen Ära, in: ders., K-Punk, Berlin 2020, S. 419–426, S. 424.

22 Fisher, Reflexive Ohnmacht, Immobilisierung und liberaler Kommunismus, S. 31.

23 Gehlen, Das gestörte Zeit-Bewußtsein, S. 313.

liegt ihr subversives Potential. Nicht als sofortiger Umschwung, sondern zuvorderst im Bruch mit der kapitalistisch-produktiven Zwecklogik des ›Um-zu‹. Langeweile muss also nicht produktiv sein – und das macht sie weiterhin nicht völlig greifbar im Eigensinn der Wertlogik, sondern sie wird als existenzielle Bedrohung eben jener Wertlogik bekämpft. Fisher spricht von einer:

> experimentellen Zeit, in der das Ergebnis der jeweils unternommenen Aktivitäten weder vorhergesagt, noch garantiert werden [...], eine Zeit, die sich am Ende als verschwendet erwies [...], in der das Neue entstehen [...], in der sich das kollektive Denken entfalten kann und die auch die gesellschaftliche Imagination anregt.[24]

Eine Zeit, deren Produktivkraft nicht vorhersehbar und berechenbar, die damit vielmehr unkontrolliert ist. Bereits Kracauer spricht von der Aufgabe, die Unordnung der Gesellschaft derart zu vermitteln, dass dadurch jene Spannung hervorgerufen werde, »die dem notwendigen Umschlag vorangehen muss.«[25] Sowohl Kracauer als auch Fisher publizieren ihre Visionen experimenteller Zeit der Langeweile in Besprechungen populärkultureller Phänomene. Auch sie beziehen sich also auf eine ästhetisch vermittelte Langeweile, die in der vorliegenden Arbeit nun auf dem Feld der Gegenwartskunst untersucht wurde.

6.4 Aushalten

Ästhetisch vermittelte Langeweile hat sich dabei erstens als kein Prozess der reinen Passivität herausgestellt, denn dann wäre sie nur jene Leere, die es zu ertragen gälte. Ästhetisch vermittelte Langeweile ist zweitens auch kein bloß aktivierender Prozess, der das Ausfüllen zuvor genannter Leere zum Ziel hätte. Auch das wäre eine pejorative Verzerrung. Wie ich durch Studien relevanter Kunstwerke gezeigt habe, entspringt und entspricht die ästhetisch vermittelte Langeweile den Gegenwartsphänomenen und Pathologien des Zuviels, der Unordnung und der Überforderung. Sie nimmt diese Phänomene und Pathologien ernst, rückt sie aufgrund ihrer Vermitteltheit aber auch in eine ästhetische Distanz. Die Distanzierung ist dabei weniger als abstandnehmendes Zurücktre-

24 Fisher, Zeitkriege: Für eine Alternative zur neokapitalistischen Ära, S. 426.
25 Kracauer, Kult der Zerstreuung, S. 315.

ten denn als Durchdringen von und Sensibilisieren für je kontingente Offenheit(en) zu verstehen. In der entstehenden Rezeptivität für offene Ausgänge und ein gleichwohl mögliches Scheitern liegt die Möglichkeit einer Resilienzerfahrung, die dem demokratischen Miteinander konstitutiv vorausgeht und die politische Dimension untersuchter Phänomene andeutet. Denn die Übung im Aushalten der radikalen Kontingenzerfahrung der ästhetischen Langeweile ist eine Übung im Aushalten von Unsicherheiten, von Differenzen und damit von verschieden möglichen, hier jedoch weiterhin verschiedenen Positionen. Weiterhin gilt hier, was Adorno für die Philosophie feststellt: »Prinzipiell kann sie stets fehlgehen; allein darum etwas gewinnen.«[26]

Auch in der Philosophie ist das Scheitern stets mitzudenken, besteht man mit Adorno darauf, dass Philosophie »gerade in der Anstrengung [besteht], das zu sagen, was sich nicht sagen lässt.«[27] In Zeiten hyperkommunikativen Zeitvertreibs ist das immer seltener gegeben, durch Langeweile-Bekämpfungsstrategien, die auf alles sofort Antworten verlangen, sogar verunmöglicht. Übungen im Aushalten von Differenzen, zumal solchen, die den eigenen Erwartungen, Erfahrungen und dem Lustprinzip widerstreben, würde dann aber verhindert. In der Dialektik der ästhetischen Langeweile hingegen liegt ein vorpolitisches Potential, das solchen Tendenzen der Verunmöglichung zuwiderläuft.

Die Übung im Aushalten der radikalen Kontingenzerfahrung der ästhetischen Langeweile ist damit auch eine Übung im Aushalten von Differenzen zwischen dem je eigenen subjektiven Eindruck und jenen der jeweils anderen. Im Aushalten vollzieht sich jene radikale Gleichheit der Positionen, die nur abstrakt in der Einbildungskraft aufrechtzuerhalten ist. Die radikale Kontingenzerfahrung der ästhetischen Langeweile eröffnet einen Schwellenraum, ein Dazwischen, in dem qua Einbildungskraft die je subjektiven Eindrücke der Verschiedenen einander gleichwertig vorgestellt werden. Im ästhetischen Abstrahieren übt sich der Mensch im »Vermögen, das Besondere [...] zu denken«[28], mithin im allgemeinen Urteil über das jeweils Besondere. Im reflektierenden Urteil des ästhetischen Geschmacks, über die abstrahierende Kraft der Einbildung, kann dann eine Entscheidung, unter Berücksichtigung der

26 Theodor W. Adorno, Negative Dialektik, Frankfurt am Main 1970, S. 25.
27 A.a.O., S. 112.
28 Immanuel Kant, Kritik der Urteilskraft, Werke in zehn Bänden, herausgegeben von Wilhelm Weischedel, Band IIX, Darmstadt 1960, S. 251.

verschiedenen Meinungen, getroffen werden. Die Einbildungskraft ist somit »die Fähigkeit, präsent zu machen, was abwesend ist«[29]. Das vorpolitische Potential der radikalen Kontingenzerfahrung der Dialektik der ästhetischen Langeweile liegt im Geschmacksurteil: Hier übt sich das politische Urteil.[30]

Diese radikale Kontingenzerfahrung scheint mit Benjamin im Surrealismus und mit Susan Sontag im Wechselspiel des Camp-Geschmacks auf. Als Sontag in den 1960er Jahren eine Wechselbeziehung zwischen der Stimmung der Langeweile und dem seinerzeit aufkommenden Camp-Geschmack konstatierte und als neue Praktik der Sensibilisierung des Wahrnehmungsapparats beschrieb, war das mit eben jenen gesellschaftlichen Phänomenen ihrer Zeit verbunden, die auch heute, wenn auch in ihrer je aktualisierten Form, die Gegenwart bestimmen:

> Die Wechselbeziehung zwischen Langeweile und Camp kann kaum überschätzt werden. Camp-Geschmack ist seinem Wesen nach nur denkbar in reichen Gesellschaften, in Gesellschaften oder Kreisen, die in der Lage sind, die Psychopathologien des Überflusses zu erleben.[31]

Mit Blick auf entsprechende Psychopathologien des Überflusses sowie auf Sontags Diagnose konstatiert wiederum Wolf Lepenies 1969, dass der Überfluss eine Gesellschaftsentwicklung unterstütze, die dem Schein größere Priorität zuschreibe als dem Sein, denn das »Sein, das in Schein verwandelt wird, ist die ästhetische Antwort auf die Frage, wie mit dem Verlust von Welt fertig zu werden sei«, und so wäre »Camp ein weiterer Versuch, mit der Langeweile *ästhetisierend* fertig zu werden.«[32]

Nicht zuletzt im Durchgang dieses Buches hat sich gezeigt, dass es weniger darum geht, mit der Langeweile fertig zu werden – im Versuch des Fertigwerdens käme die, durch Fisher diagnostizierte, depressive Hedonie zum Tragen –, als darum, ›mit der Langeweile ästhetisierend fertig zu werden‹, mithin also die Stimmung der Langeweile ästhetisch (und darin eben auch immer schon im Sinne Schillers *politisch*)

29 Hannah Arendt, Das Urteilen, München 2012, S. 101.

30 Siehe dazu, Anne Gräfe, Maria Muhle, Politik und die Künste, in: Judith Siegmund (Hrsg.), Handbuch Kunstphilosophie, Bielefeld 2022, S. 579–596, insbs. den hier relevanten Abschnitt 2 zu Kunst und Politik im ›Zwischen‹ (Arendt), S. 584 – 586, der aus den hiesigen Überlegungen hervorgegangen ist.

31 Susan Sontag, Anmerkungen zu Camp, in: Kunst und Antikunst, Frankfurt am Main 1982, S. 322–341, S. 338.

32 Lepenies, Melancholie und Gesellschaft, 1998, S. 157.

zu transformieren.[33] In eine Wahrnehmungsweise, welche bestimmte Dar- und Vorstellungen innerhalb der Gesellschaft als überhöht und überzogen aufdeckt und dadurch als stereotyp offenlegt, dabei aber nicht vorführt und entlarvt, sondern, im Sinne Hegels, aufhebt. Für Sontag war Camp jene Wahrnehmungsweise, die nicht zu beschreiben möglich ist und als Kultur nur »in Anführungszeichen« zu konsumieren möglich war.[34] Sie verdeutlichte so die Ambivalenz des Zugriffs auf den Begriff selbst. In einer Aktualisierung dieser Sensibilisierung in der Dialektik der ästhetischen Langeweile zeigt sich vor allem, dass ein Konsumieren in Anführungszeichen weiterhin ein Konsumieren, ein Einverleiben, beinhaltet – und zwar der Kultur. Die Kultur in Anführungszeichen wiederum macht auf den gebrochenen Anteil dessen, was diese Kultur zur Kultur erhebe, aufmerksam. Hier tritt der ›Als-Ob-Charakter‹ der Kunst – dass Kunst erscheinen müsse – deutlich hervor. Die kantianische Trennung von ästhetischem Schein und Wirklichkeit ist somit auch bei Sontag konstitutiv für die Bestimmung des Ästhetischen. Und eben jener Charakter des ›Als-Ob‹ ist konstitutiv für die Dialektik der ästhetischen Langeweile. Die Langeweile des Zuviels der Gegenwart zeigt sich in den ästhetischen Praktiken der Langsamkeit, des Dazwischen und der Wiederholung. Sie wird in der Rezeption von Anne Imhofs Performances aber ebenso vertrieben und transformiert wie im Fall der Kuscheltiere Cosima von Bonins. Denn wo alles gleich langweilig ist, ist auch alles gleich interessant. Dort ist es nötig, genauer hinzuschauen, das Aufkommen der Langeweile nicht mit ablenkendem Genuss zu verhindern, sondern erweiterte Formen der Langeweile zu erkennen, die sich erst im Aushalten der ästhetischen Langeweile in der Gegenwartskunst entfalten.

Bei der sich so etablierenden, aktualisierten und transformierten Sensibilität handelt es sich der Struktur nach um eine bereits durch Sontag als ›New Sensibility‹ angerufene und artikulierte Erfahrungsweise. Die Langeweile fungiert als Hinweis darauf, dass wir unsere Komfortzone verlassen haben, wie es wiederum Alva Noë fasst, wenn er Langeweile

33 Im Bereich der Gegenwartskunst gibt es weitere, hierbei recht heterogene, Strömungen, die genau diese Transformation der Wahrnehmungsweisen im hier verhandelten Sinne weiterführen. Siehe dazu zwei Studien zu vorderhand unpolitisch anmutenden Strömungen: u.a. Ellen Wagner, Falsche Signale. Strategien der Mimikry in der Post-Internet Art, Berlin / Zürich 2021; oder auch Sianne Ngai, Das Niedliche und der Gimmick. Zwei ästhetische Kategorien, Berlin 2022.

34 Sontag, Anmerkungen, S. 328.

beschreibt als einen »aspect of art's work, its power to disrupt and, in disrupting, reveal us to ourselves«[35]. Die Transformation vollzieht sich damit nicht einfach linear sondern disruptiv. Sie ist nicht auszurechnen und vorherzubestimmen, denn dann wäre die Zukunft weiterhin eine logische Fortsetzung der Gegenwart als Fortschritt. Vielmehr zeigt sich, dass auch die Zukunft Brüchen, Konflikten und Überschreibungen ausgesetzt ist. Disruptionen, die zwar auch auf Vorheriges rekurrieren, dabei aber nicht, wie gezeigt wurde, als reine Ableitung funktionieren. Auf struktureller Ebene funktioniert die Transformation daher weniger als Übertreten denn als Hindurchgehen, von dem auch Diederichsen und Simpson in Bezug auf die Arbeiten Cosima von Bonins schreiben.[36]

An den Diskussionen künstlerischer Arbeiten ist ferner nachzuvollziehen, dass es sich hier nicht um Formen der Distanznahme, der Ironie oder gar des Sarkasmus handelt. Im Gegenteil geht es um Sensibilisierungen, die erst dann gelungen sind, wenn das Subjekt reflektierend durch die Erfahrung der Problemkonstellation hindurchgegangen ist, eben tatsächlich *sensibilisiert* wurde. Eine bloß ironische Distanznahme zwischen Kunstwerk und Publikum wäre, mit Slavoj Žižek, aber sogar schon deshalb unzureichend, weil sie:

> nur eine Art [ist], uns gegenüber der strukturellen Macht einer ideologischen Fantasie blind zu machen: Selbst wenn wir die Dingen nicht ernst nehmen, tun wir diese Dinge immer noch.[37]

Und auch nicht der Ruf nach einfacher Immanenz oder relationaler Ästhetik kann Abhilfe verschaffen, das wäre eine Kapitulation der Kunst vor der Welt. Kunst kann nicht aktiv die Welt verändern, sie kann aber trotz der in und durch sie geschaffenen hierarchischen Situationen inkludieren, indem das Publikum zugleich Publikum und Akteur wird. Nicht als Statist:in dem Kunstwerk verpflichtet, nicht plump sozial als Handelnde:r eingreifend, sondern als Akteur:in, die oder der eine

35 Alva Noë, Is it Bad if Art is Boring?, in, NPR. Cosmos & Culture. Commentary on Science and Society, 11. December 2015, abzurufen unter: https://www.npr.org/sections/13.7/2015/12/11/459323426/is-it-bad-if-art-is-boring.

36 Vgl. Diedrich Diederichsen in Bezug auf Bennett Simpsons Text Heeling, in: Ann Goldstein (Hrsg.) Cosima von Bonin: Roger and Out, Ausstellungskatalog The Museum of Contemporary Art Los Angeles, Köln 2007, S. 48–55, zit. n. Diedrich Diederichsen, Cosima von Bonin: The He(e)aling Festival, in: Karola Kraus (Hrsg.), Cosima von Bonin. Hippies Use Side Door. Das Jahr 2014 hat ein Rad ab, Ausstellungskatalog, Köln 2015, S. 17–21, S. 21.

37 Slavoj Žižek, How did Marx Invent the Symptom?, in: ders., The Sublime Object of Ideology, London 1989, S. 11–53, S. 33.

individuelle ästhetische Erfahrung macht, diese in einen gemeinsamen Erfahrungszusammenhang, einen Diskursraum stellt und somit aktiv an einer kollektiv-singulären, mithin liminalen, Erfahrung mitarbeitet und also die eigenen liebgewonnenen Gewohnheiten infrage stellt.

Die ästhetischen Variationen der Langeweile ermöglichen, den Ort der politischen Differenz immer wieder neu zu öffnen. Das Dialektische der Langeweile verweist dabei auf die in sich widersprüchliche Figur der Langeweile der Gegenwart. Ihr ist nicht zu entkommen, indem man sich entzieht, sondern im Gegenteil gerade, indem man aushält und sie durchläuft. Ihr auszuweichen hieße, ihr Potential zu verkennen. Indem aber jene neuen ›modes of attention‹ eingeübt werden, die die Aufmerksamkeit selbst infrage stellen, transformiert die ästhetisch vermittelte Langeweile sowohl das Subjekt der Gegenwart als auch die Erfahrung der Langeweile in dieser.

7.
Grundsätzliches

Ohne die großzügige Unterstützung vieler Personen und Institutionen wäre diese Publikation, die Anfang 2022 als Dissertation an der Hochschule für Gestaltung in Offenbach eingereicht und im Juli desselben Jahres verteidigt wurde, nicht möglich und buchstäblich nicht denkbar gewesen.

Ohne die verschiedenen Anstellungen und darin gewonnenen Inspirationen während der Zeit seit dem Abschluss meiner Masterarbeit 2012 (Gutachter:innen: Andrea Allerkamp, Andreas Reckwitz) an der Europa-Universität Viadrina in Frankfurt (Oder) bis zur Abgabe der Promotion (Gutachter:innen: Juliane Rebentisch, Andreas Reckwitz) zehn Jahre später wäre die Arbeit eine andere. Meine erste akademische Anstellung nach der Masterarbeit als Wissenschaftliche Koordinatorin und Initiatorin des Projekts und der gleichnamigen Gastprofessur *Pensées Françaises Contemporaines* an der Europa-Universität Viadrina bei Timm Beichelt und Janine Nuyken zeigte mir die Möglichkeiten der institutionellen und internationalen Verflechtungen im akademischen Arbeiten und Denken auf. Finanziell auf eigenen Füßen stehend und ausgestattet mit institutionellem wie persönlichem Vertrauen durch beide, war es mir erst hier möglich, mich gleichermaßen von den materiellen Abhängigkeiten eines Nicht-Akademiker-Haushalts und den ideellen Verbindlichkeiten des universitären Betriebs zu lösen und die zuvor hier erlernte interdisziplinäre Denkweise der Kulturwissenschaften in eine institutionelle Arbeitsweise zu überführen. Die an der Oder durchgeführte Überprüfung der angloamerikanisch eingefärbten French Theory mit deutsch-französischer Geschichtsphilosophie führte meinen Weg über Berkeley, Kalifornien und die dort vorgenommene Aktualisierung der Kritischen Theorie in die kritischen Theoriediskurse der Ästhetik nach Hessen. Die zweite Anstellung an der Hochschule für Gestaltung Offenbach bei Juliane Rebentisch, in direkter Nachbarschaft zur Goethe-Universität Frankfurt und dem Frankfurter Institut für Sozialforschung in Frankfurt am Main, stellte die Frage nach der

Wirksamkeit der Theorie vom Kopf auf die Füße. Dank der zahlreichen Gespräche und Kolloquien dort verstand ich, dass (s)ich die materialistische Ästhetik von ihren Gegenständen, den künstlerischen Arbeiten, und aus diesen heraus, zu entwickeln habe. Eingebettet in das spezifische Milieu der Kunsthochschulen, in Offenbach bei Juliane Rebentisch und in München bei meiner dritten Anstellung an der Akademie der Bildenden Künste bei Maria Muhle, begann ich, die Genese der künstlerischen Arbeiten aus ihrem Material, ihrem Kontext sowie ihrem Narrativ heraus als dialektischen Verstehenszusammenhang zu entfalten. Ohne Maria Muhles Vertrauen, Insistieren und Hinweisen auf meine Eigenständigkeit und ohne ihre wohlwollend kritischen Hinweise wäre diese Arbeit heute noch immer nicht fertig. Die finanzielle Unterstützung sowohl durch den Promotionsbereich der Hochschule für Gestaltung Offenbach am Main als auch durch meine gegenwärtige Anstellung an der Leuphana Universität Lüneburg bei Erich Hörl ermöglichten die Materialisierung dieses vormals als Doktorarbeit eingereichten Buchs. Dank Erich Hörl heißt es nun gleichermaßen, sowohl gemachte Erfahrungen in neue zu übersetzen, als auch neu anzusetzen. Sowohl genügend Leine zum selbst Denken und Ausprobieren zu haben als auch das Wissen um die Sicherheit, im falschen Moment aufgehangen zu werden, waren integraler Bestandteil der ideellen Betreuung durch Juliane Rebentisch und Andreas Reckwitz sowie der institutionellen wie ideellen Einbindung, die diese verschiedenen Anstellungen mit sich brachten. Ein besonderer Dank gilt hier denjenigen, die einer Institution das Herz schenken, das pocht, leidet und arbeitet, damit alles weiterläuft. Stellvertretend seien hier für die HfG Susanne Eickemeier, Moritz von Ilberg, Katja Kupfer, Riccarda Weih und Christa Scheld genannt, denen ich meinen besonderen Dank für Ihre Unterstützung aussprechen will.

All diese Institutionen haben mich als gesellschaftliche Orte und interdisziplinäre Schulen geprägt und diese Arbeit zur Fragen nach Kontingenzerfahrung in den Formen der ästhetischen Langeweile in der Gegenwartskunst vorbereitet und begleitet. Freund:innen, Kolleg:innen, Student:innen, allesamt Gesprächs- und Diskussionspartner:innen sind es, die mich intellektuell, politisch und persönlich bereicherten und maßgeblich beim gelingenden Arbeiten unterstützten: Philipp Appel, Christiane Barnickel, Timm Beichelt, Philipp Benkert, Reinhard Blänkner, Christoph Timo Burmeister, William Callison, Luca Daberto, Christian Eisenberg, Karen Feldman, Benjamin Frenzel, Florian Fuchs,

Felix Greiner-Petter, Anne Gudurat, Anselm Haverkamp, Daniel Hillert, Nicolas Hubé, Leonie Hunter, Christian Janecke, Lucia Jay von Seldeneck, Anne Kersten, Marcin Kowaluk, Maria Kraxenberger, Marina Martinez Mateo, Johannes Menzel, Sarah Reva Mohr, Manuela Mohr, Susanne und Markus Nesselrodt, Nicolas Offenstadt, Susanna Partsch, Jannik Pfister, Mirja Reuter, Marc Ries, Sophie Schmidt, Jochen Schuff, Melanie Sehgal, Danilo Scholz, Felix Trautmann, Ellen Wagner, Florian Weiß und Giulia Zabarella. Für ihre Zeit und kritische Re-Lektüren danke ich Jannik Pfister, Steffen Andrae, Christian Porstner, Mathias Windelberg und Christine Taxer sowie dem Team des Kulturverlag Kadmos, Ulrike Rehberg und Wolfram Burckhardt, für ihre herzliche und wohlwollende Betreuung.

Mein tiefster und herzlichster Dank gilt meinem Sohn Juri. Er vermittelte mir die unerschütterliche Gelassenheit, Langeweile auszuhalten und zu erfahren, was alles (un)möglich und anders als gedacht ist, um so die Arbeit zu strukturieren, aufzuschreiben und abzuschließen. Wenn fast alles zu viel wurde, wusste ich, dass nichts zählt außer dieser Liebe.

Literaturverzeichnis

Adorno, Theodor W.: Negative Dialektik, Frankfurt am Main 1970.

Adorno, Theodor W.: Noten zur Literatur, Frankfurt 1981.

Adorno, Theodor W.: Gesammelte Schriften, Band 2: Kierkegaard. Konstruktion des Ästhetischen; herausgegeben von Rolf Tiedemann unter Mitwirkung von Gretel Adorno, Susan Buck-Morss und Klaus Schultz, Frankfurt am Main 2003.

Adorno, Theodor W.: Gesammelte Schriften, Band 7: Ästhetische Theorie; herausgegeben von Rolf Tiedemann unter Mitwirkung von Gretel Adorno, Susan Buck-Morss und Klaus Schultz, Frankfurt am Main 2003.

Adorno, Theodor W.: Gesammelte Schriften, Band 10.2: Kulturkritik und Gesellschaft; herausgegeben von Rolf Tiedemann unter Mitwirkung von Gretel Adorno, Susan Buck-Morss und Klaus Schultz, Frankfurt am Main 2003.

Adorno, Theodor W.: Gesammelte Schriften, Band 12: Philosophie der neuen Musik; herausgegeben von Rolf Tiedemann unter Mitwirkung von Gretel Adorno, Susan Buck-Morss und Klaus Schultz, Frankfurt am Main 2003.

Adorno, Theodor W.: Minima Moralia. Reflexionen aus dem beschädigten Leben, Frankfurt am Main 2003.

Agamben, Giorgio: Vierter Tag Apóstolos, in: ders., Die Zeit, die bleibt. Ein Kommentar zum Römerbrief, Frankfurt am Main 2006, S. 72–100.

Agamben, Giorgio: »Was ist Zeitgenossenschaft?«, in: ders., Nacktheiten, Frankfurt am Main 2010, S. 21–36.

Arendt, Hannah: Das Urteilen, München 2012.

Arnheim, Rudolf: Film as Art, Berlin 1932.

Auerbach, Erich: Mimesis. Dargestellte Wirklichkeit in der abendländischen Literatur, Tübingen 2001.

aus dem Moore, Elke: zitiert nach der Meldung des ifa: Goldener Löwe für Anne Imhof und Susanne Pfeffer, in: Kulturexpress, Jahrgang 13, Ausgabe 19, Frankfurt am Main 2017, S. 3.

Barrett, G. Douglas: The Silent Network – The Musik of Wandelweiser, in: Contemporary Music Review, 30:6, London 2011, S. 449–470.

Barrett, G. Douglas: The Silent Network – The Musik of Wandelweiser, in: Contemporary Music Review, 30:6, London 2011, S. 449–470, URL: http://dx.doi.org/10.1080/07494467.2011.676895 (zuletzt abgerufen am 20.05.2017).

Barthes, Roland: Mythen des Alltags, Frankfurt am Main 1964.

Baumgärtel, Tilman: Schleifen. Zur Geschichte und Ästhetik des Loops, Berlin 2015.

Bellebaum, Rainer: Exit to Enter, in: Texte zur Kunst 73, Berlin 2009, S. 230–234.

Belting, Hans (Hrsg.): Hiroshi Sugimoto: Theatres, Köln 2006.

Benjamin, Walter: Der Sürrealismus – Die letzte Momentaufnahme der europäischen Intelligenz, in: Rolf Tiedemann und Hermann Schweppenhäuser (Hrsg.), Walter Benjamin. Gesammelte Schriften, Bd. II,1, Frankfurt am Main 1977, S. 295–310.

Benjamin, Walter: Das Passagen-Werk, in: Rolf Tiedemann und Hermann Schweppenhäuser (Hrsg.), Walter Benjamin. Gesammelte Schriften, Bd. V, 1–2, Frankfurt am Main 1983.

Benjamin, Walter: Der Erzähler. Betrachtungen zum Werk Nikolai Lesskows, in: Rolf Tiedemann und Hermann Schweppenhäsuer (Hrsg.), Walter Benjamin. Gesammelte Schriften, Bd. II.s, Frankfurt am Main 1991.

Benjamin, Walter: Über den Begriff der Geschichte, in: Rolf Tiedemann und Hermann Schweppenhäuser (Hrsg.), Walter Benjamin. Gesammelte Schriften, Band I.3, Frankfurt am Main 1991, S. 691–706.

Benjamin, Walter: Das Kunstwerk im Zeitalter seiner technischen Reproduzierbarkeit. 1. Fassung, in: Rolf Tiedemann und Hermann Schweppenhäuser (Hrsg.), Walter Benjamin. Gesammelte Schriften, Band VII, Ausgabe I, Frankfurt am Main 1991, S. 431–469.

Benjamin, Walter: Zur Kritik der Gewalt und andere Aufsätze, 1965 Frankfurt am Main.

Binswanger, Hans Christoph: Geld und Magie. Eine ökonomische Deutung von Goethes Faust, Hamburg 2005.

Blänkner, Reinhard: Geschichte und Geschehen. Zur Historizität der ›Geschichte‹ als Wissensform, in: Friedrich Wilhelm Graf, Edith Hanke, Barbara Picht (Hrsg.), Geschichte intellektuell. Theoriegeschichtliche Perspektiven, Tübingen 2015, S. 38–55.

Bloch, Ernst: Das Prinzip Hoffnung, Frankfurt am Main 1973.

Blumenberg, Hans: Arbeit am Mythos, Frankfurt am Main 1996.

Böhme, Gernot: Ästhetischer Kapitalismus, Frankfurt am Main 2016.

Bohrer, Karl Heinz (Hrsg.): Mythos und Moderne. Begriff und Bild einer Rekonstruktion, Frankfurt am Main 1983.

Bordunov, Julia/ Goebbels, Heiner: Das Publikum ist schlauer, als man erwartet, in: Moskauer Deutsche Zeitung vom 24.07.2017, URL: https://mdz-moskau.eu/heiner-goebbels-das-publikum-ist-schlauer-als-man-erwartet/ (zuletzt abgerufen am 28.07.2018).

Brogan, Colm: The Democrat at the supper table, London 1946.

Brookman, Philipp: Over the Rainbow: Alec Soth's NIAGARA, London 2018.

Brown, Jeffrey Arlo: Ich benutze meine Klänge nicht. Ein Interview mit dem Schweizer Komponisten Jürg Frey, in: VAN Web-Magazin für klassische Musik, 31.08.2016, URL: https://van.atavist.com/juerg-frey (zuletzt abgerufen am 22.08.2017).

Brown, Wendy: Die schleichende Revolution, Berlin 2018.

Buchmann, Sabeth/ Mayer, Alexander/ u.a. (Hrsg.): Wenn sonst nichts klappt: Wiederholung wiederholen in Kunst, Popkultur, Film, Musik, Alltag, Theorie und Praxis, Berlin/ Hamburg 2005.

Bullock, Penn/ Kerry, Eli: Trumpwave and Fashwave Are Just the Latest Disturbing Examples of the Far-Right Appropriating Electronic Music, in: Vice Magazin, 30.01.2017, URL: https://www.vice.com/en_us/article/mgwk7b/trumpwave-fashwave-far-right-appropriation-vaporwave-synthwave (zuletzt abgerufen am 22.08.2018).

Cage, John: Silence, Frankfurt am Main 2011.

Canetti, Elias: Die Provinz des Menschen. Aufzeichnungen 1942–1972, Frankfurt am Main 1986.

Charles, Daniel: John Cage oder Die Musik ist los, Berlin 1979.

Childs, Peter/ Storry, Mike: Ambient Music, in: dies., Encyclopedia of Contemporary British Culture, London 2002.

Ciment, Michel: The State of Cinema, URL: http://web.archive.org/web/200403251300 14/http://www.sfiff.org/fest03/special/state.html (zuletzt abgerufen am 02.01.2021).

Cohn, Jonas: Geschichte des Unendlichkeitsproblems im abendländischen Denken bis Kant, Leipzig 1896.

Colpitt, Frances: The Issue of Boredom: Is it Interesting?, in: The Journal of Aesthetics and Art Criticism, Vol. 43, No. 4, Hoboken 1985, S. 359–365.

Cooke, Lynne: Mapping a Course from Site to Site, in: dies., Zoe Leonard, You see I am here after all, New York 2010.

Csikszentmihalyi, Mihály: Das Flow-Erlebnis. Jenseits von Angst und Langeweile: im Tun aufgehen, Stuttgart 2010.

Csúri, Károly/ Jacob, Joachim (Hrsg.): Prinzip Wiederholung. Zur Ästhetik von System- und Sinnbildung in Literatur, Kunst und Kultur aus interdisziplinärer Sicht, Bielefeld 2015.

Dax, Max: Stealing Time with Brian Eno, in: Electronic Beat Magazin, Fall Issue, Berlin 2011, URL: https://www.electronicbeats.net/stealing-time-with-brian-eno/ (zuletzt abgerufen am 22.08.2017).

Deleuze, Gilles: Die Wiederholung für sich selbst, in: ders., Differenz und Wiederholung, München 1992, S. 99–118.

de Luca, Tiago/ Barradas Jorge, Nuno (Hrsg.): Slow Cinema, Edinburg 2016.

Denny, Simon: Disrupt, in: Texte zur Kunst 100, Berlin 2015, S. 123.

Derrida, Jacques: Signatur Ereignis Kontext, in: Peter Engelmann (Hrsg.), Randgänge der Philosophie, Passagen, Wien 1988, S. 298.

Derrida, Jacques [1971]: Signatur Ereignis Kontext, in: Peter Engelmann (Hrsg.), Limited Inc., Passagen, Wien 2001, S. 15–45.

Dobbe, Martin/ Raimondi, Francesca (Hrsg.): Serialität und Wiederholung: revisited, Berlin 2021.

Ehrenberg, Alain: La Fatigue d'être soi – dépression et société, Paris 1998.

Einstein, Albert: Über die spezielle und allgemeine Relativitätstheorie, Heidelberg 2001.

Engell, Lorenz: Vom Widerspruch zur Langeweile. Logische und temporale Begründung des Fernsehens, Frankfurt am Main 1989.

Engell, Lorenz: Die Langeweile und der Krieg. Fernsehen und das Ende der Spaßgesellschaft, in: Alexander Karschnia u.a. (Hrsg.), Zum Zeitvertreib. Strategien – Institutionen – Lektüren – Bilder, Bielefeld 2005, S. 19–32.

Esposito, Elena: Kontingenzerfahrung und Kontingenzbewusstsein in systemtheoretischer Perspektive, in: dies., Politik und Kontingenz, Heidelberg 2012, S. 39–48.

Fichte, Johann Gottlieb [1804/05]: Die Grundzüge des gegenwärtigen Zeitalters, Berlin 2014.

Fisher, Mark: Kapitalistischer Realismus ohne Alternative?, Hamburg 2013.

Fisher, Mark: Zeitkriege: Für eine Alternative zur neokapitalistischen Ära, in: ders., K-Punk, Berlin 2020, S. 419–426.

Flanagan, Matthew: 16:9 in English: Towards an Aesthetic of Slow in Contemporary Cinema, in: 16:9, Jahrgang 6, Nr. 29, Århus 2008, S. 38–43.

Foucault, Michel: Die Geburt der Biopolitik, Frankfurt am Main 2004.

Fowler, Catherine S.: The Artist Long Take as Passage in Sharon Lockhart's Installation Lunch Break (2008), in: John Gibbs/ Douglas Pye (Hrsg.), The Long Take. Palgrave Close Readings in Film and Television, London 2017, S. 193–206.

Frahm, Klaus J.: Musiktheater á la Goebbels, in: Gießener Anzeiger vom 20.02.2018, URL: http://www.giessener-anzeiger.de/special/menschen-im-portraet/musiktheater-a-la-goebbels_18535300.htm (zuletzt abgerufen am 23.07.2018).

Frey, Jürg: Leervolumen, in: Wandelweiser, URL: https://www.wandelweiser.de/_juerg-frey/texts.html (zuletzt abgerufen am 21.12.2018).

Frey, Jürg: Texte, in: Wandelweiser, URL: https://www.wandelweiser.de/_juerg-frey/texts.html (zuletzt abgerufen am 22.08.2017).

Frohne, Ursula: Maßlose Langeweile: Zur Produktion von Passivität und Leere in Bruce Naumans Videoinstallation Mapping the Studio I (Fat Chance John Cage), in: Doris Schuhmacher-Chilla/ Julia Wirxel (Hrsg.), Maß oder Maßlosigkeit. Kunst und Kultur in der Gegenwart, Oberhausen 2007, S. 227–250.

Gehlen, Arnold: Das gestörte Zeit-Bewußtsein, in: MERKUR. Deutsche Zeitschrift für europäisches Denken, Heft 182, Berlin 1963.

Geldzahler, Henry: Some Notes on Sleep, in: P. Adams Sitney (Hrsg.), Film Cultural Reader, New York 1970, S. 300f.

Genocchio, Benjamin: Letting Postcards Tell Niagara Falls' Story, in: New York Times vom 24.02.2010, URL: https://www.nytimes.com/2010/01/24/nyregion/24artwe.html (zuletzt abgerufen am 24.08.2018).

Geyer Fabian: Ästhetik der Wiederholung und der Nachahmung bei Franz Kafka, Heidelberg 2019.

Goebbels, Heiner: Ästhetik der Abwesenheit, in: Theater der Zeit 2012, S. 13.

Goebbels, Heiner: Eraritjaritjaka / Eraritjaritjaka – Museum der Sätze, URL: https://www.heinergoebbels.com/en/archive/works/complete/view/11 (zuletzt abgerufen am 22.12.2020).

Goldstein, Ann (Hrsg.): Cosima von Bonin: Roger and Out, Köln 2007.

Guattari, Felix: Über zeitgenössische Kunst – Ein Interview mit Oliver Zahm, in: ders., Schriften zur Kunst, Berlin 2016, S. 194–214.

Hamacher, Werner: Afformativ, Streik, in: Christian L. Haart Nibbrig (Hrsg.), Was heißt ›Darstellen‹?, Frankfurt am Main 1994.

Hamm, Peter: Elias Canetti, Die Provinz des Menschen, in: DIE ZEIT 47/1981 vom 13.11.1981, URL: https://www.zeit.de/1981/47/elias-canetti-die-provinz-des-menschen (zuletzt abgerufen am 24.08.2018).

Heidegger, Martin: Gesamtausgabe Band 77, Frankfurt am Main 1995.

Heidegger, Martin: Gelassenheit, Pfullingen 1959.

Heidegger, Martin: Grundbegriffe der Metaphysik, Frankfurt am Main 2010.

Heiser, Jörg: Trading Places – Witnessing a screening of Sharon Lockhart's new film – the second time around, in: FRIEZE 17.02.2009, URL: https://frieze.com/article/trading-places-0 (zuletzt abgerufen am 22.12.2018).

Himes, Carola/ Mathy, Dietrich (Hrsg.): Dasselbe noch einmal: Die Ästhetik der Wiederholung, Wiesbaden 1998.

Holert, Tom: Sharon Lockhart: Lunch Break, in: Camera Austria International 105 / 2009, S. 73–74.

Hume, David: A Treatise of Human Nature, Oxford 1964.

Huss, Till Julian/ Winkler, Elena (Hrsg.): Kunst und Wiederholung. Strategie Tradition Ästhetischer Grundbegriff, Berlin 2017.

Husserl, Edmund: Vorlesungen zur Phänomenologie des inneren Zeitbewusstseins, Hamburg 2013.

Jaffe, Ira: Slow Movies, New York 2014.

Kalu, Joy Kristin: Ästhetik der Wiederholung, Bielefeld 2013.

Kant, Immanuel: Anthropologie in pragmatischer Hinsicht, in: ders., Schriften zur Anthropologie, Geschichtsphilosophie, Politik und Pädagogik 2, Werkausgabe Band XII, Frankfurt am Main 1977.

Kant, Immanuel: Kritik der Urteilskraft, Werke in zehn Bänden, herausgegeben von Wilhelm Weischedel, Band IIX, Darmstadt 1960.

Kierkegaard, Sören: Die Wiederholung, Hamburg 2000.

Kierkegaard, Sören: Philosophische Brosamen und Unwissenschaftliche Nachschrift, herausgegeben von Hermann Diem und Walter Rest, München 2005.

Kittsteiner, Heinz-Dieter: Listen der Vernunft. Motive geschichtsphilosophischen Denkens, Frankfurt am Main 1998.

Koselleck, Reinhart: Vergangene Zukunft. Zur Semantik geschichtlicher Zeiten, Frankfurt am Main 2000.

Köpnick, Lutz: The Long Take: Art Cinema and the Wondrous, Minneapolis 2017.

Köpnick, Lutz: On Slowness, New York 2014.

Kracauer, Sigfried: Langeweile, in: ders., Das Ornament der Masse, Frankfurt am Main 2014, S. 321–325.

Kracauer, Sigfried: Eine Kunst die anders ist, in: ders., Theorie des Films, Frankfurt am Main 1985, S. 389–393.

Krauss, Rosalind E.: Die kulturelle Logik des spätkapitalistischen Museums, in: Texte zur Kunst 6, Köln 1992, S. 137.

Lechtermann, Christina/ Wagner, Kirsten/ Wenzel, Horst (Hrsg.): Möglichkeitsräume. Zur Performativität von sensorischer Wahrnehmung, Berlin 2007.

Lehmann, Hans-Thies: Über die Wünschbarkeit einer Kunst des Nichtverstehens, in: MERKUR. Deutsche Zeitschrift für europäisches Denken, Heft 542, Berlin 1998, S. 426–431.

Lehmann, Harry: Neutralisierte Indifferenz – das zentrale Bezugsproblem der aktuellen Kunstphilosophie, in: Patrick Frank (Hrsg.), Limina – zur Indifferenz in zeitgenössischer Kunst und Musik, Saarbrücken 2007, S. 99–123.
Luhmann, Niklas: Legitimation durch Verfahren, Frankfurt am Main 1969.
Lepenies, Wolf: Melancholie und Gesellschaft, Frankfurt am Main 1998.
Lévi-Strauss, Claude: Strukturale Anthropologie, Frankfurt am Main 1978.
Lévi-Strauss, Claude: Mythos und Bedeutung. 5 Radiobeiträge, Frankfurt am Main 1980.
Lorey, Isabell: Benjamin. Sprünge der Jetztzeit, in: dies., Demokratie im Präsens, Berlin 2020, S. 84–105.
Luhmann, Niklas: Die Kunst der Gesellschaft, Frankfurt am Main 1997.
Mai, Steffen: Das metrische Wir. Über die Quantifizierung des Sozialen, Berlin 2017.
Mann, Thomas: Exkurs über den Zeitsinn, in: ders., Der Zauberberg, Frankfurt am Main 1956, S. 94–97, hier S. 95.
Marinetti, Filippo Tommaso: Gründung und Manifest des Futurismus, in, Wolfgang Asholt, Walter Fähnders, Manifeste und Proklamationen der europäischen Avantgarde (1909–1938), Stuttgart/Weimar 1995, S. 3–7.
Marx, Karl: Die Klassenkämpfe in Frankreich 1848 bis 1850, in ders., Friedrich Engels. Werke, Bd. 7, Berlin 1960, S. 85.
Mayer, Hans: Schwarze Wolke, Gift des Grams, in: Spiegel vom 26.05.1974, 22/1974, URL: https://www.spiegel.de/kultur/schwarze-wolke-gift-des-grams-a-faeb5081-0002-0001-0000-000041739268 (zuletzt abgerufen am 28.12.2018).
Meister, Helga/ Schneider, Gregor: Kunstforum, Grenzenlose Skulptur, Bd. 229, Köln 2014, S. 270.
Menke, Christoph: Nachträglichkeit ästhetischer Urteile, in: ders., Die Souveränität der Kunst, Frankfurt am Main 1991, S. 153–171.
Menke, Christoph: Ästhetische Freiheit: Geschmack wieder Willen, in: ders., Die Kraft der Kunst, Berlin 2013, S. 132–159.
Menke, Christoph: Einführung, in: Gertrud Koch/ Christiane Voss (Hrsg.), Zwischen Ding und Zeichen. Zur ästhetischen Erfahrung der Kunst, München 2006, S. 15–19.
Menke, Christoph/ Rebentisch, Juliane (Hrsg.): Kreation und Depression, Berlin 2011.
Milner, Marion: An Experiment in Leisure, New York 2011.
Milner, Marion: On Not Being Able to Paint, London 1950.
Muller, Richard: Jetzt. Die Physik der Zeit, Frankfurt am Main, 2018.
Nancy, Jean-Luc: Über die Schöpfung, in: ders., Die Erschaffung der Welt oder die Globalisierung, Zürich/ Berlin 2003, S. 75–88.
Nancy, Jean-Luc: singulär plural sein, Berlin 2004.
Nauman, Bruce: Tausend Worte: Bruce Nauman spricht über ›Mapping the Studio‹, in: Christine Litz (Hrsg.), AC: Bruce Nauman. Mapping the Studio I (Fat Chance John Cage), Köln 2003, S. 9–11.
Ngai, Sianne: Ugly feelings, Cambridge, London 2005.

Ngai, Sianne: Stuplimity. Shock and Boredom in Twentieth-Century Aesthetics. URL: http://pmc.iath.virginia.edu/text-only/issue.100/10.2ngai.txt (zuletzt abgerufen am 20.02.2020).
Ngai, Sianne: The Cuteness of the Avant-Garde, in: Critical Inquiry, Ausgabe 31, Nr. 4, The University of Chicago Press 2005, S. 811–847.
Ngai, Sianne: Our Aesthetic Categories, London 2012.
Noë, Alva: Strange Tools. Art an Human Nature, New York 2015.
Noë, Alva: Is it Bad if Art is Boring?, in: NPR. Cosmos & Culture. Comments on Science and Society, 11.12.2015.
Nowak, Raphaël/ Whelan, Andrew: »Vaporwave Is (Not) a Critique of Capitalism«: Genre Work in An Online Music Scene, in: Open Cultural Studies, Berlin 2018.
Osborne, Peter: Anywhere or Not at All: Philosophy of Contemporary Art, London 2013. Pfaller, Robert: Ästhetik der Interpassivität, Hamburg 2008.
Picard, Andrea: Film/Art | Camille Henrot: A Hunter-Gatherer During a Time of Collective »Grosse Fatigue«, in: Cinema Scope, URL: https://cinema-scope.com/columns/tiff-2013-preview-grosse-fatigue-camille-henrot-franceusa/ (zuletzt abgerufen am 24.08.2018).
Rancière, Jacques/ Tarr, Béla: The Poetics and the Politics of Fiction, in: Tiago de Luca/ Nuno Baradas Jorge (Hrsg.), Slow Cinema, Edinburgh 2016, S. 245–260.
Rancière, Jacques: Das Unvernehmen, Frankfurt am Main 2002.
Rancière, Jacques: Die Aufteilung des Sinnlichen, herausgegeben, übersetzt und mit einer Einleitung versehen von Maria Muhle, Berlin 2006.
Rancière, Jaques: Die Nacht des Proletariers, Wien 2013.
Rebentisch, Juliane: Ästhetik der Installation, Frankfurt am Main 2003.
Rebentisch, Juliane: Die Kunst der Freiheit. Zur Dialektik demokratischer Existenz, Berlin 2012.
Rebentisch, Juliane: Dark Play. Anne Imhofs Abstraktionen, in: Susanne Pfeffer (Hrsg.), FAUST, Katalog des Deutschen Pavillons Venedig 2017, herausgegeben vom Institut für Auslandsbeziehungen, S. 25–34.
Reber, Simone: 54 Mal die gleiche Szene, in: Deutschlandfunkkultur vom 14.01.2016, URL: https://www.deutschlandfunkkultur.de/multimediale-installation-von-heiner-goebbels-54-mal-die.1013.de.html?dram:article_id=342520 (zuletzt abgerufen am 28.09.2018).
Reckwitz, Andreas: Die Erfindung der Kreativität, Berlin 2012.
Reckwitz, Andreas: Gesellschaft der Singularitäten, Berlin 2017.
Reichelt, Matthias: Never Ending Stories, in: Kunstforum, Museumsboom, Bd. 251, Köln 2018, S. 234.
Ricoeur, Paul: Metapher und das Hauptproblem der Hermeneutik, in: Anselm Haverkamp (Hrsg.), Theorie der Metapher, Darmstadt 1983, S. 363.
Riemschneider, Burkhard/ Grosenick, Uta (Hrsg.): ART NOW, Köln 2001.
Romney, Jonathan: In Search of Lost Time, in: ders., Sight & Sound 20 (2), London 2010, S. 43–44.
Röpke, Wilhelm: Langweile als Sozialphänomen, in: Schweizer Monatshefte: Zeitschrift für Politik, Wirtschaft, Kultur, Bnd. 36, Heft 5, Zürich 1956, S. 329–336.

Rose, Barbara: ABC Art, in: Art in America, 53, Nr. 5, New York 1965, S. 57–69.
Rosenberg, Harold: Virtuosos of Boredom, in: Vogue, Nr. 147, New York 1966, S. 296–298.
Rovelli, Carlo: Die Ordnung der Zeit, Reinbek bei Hamburg 2018.
Ruby, Sigrid: »Kühle Kuben. Die Coolness der Minimal Art«, in: Annette Geiger, Gerald Schröder und Änne Söll (Hrsg.), Coolness – Zur Ästhetik einer kulturellen Verhaltensstrategie und Attitüde, Bielefeld 2010, S. 185–200.
Schirrmacher, Frank: Ego, München 2013.
Schlögel, Karl: Im Raume lesen wir die Zeit, München 2003.
Seel, Martin: Vor dem Schein kommt das Erscheinen – Bemerkung zu einer Ästhetik der Medien, in: ders., Ethisch-ästhetische Studien, Frankfurt am Main 1996, S. 104–125.
Seel, Martin: Gegenwärtige Vergangenheit, in: ders., Die Künste des Kinos, Frankfurt am Main 2013, S. 137–140.
Siegmund, Judith (Hrsg.), Handbuch Kunstphilosophie, Bielefeld 2022.
Sontag, Susan: One culture and the new sensibility, in: ders., Against Interpretation, New York 1961.
Sontag, Susan: Die Einheit der Kultur und die neue ästhetische Erlebnisweise, in: dies., Kunst und Antikunst, Frankfurt am Main 1982, S. 342–354.
Sontag, Susan: As Consciousness is Harnessed to Flesh: Diaries 1964–1980, New York 2012.
Tanner, Grafton: Babbling Corpse. Vaporwave and the Commodification of Ghosts, Alresford 2016.
Toop, David: Ocean of Sound. Klang, Geräusch, Stille, Andrä-Wördern 1997.
Varopoulou, Helene/ Lehmann, Hans-Thies: Lieber Heiner, in: Lorenz Anfermann, Eva Hollinger, u.a. (Hrsg.), Landschaft mit entfernten Verwandten – Festschrift für Heiner Goebbels, Berlin 2018, S. 220–227.
Voegelin, Salomé: Listening to Noise and Silence. Towards a Philosophy of Sound Art, London 2010.
von Bismarck, Beatrice: Hinter dem Studio. Bruce Naumans Auseinandersetzung mit dem Atelierraum, in: Texte zur Kunst 49, Berlin 2003, S. 38–43.
von Bonin, Cosima: The He(e)aling Festival, in: Karola Kraus (Hrsg.), Cosima von Bonin: Hippies Use Side Door. Das Jahr 2014 hat ein Rad ab, Köln 2015, S. 17–21.
von Redecker, Eva: Die zärtliche Erzählerin, in: dies., Revolution für das Leben. Philosophie der neuen Protestformen, Frankfurt am Main 2020, S. 121–124.
Wagner, Ellen: Falsche Signale. Strategien der Mimikry in der Post-Internet Art, Berlin 2021.
Wagner, Greta: Arbeit, Burnout und der buddhistische Geist des Kapitalismus, in: Ethik und Gesellschaft. Ökumenische Zeitschrift für Sozialethik 2, Tübingen 2015, S. 13, URL: http://dx.doi.org/10.18156/eug-2-2015-art-2 (zuletzt abgerufen am 20.10.2021).
Wellmer, Albrecht: Adorno, die Moderne und das Erhabene, in: ders., Endspiele: Die unversöhnliche Moderne. Essays und Vorträge, Frankfurt am Main 1993, S. 178–203.

Wellmer, Albrecht: Das musikalische Kunstwerk, in: Andrea Kern, Ruth Sonderegger (Hrsg.), Falsche Gegensätze. Zeitgenössische Positionen zur philosophischen Ästhetik, Frankfurt am Main 2002, S. 133–175.

Wesely, Michael: Time Works, München 2010.

Winnicott, Donald W.: Übergangsobjekte und Übergangsphänomene. Eine Studie über den ersten, nicht zum Selbst gehörenden Besitz, in: Psyche. Zeitschrift für Psychoanalyse, 1969, Nr. 23 (9), Stuttgart, S. 666–682.

Woeller, Marcus: Was bleibt am Ende übrig?, in: taz, die Tageszeitung vom 12.07.2008, Berlin, S. 5.

Wyss, Beate: Pop zwischen Regionalismus und Globalität, in: Walter Grasskamp Michaela Krützen, Stephan Schmitt (Hrsg.), Was ist Pop? Zehn Versuche, Frankfurt am Main 2004, S. 21–43.

Yehuda, Nechama: Music and Stress, in: The Journal of Adult Development, Vol 18:2, Oxford 2011, S. 85–94.

Žižek, Slavoj: How did Marx Invent the Symptom?, in: ders., The Sublime Object of Idelology, London 1989, S. 11–53.

Internetquellen ohne Autor:innennennung

Auswärtiges Amt: Außenminister Gabriel gratuliert Anne Imhof und Franz Erhard Walther, Startseite > News > Pressemitteilung vom 13.5.2017, URL: https://www.auswaertiges-amt.de/de/newsroom/170513--bm-goldener-baer/289916 (zuletzt abgerufen am 24.08.2018).

Cambridge Dictionary: Angst, URL: https://dictionary.cambridge.org/de/worterbuch/englisch/angst (zuletzt abgerufen am 01.11.2019).

DFG-Forschungsgruppe Medien und Mimesis, URL: https://www.fg-mimesis.de/info/ (zuletzt abgerufen am 20.05.2020).

Digitales Wörterbuch der deutschen Sprache: Flageolett-Ton, URL: https://www.dwds.de/wb/Flageolettton (zuletzt abgerufen am 23.08.2021).

Kulturserver NRW: Neue Musik in NRW, Ausgabe Februar 2017, URL: https://forum.kulturserver-nrw.de/de_DE/neue-musik-februar-2017 (zuletzt abgerufen am 25.05.2017).

La Biennale: 57th International Art Exhibition Awards of the Biennale Arte 2017, URL: https://www.labiennale.org/en/art/2017/awards-biennale-arte-2017 (zuletzt abgerufen am 24.08.2018).

Leonhard, Zoe: Detail of »You see I am here after all«, 2008, URL: https://www.artsy.net/artwork/zoe-leonard-detail-of-you-see-i-am-here-after-all# (zuletzt abgerufen am 23.12.2018).

Mythos Rhein, URL: https://web.archive.org/web/20130518055031/http://www.de-badner.de/rhein_txtarchiv.htm (zuletzt abgerufen am 24.08.2017).

Phoenix: Mahatma Gandhi, Film von Mathilde Damoisel und Mira Kamdar, URL: https://www.phoenix.de/sendungen/dokumentationen/mensch-mythos-a-109329.html (zuletzt abgerufen am 30.01.2020).

secession Wien: Manon de Boer, Giving Time to Time, 1. Juli – 28. August 2016, URL: https://www.secession.at/exhibition/manon-de-boer/ (zuletzt abgerufen am 26.01.2021).

Westfälischer Kunstverein: Camille Henrot »The Pale Fox«, 21.02.–10.05.2015, URL: https://www.westfaelischer-kunstverein.de/fileadmin/user_upload/ausstellungen/2015/camille-henrot/201504_Henrot_Booklet_Screen.pdf (zuletzt abgerufen am 22.12.2018).

Wikipedia: The Cartoon History of the Universe, URL: https://en.wikipedia.org/wiki/The_Cartoon_History_of_the_Universe (zuletzt abgerufen am 22.12.2018).